群星闪烁的
杰出人才

鹿军士　编著

中国出版集团　现代出版社

图书在版编目（CIP）数据

群星闪烁的杰出人才 / 鹿军士编著. -- 北京 ： 现
代出版社，2018.1
ISBN 978-7-5143-6560-3

Ⅰ．①群… Ⅱ．①鹿… Ⅲ．①历史人物－生平事迹－
中国－古代 Ⅳ．①K820.2

中国版本图书馆CIP数据核字（2017）第285468号

群星闪烁的杰出人才

作　　者：	鹿军士
责任编辑：	李　鹏
出版发行：	现代出版社
通讯地址：	北京市定安门外安华里504号
邮政编码：	100011
电　　话：	010-64267325 64245264（传真）
网　　址：	www.1980xd.com
电子邮箱：	xiandai@vip.sina.com
印　　刷：	天津兴湘印务有限公司
字　　数：	380千字
开　　本：	710mm×1000mm　1/16
印　　张：	30
版　　次：	2018年5月第1版　2018年5月第1次印刷
书　　号：	ISBN 978-7-5143-6560-3
定　　价：	128.00元

习近平总书记在党的十九大报告中指出："深入挖掘中华优秀传统文化蕴含的思想观念、人文精神、道德规范，结合时代要求继承创新，让中华文化展现出永久魅力和时代风采。"同时习总书记指出："中国特色社会主义文化，源自于中华民族五千多年文明历史所孕育的中华优秀传统文化，熔铸于党领导人民在革命、建设、改革中创造的革命文化和社会主义先进文化，植根于中国特色社会主义伟大实践。"

我国经过改革开放的历程，推进了民族振兴、国家富强、人民幸福的"中国梦"，推进了伟大复兴的历史进程。文化是立国之根，实现"中国梦"也是我国文化实现伟大复兴的过程，并最终体现在文化的发展繁荣。博大精深的中国优秀传统文化是我们在世界文化激荡中站稳脚跟的根基。中华文化源远流长，积淀着中华民族最深层的精神追求，代表着中华民族独特的精神标识，为中华民族生生不息、发展壮大提供了丰厚滋养。我们要认识中华文化的独特创造、价值理念、鲜明特色，增强文化自信和价值自信。

如今，我们正处在改革开放攻坚和经济发展的转型时期，面对世界各国形形色色的文化现象，面对各种眼花缭乱的现代传媒，我们要坚持文化自信，古为今用、洋为中用、推陈出新，有鉴别地加以对待，有扬弃地予以继承，传承和升华中华优秀传统文化，发展中国特色社会主义文化，增强国家文化软实力。

浩浩历史长河，熊熊文明薪火，中华文化源远流长，滚滚黄河、滔滔长江，是最直接的源头，这两大文化浪涛经过千百年冲刷洗礼和不断交流、融合以及沉淀，最终形成了求同存异、兼收并蓄的辉煌灿烂的中华文明，也是世界上唯一绵延不绝的古老文化，并始终充满生机与活力。

中华文化曾是东方文化摇篮，也是推动世界文明不断前行的动力之一。早在五百年前，中华文化的四大发明催生了欧洲文艺复兴运动和地理大发现。中国四大发明先后传到西方，对于促进西方工业社会发展和形成，起到了重要作用。

中华文化的力量，已经深深熔铸到我们的生命力、创造力和凝聚力中，是我们民族的基因。中华民族的精神，业已深深植根于绵延数千年的优秀文化传统之中，是我们的精神家园。

总之，中国文化博大精深，是中华各族人民五千年来创造、传承下来的物质文明和精神文明的总和，其内容包罗万象，浩若星汉，具有很强的文化纵深，蕴含着丰富的宝藏。我们要实现中华文化的伟大复兴，首先要站在传统文化前沿，薪火相传，一脉相承，弘扬和发展五千年来优秀的、光明的、先进的、科学的、文明的和自豪的文化现象，融合古今中外一切文化精华，构建具有中国特色的现代民族文化，向世界和未来展示中华民族的文化力量、文化价值、文化形态与文化风采。

为此，在有关专家指导下，我们收集整理了大量古今资料和最新研究成果，特别编撰了本套大型书系。主要包括巧夺天工的古建杰作、承载历史的文化遗迹、人杰地灵的物华天宝、千年奇观的名胜古迹、天地精华的自然美景、淳朴浓郁的民风习俗、独具特色的语言文字、异彩纷呈的文学艺术、欢乐祥和的歌舞娱乐、生动感人的戏剧表演、辉煌灿烂的科技教育、修身养性的传统保健、至善至美的伦理道德、意蕴深邃的古老哲学、文明悠久的历史形态、群星闪耀的杰出人物等，充分显示了中华民族厚重的文化底蕴和强大的民族凝聚力，具有极强的系统性、广博性和规模性。

本套书系的特点是全景展现，纵横捭阖，内容采取讲故事的方式进行叙述，语言通俗，明白晓畅，图文并茂，形象直观，古风古韵，格调高雅，具有很强的可读性、欣赏性、知识性和延伸性，能够让广大读者全面触摸和感受中国文化的丰富内涵，增强中华儿女民族自尊心和文化自豪感，并能很好地继承和弘扬中国文化，创造具有中国特色的先进民族文化。

群星闪烁的
杰出人才

文韬武略

杰出帝王与励精图治

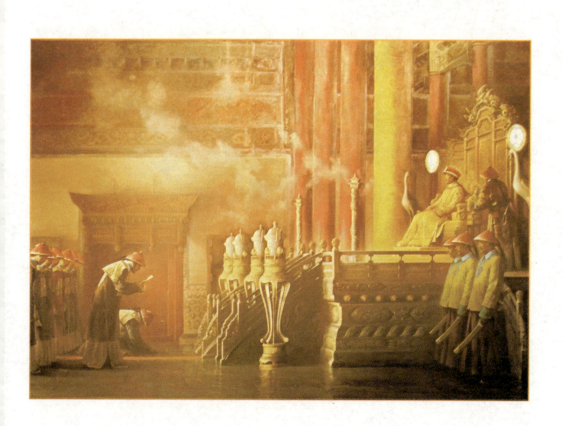

争雄霸王

　　春秋战国是中国历史上的上古时期。这是中国古代史上一个战火纷飞、色彩斑斓的霸政年代，充分展现了各诸侯国首脑的外交手段、军事谋略和政治能量。他们内修国政，重用贤能，发展生产，使得国富民强；外图霸业，加强武备，扩土开疆，成就霸主大业。

　　正是由于他们具有卓越的军事才能和政治智慧，才使他们成为春秋战国时期的一代霸主，其名其功，显达千秋。

周文王姬昌

周文王（前1152—前1056），姓姬名昌，生于西岐，黄帝的后裔。在商纣王统治的时期，他被封为西伯，也称伯昌。他治理岐山50年，使岐山的政治和经济得到了极大发展。他兼并附虞、芮两国，攻灭黎、邘、崇等国，建都丰邑，为后来周武王灭商奠定了坚实的社会基础。旧传《周易》为其所演，对中国文化影响巨大。

其子姬发得天下后，追尊他为"周文王"。孔子特别推崇文王，并称他为"三代之英"。

周文王在中国历史上是一位明君圣人，被后世历代人们所称颂敬仰。

■ 周文王姬昌画像

■ 商纣王（前1105—前1046），即帝辛，名受，后世人称殷商纣王。为帝乙少子，其母为正后。后世对他评价褒贬不一，更多的人称他为"暴君"，炮烙之刑就是一个例证。因其荒淫无道，听信谗言，后被文王姬昌所灭。

姬昌被封为西伯侯，在治理岐山的过程中，他效仿祖父古公亶父和父亲季历制定的法度，实行仁政，礼贤下士，使岐山脚下的周族获得了前所未有的发展。

在对内方面，姬昌奉行德治，大力发展农业生产，采用划分田地，让农民助耕公田，纳九分之一税的办法。也就是征收租税有节制，让农民有所积蓄，以此来刺激劳动兴趣。他还规定商人往来不收关税，以及有人犯罪其妻子不连坐等。

在对外方面，姬昌招贤纳士，广聚人才。许多外部落的人才以及从商王朝来投奔的贤士，他都以礼相待，予以任用。如伯夷、叔齐、太颠、闳夭、散宜生、鬻熊、辛甲等人，都先后归附在姬昌部下称臣。

姬昌自己生活勤俭，穿普通人的衣服，还亲自到田间劳动，兢兢业业地治理自己的国家。在他的治理下，岐山渐渐富庶强大起来。

在当时，商朝的政治腐败，朝纲败坏。商纣王特别残暴，他利用炮烙之刑来取乐。炮烙，就是让犯人走在涂满油脂并烧红的铜柱上，一滑倒就会跌落到火坑里，顿时皮焦肉烂。

商纣的宠妃妲己看见人受炮烙的惨状却笑个不停。为了博得妲己一笑，商纣就经常对犯人实施炮烙

季历　姬昌之父。据《史记》记载：周族的开基之祖古公亶父觉得自己的少子季历最为贤明，而季历的儿子姬昌有圣瑞之兆，认为姬昌是成大事者。季历继位后推行仁义，对姬昌有很大的影响，姬昌后来以"仁治"得天下。

连坐　又称"相坐""随坐""缘坐"。中国古代因他人犯罪而使与犯罪者有一定关系的人连带受刑的制度。连坐起源甚早，夏、西周、春秋、战国时期都有连坐制度。但在西周姬昌治下不再连坐，至少可以说连坐的程度有所减轻。

羑里 古地名，称作牖里，在今河南省安阳市汤阴县有羑里城遗址。是"西伯，即姬昌拘羑里而演周易"的地方。后人为纪念姬昌这位伟人，在城址上修建了周文王庙，成为人们朝敬先贤的圣地。

岐山 位于陕西省西部。是周室肇基之地，是周文化的发祥地。周文化所包含的典章礼乐制度、道德行为规范，是中华文明、现代法制文明和政治文明的源头。

之刑。商纣王的暴行引起了公愤。

姬昌对残暴的商纣王很是气愤。经过一番思考，他想利用废除炮烙之刑争取民心，提高自己在百姓心中的威望。于是，姬昌来到朝歌，面见商纣王，说明来意，愿意献上岐山的一块土地，前提是商纣王必须废除炮烙之刑。

商纣王早听说人们对炮烙之刑意见很大，现在又能得到一块土地，就同意了姬昌的请求。

姬昌虽然损失了一块土地，但他得到广大诸侯的拥护，这为他兴周灭商创造了一个有利的条件。

岐山势力不断壮大，引起了商王朝君臣的不安。商纣王的亲信崇侯虎，暗中向商纣王进谗言说，西伯侯到处行善，树立自己的威信，诸侯都向往他，恐怕不利于商王。于是，商纣王趁姬昌来朝献地未归，将姬昌囚禁在羑里。

■ 姜尚（前1156—前1017），字子牙，俗称姜太公。曾先后辅佐了6位周王。西周初年，被姬昌封为"太师"，尊为"师尚父"。后辅佐周武王灭商。因功封于齐，成为周代齐国的始祖。他是中国历史上最享盛名的政治家、军事家和谋略家。

■ 姜子牙图

姬昌在囚禁期间，精心致力于伏羲氏的先天八卦，发明了"文王八卦"和"文王六十四卦"，流传于世。

姬昌的属臣为营救周文王出狱，搜求美女、宝马和珠玉献给商纣王。商纣王见了大喜，说："只要有美女就足够了，何况宝物如此之多！"

于是，他下令放姬昌出狱，并授权他讨伐其他不听命的诸侯。这就是史书中说的周文王"羑里之厄"。

姬昌出狱后，下定决心灭商。为此，他遍访能人，以求灭商之策。

有一次，姬昌在渭水河边出猎时，巧遇年已垂暮、怀才不遇的姜尚，当时他正在河边钓鱼。姬昌同他谈话，相互谈得很投机。

姬昌了解姜尚确有真才，便让姜尚与他同车而归，拜以为师，共同筹划灭商策略。姜尚得遇知音，就在以后的日子里，为姬昌和他的后代立下了汗马功劳。

据《尚书·大传》记载：

姬昌在位的最后七年中干了六件大事：一是调解虞、芮两国的纠纷，以期两国能够和平相处；二是出兵伐犬戎，以解除东

犬戎 古族名，即猃狁，也称西戎，是中国古代的一个游牧民族，活动于今陕西省、甘肃省一带。犬戎是商的属国，曾同商朝的诸侯势力攻掠周。当时，姬昌为了解除东攻商的后顾之忧，派军队进攻犬戎，最后取得胜利。

周文王姬昌陵

攻商的后顾之忧；三是攻打密须，解除了北边和西边后顾之忧；四是征服黎国，构成对商都朝歌威胁；五是兵伐邘国，进一步构成了对朝歌的直接威胁；六是灭掉崇国，将周的都城由岐山东迁渭水平原，建立丰京。

　　这六件大事做完后，姬昌实际已控制了大半个天下。相比之下，商朝因商纣王的残暴，众叛亲离，已处于极端孤立的境地。

　　就在大功即将告成之际，姬昌不幸去世了。葬于毕原。后来，他的儿子姬发在灭商之后，追尊先父为"周文王"。

　　周文王在中国历史上是一位明君圣人。后世的儒家，为了把道德与政治联系起来，把周文王当成一个"内圣外王"的典型加以推崇，周文王的影响就越来越大了。

阅读链接

　　周文王被商纣王囚于羑里时，曾经潜心研究八卦，最后发明了"文王八卦"及"文王六十四卦"。其实在这方面前人早有研究。

　　相传在上古时，伏羲氏创造了先天八卦，神农氏创造了连山八卦，轩辕氏创造了归藏八卦。周文王八卦是对前人研究成果的继承，后经周公和孔子的推论解读，才流传了下来。

　　所谓八卦，旨在分析说明人在顺境、逆境中的正确态度和行为准则。而周文王在狱中写的《周易》也成了中国的圣经。

周武王姬发

　　周武王（约前1087—约前1042），姓姬名发，周文王的次子。谥号"武王"，庙号"世祖"，西周时代青铜器铭文常称其为"斌王"。约公元前1056年继承王位，史称"周武王"。

　　他继承父亲遗志，灭掉商朝，夺取全国政权，建立了西周王朝，表现出卓越的军事和政治才能，成为中国历史上的一代明君。周武王作为中国历史上的一个革命者，他推翻了殷商的暴虐统治，建立了比较开明的社会。

　　周武王作为中国古代文化的一个指引者，成就了国学的磅礴气势。正是周人文化的积淀和发展，成就了中国不老的千古文化渊源。

■ 周武王姬发画像

太宰 中国古代的官职。西周时开始设置，也叫作"大冢宰"或"大宰"，即冢宰的首领。太宰的职责是"掌管国家的6种典籍，用来辅佐国王治理国家"。其中6种典籍是治典、教典、礼典、政典、刑典、事典，可见当时的太宰是百官之首。

周文王去世后，他的次子姬发继承王位，这就是周武王。周武王为了完成父亲灭商的遗愿，加紧筹备，采取了一系列措施。

在对内方面，周武王重用贤良，继续让姜尚做军师，让弟弟姬旦做太宰，召公、毕公、康叔、丹季等良臣均各有其位，人才荟萃，政治清明。

在对外方面，周武王争取联合更多诸侯国，孤立商王朝，壮大自己的力量。

此时，商朝在暴君商纣王统治下，政治上已十分腐败，但军事上仍有较强实力。周武王审时度势，在即位的第二年，为了试探商纣王对周人备战活动的反映，就发动了一次"孟津观兵"。

周武王的大军由镐京出发，进入今河南省境内，到达古渡孟津。这时，早已恨透商纣王的各路诸侯自动来参加盟会，达800多人，史称"八百诸侯会孟津"。

■ 周公姬旦画像

周武王在盟会上举行了誓师仪式，发布了誓词，这就是有名的《泰誓》。此时，人心向周、商纣王孤立无援的形势已形成。

参加盟会的诸侯劝他立即伐纣。但周武王却说道："伐纣还不是时候。"决定班师回西土等待时机。

这次孟津观兵，表面上是为了进行军事演习，但实际上是为了试探伐商的可能性。

商纣王依然故我，越发昏庸暴虐，就在周兵与诸侯会盟孟津的两年后，他杀了王子比干，囚禁了箕子，太师疵、少师疆见状被迫逃离朝歌。而商纣王宠幸妲己，唯妇人言是听。妲己干涉政治，商王朝内部矛盾更加激化。

■ 武王伐纣图

周武王认为时机已到，果断决定发兵伐纣，进行灭殷的最后决战。

公元前1046年1月，周武王亲率战车300乘，精锐武士3000人，以及步兵数万人，出兵东征。同年2月，周军抵达孟津，与卢、彭、蜀、羌等边境部族会合，联军总数达4.5万人。

在誓师大会上，周武王向全军将士发表誓词，即《尚书·牧誓》，列举商纣王只听妲己之言，不祭祀祖先、不任用宗亲贵戚，只信任四方有罪逃犯等罪状，说明自己是恭行"上天之意"给以惩罚。他要求将士，严明纪律，勇敢作战，战胜敌军。

《诗经》记载："牧野洋洋，时维鹰扬。凉彼周武王，肆伐大商，会期清明。"

誓师之后，联军冒雨东进，从孟津渡黄河后，兼程北上，至百泉折东而进。

商纣王惊闻周军来袭，而此时商军主力远在东南地区，无法及时征调，只好仓促武装大批奴隶和战

牧野 古地名。著名的"牧野之战"发生地。在今河南省新乡市北部，包括新乡市所辖凤泉区、卫辉、获嘉等地。牧野原非专有名词，这里是相对于殷都朝歌，即今河南省鹤壁市淇县而言的。从朝歌城由内向外，分别称作城、郭、郊、牧和野。

群星闪烁的杰出人才

俘，连同守卫国都的军队，开赴牧野迎战。

据《史记》记载，商纣王出动的总兵力有70万人。

周军先由姜尚率数百名精兵上前挑战，震慑商军并冲乱其阵脚。然后，周武王亲率主力跟进冲杀，将对方的阵形彻底打乱。

商军中的奴隶和战俘全无斗志，纷纷倒戈，商军迅速崩溃。商纣王大败逃入朝歌，登鹿台自焚而死。至此，商朝灭亡。

牧野之战是中国历史上以少胜多，以弱胜强，先发制人的著名战例，也是中国古代车战初期的著名战例。它终止了600年的商王朝，确立了西周王朝的统治，为西周时期礼乐文明的全面兴盛开辟了道路。

牧野之战中所体现的谋略和作战艺术，对中国古代军事思想的发展具有不可低估的意义。

在牧野之战后，周武王指挥联军兵分4路，向东南方进发，去征伐忠于商朝的诸侯势力。

为了巩固自己的统治，周武王采纳了周公对商朝

■ 以少胜多的牧野之战图

遗民进行安抚以稳定天下形势的办法。以公、侯、伯、子、男五等爵位分封亲属和功臣，让他们建立诸侯国。

如封姜尚于临淄为齐国；封周公于曲阜为鲁国。他还将商纣王之子武庚留在商都，封为殷侯。这些措施，有效地安定了商的遗民，减少他们的敌对情绪。

与此同时，周武王又释放囚犯，赈济贫民，发展生产，从而促进了西周初年政治经济的稳定和发展，推动了社会的前进。

西周建立后的第三年，周武王因病去世。其子姬诵继位，这就是周成王。

周武王攻灭商朝后建立的西周，是中国历史上第三个奴隶制王朝。周武王建立的新王朝代替了腐朽的旧王朝，使他成为历史上有名的国王之一。

阅读链接

周武王一生严谨稳重，具有卓越的政治、军事才能。但他也有失误。

据《尚书·武成》记载，他在刚刚取得政权之后，"乃偃武修文，归马华山之阳，放牛桃林之野，倒载干革，包之虎皮，车甲衅而藏之府库，示天下不复用。"表示停止战事，和平自由，希望让人民过上一种最自然、自由、美好的生活。

可是，就在他去世后不久，武庚就发生了叛乱。在危急时刻，周公旦平定了叛乱，辅佐周成王。后来，人们以"马入华山"一词，来表示天下太平，不再打仗。

越王勾践

勾践（？—前465），姓姒，名勾践，又名菼执、鸠浅。春秋末年越国国君，公元前497年至公元前465年在位。

他曾经败于吴王夫差，被迫屈辱求和，给吴王做奴仆。归国后卧薪尝胆，提醒自己不忘在吴国的苦难和耻辱经历。

他与百姓同甘共苦，发愤图强，终成强国，率兵攻吴并迫使夫差羞愧自杀。

■ 越王勾践石雕像

■ 苏州姑苏台

战国时代，吴国和越国是两个大国。吴王夫差为了霸主的地位，加紧训练士兵，准备打败越国。此时的越王勾践并没有意识到吴国的强大。勾践的大臣范蠡经常提醒他要小心吴国，但勾践认为吴国的实力远不如自己，就没把范蠡的话放在心上。

果如范蠡所料，夫差终于出兵了。夫椒一战，勾践惨败，被迫退守会稽山。最后求和不成，只好听命于夫差，到吴国去做奴仆。

范蠡担心勾践在吴国有杀身之祸，就陪同勾践一同前往吴国，去从事养马驾车等贱役。

有一天，吴王夫差登姑苏台游嬉，远见勾践君臣端坐在马粪堆边歇息，范蠡恭敬地守候在一旁。

夫差说："勾践不过小国之君，范蠡无非一介之士，身处危厄之地，不失君臣之礼，也觉可敬可

姑苏台 又名姑胥台，在江苏省苏州城外西南隅的姑苏山上。姑苏台遗址，即今灵岩山。吴王夫差自战胜越国之后，在吴中称王称霸，得意忘形，骄傲起来，在国内大兴土木到处建造宫室、亭台楼阁，作为他享乐、荒淫无度的"蓬莱仙境"、长生逍遥之地。

怜。"从此，夫差便有了释放勾践回国的意思。

有一次，夫差生病了。范蠡知是寻常疾病，不久即愈，便与勾践商定一计，让勾践去尝粪预测疾病，讨吴王夫差的欢心。勾践对夫差竭力奉承，夫差很是欢喜，不久身体果然复原。于是，夫差做出释放勾践君臣回国的决定。

勾践回到越国后，立志报仇雪耻。他唯恐眼前的安逸消磨了志气，就在吃饭的地方挂上一个苦胆，每逢吃饭的时候，先尝一尝苦味，还自问："你忘了会稽的耻辱吗？"

他还把席子撤去，用柴草当作褥子。这就是后来人们传诵的"卧薪尝胆"。

勾践下决心要使越国富强起来，他叫文种管理国家大事，叫范蠡训练人马。他还根据连年征战，人口稀少的具体条件，制定了一系列奖励生育的政策。全国的老百姓都巴不得多加一把劲，好叫这个受欺压的国家赶快富强起来。

卧薪尝胆匾额

勾践整顿内政，努力生产，使人丁兴旺，国力渐渐强盛起来。在这种情况下，他就和范蠡、文种两个大臣商议怎样讨伐吴国的策略。

勾践向夫差施用美人计，消磨夫差精力，使他不问政事，以加速吴国的灭亡。

他派人专门物色美女，把越国美女西施、郑旦献给夫

■ 吴王宫殿

差，让她们天天陪夫差喝酒、跳舞。夫差在美色的迷惑下，果然迷恋其中。

勾践还收购吴国粮食，使其粮库空虚。有一回，勾践派文种去跟吴王说："越国收成不好，闹饥荒，向吴国借1万石粮，明年归还。"

夫差在心爱女人西施的劝说下，一口答应了。

第二年，越国的农业丰收。文种把1万石粮食亲自送还吴国。夫差就把这1万石粮卖给了老百姓作为种子。伯嚭把这些粮食分给农民，命令大家去种。

到了春天，种子种下去了10多天，还没有抽芽。没想到，又过了几天，那撒下去的种子全都烂了，他们想再撒自己的种子，已经误了农时。

这一年，吴国闹了大饥荒，吴国的百姓全恨夫差。他们哪里想到，这是文种的计策。当初还给吴国的那1万石粮，原来是经过蒸熟又晒干了的粮食。

此外，勾践还给夫差赠送木料，帮助夫差兴建宫殿，实际上是在耗费吴国人力、物力。

公元前473年，越王勾践做好了充分准备，开始大规模地进攻吴国。吴国接连打了败仗，丧失了大部分领土，只剩下姑苏一座孤城了。姑苏城很快被勾践攻破，太子友也被杀了。

夫差派大臣跪在勾践的军前，请求议和。范蠡笑着说："当年我的大王被你打败，你没有攻占越国，才会有今天的下场，今天轮到你了，我们怎么会议和呢？"

夫差听了以后，觉得无颜面见伍子胥，就拔剑自杀了。

勾践得胜回国，开了个庆功大会，大赏功臣。不过此时，春秋行将结束，霸政趋于尾声，勾践已是春秋最后一个霸主了。

群星闪烁的杰出人才

阅读链接

当初勾践被困会稽时，愁眉苦脸地叹息说："难道我真的要在这里结束我的一生吗？"

文种见勾践如此消沉，就劝他说："大王，商汤当年被囚禁在夏台，周文王被围困在羑里，晋国重耳逃到翟，齐国小白逃到莒，可是他们最终都称霸天下。由此看来，谁又能保证我们今日的处境在某种程度上不是一种福呢？大王不要灰心，我相信您总有一天会称霸天下的。"

勾践得到吴王赦免，回到越国后，励精图治，兢兢业业，终于使国家富强起来，最后灭了吴国。

盛世明君

秦汉至隋唐是中国历史上的中古时期。其时间跨度1100多年，是一个强势政权数次更迭的历史时期。强势政权造就了激情帝王和开明盛世。秦始皇一统天下，汉武帝时形成统一的汉民族，此后经历动荡，隋文帝结束割据复归统一，而唐太宗的成就更是深远地影响了世界。

历代帝王心系社稷、励精图治，在中国中古时期奏响了强劲的帝国之音，其志可嘉，其功可颂。

千古一帝秦始皇

■ 秦始皇画像

　　秦始皇（前259—前210），姓嬴名政，也称赵政。生于赵国首都邯郸。秦国国君，秦王朝的建立者。著名的政治家、改革家、军事统帅。

　　他是中国历史上一位极富传奇色彩的划时代的人物。

　　他是首位完成中国统一的秦朝开国皇帝，结束了当时四分五裂的局面。

　　他被明代思想家李贽誉为"千古一帝"。

公元前247年，秦庄襄王嬴楚去世，13岁的嬴政被立为秦王。在政权更迭之际，身居相位的吕不韦，竟然参与朝廷内部势力的叛乱活动，秦王嬴政果断免去了他的相位，将他逐出封地，最后迫使他饮毒酒自杀。

秦王嬴政是个有远大抱负的人，在做秦王之初，他就广纳人才，并积极听取他们的意见。比如，他采纳了李斯"统一六国"的政治主张，又实行了张仪"连横"的外交策略。

■ 李斯画像

由于秦王嬴政采取了英明决策，秦国日渐强大，从此走上了吞并六国，一统天下的道路。

公元前227年，秦王嬴政派秦国战将王翦、辛胜大举进攻燕国，在易水之西打败了燕国代国联军。第二年，嬴政又征调大军支援王翦，打败了燕军，攻陷燕都蓟城，燕王逃向辽东。后被秦将李信追杀。此后，秦王嬴政先后灭掉了魏国、楚国、齐国、燕国等六国，至公元前221年，秦王嬴政终于完成了统一大业。

秦王嬴政统一天下后，参照秦国以前的制度，在政治、经济、文化等领域实行全面改革。

秦国群臣认为秦王平定天下，功业空前，远超三

吕不韦（？—前235），出生于卫国濮阳（今河南濮阳西南）。在赵国邯郸经商时结识邯郸的秦王孙异人（后改名子楚），认为"奇货可居"，游说秦国立子楚为嫡嗣。后做秦国丞相。他是中国历史上著名的政治家和思想家，也是杂家思想的代表人物。

■ 秦始皇蜡像

皇五帝。嬴政也觉得自己功盖三皇五帝，决定从"三皇""五帝"中各取一个字，取号为"皇帝"，其尊号为"秦皇"，因为他是第一位真正的皇帝，后人就称他为"秦始皇"。

秦始皇又采纳了李斯的意见，把天下划分为36郡，郡以下设县。

他又在中央朝廷里设置丞相、御史大夫、太尉、廷尉、治粟内史等重要的官职协助他治理国家。所有这些官员都归他任免和调动，一概不得世袭。国家政事，不论大小都由他决定。

秦始皇还把原六国的兵器全都收缴到京城咸阳来，回炉熔铸成12个大铜人和许多铜器，并把铜人和铜器立在咸阳宫殿前面的两边，象征着秦始皇灭亡六国统一中原。

秦始皇还以圆形方孔、每个重半两的钱作为全国统一的货币。他下令规定了统一的度量衡，如尺寸、升斗、斤两等。还下令统一文字，规定用一种叫作"小篆"的字体作为全国统一使用的标准文字。通过统一文字，各地的文化交流就方便多了。

秦始皇统一天下之后，北方匈奴势力对秦王朝构成了严重威胁。为了保证中原地区的安定，秦始皇派

咸阳 著名古都之一，为中国第一个帝都。其位于关中平原中部，渭河北岸，九嵕山之南，因山南水北俱为阳，故名咸阳。秦始皇统一全国后，咸阳成为全国政治经济交通和文化中心。

遣大将蒙恬率兵30万，北攻匈奴，攻取了北方许多地方，并在北方设置了34个县。

公元前211年，秦始皇又从中原地区迁移3万多户人家到北方垦荒种植，推动了北方经济的发展，维护了边关的稳定。

接着，秦始皇便开始大规模地修筑长城。他在秦、赵、燕三国长城原有的基础上，加以连接和修补，构筑了西起陇西临洮、东至鸭绿江，长度达万余里的长城。这就是后来举世闻名的万里长城。

秦始皇总认为自己功盖三皇五帝，认为自己应该长生不老。所以，他不断地外出巡游，寻求能长生不老的仙药。

公元前210年，秦始皇开始了他的最后一次巡游。他从咸阳出发，首先来到南方的云梦一带，在九嶷山祭祀了虞舜。然后便顺江东下，由丹阳登陆，来到钱塘，绕道120里渡江登上会稽山，在山上祭祀了大禹。

■ 咸阳宫建筑模型

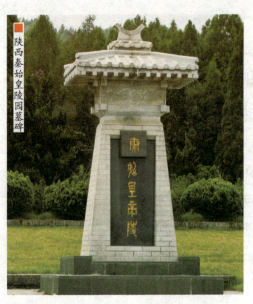
陕西秦始皇陵园墓碑

祭罢大禹，秦始皇在会稽山刻石留念，然后下山，经吴中北上。秦始皇一行从江乘渡江，一直沿着海边向北，又来到琅琊。他总想能在海边有所收获，遇见仙人或得到仙药，所以一直靠着海岸走，然而一无所获。

秦始皇求仙无望，便决定返回咸阳，不幸在途中病倒。

于是秦始皇和随从一路疾驰，准备赶回咸阳，不料到了沙丘，秦始皇就病逝了，终年50岁。

秦始皇统一天下，奠定了中国统一多民族中央集权国家的基本格局，对中国疆域的初步奠定和巩固发展国家的统一，以及形成以华夏族为主体的中华民族，起了重要作用。促进了中国历史上第一次民族大融合。第一次形成了真正意义上的中国。

阅读链接

战国后期时，日渐强大的秦国加快了兼并诸侯六国的战争步伐。

从公元前237年开始，秦王嬴政就开始谋划统一全国的战争。其作战的总谋略是由近及远，先取赵国、魏国、韩国，再取燕国、楚国、齐国。经过20多年的战争，秦国最终灭掉六国，统一了天下。

嬴政一统中国，对中国历史的发展有着深远的影响。秦的统一，结束了500余年春秋战国的分裂局面，创立了一个专制主义的中央集权的郡县制国家，推进了中华民族的历史进程。

唐太宗李世民

李世民（599—649），陇西成纪人。唐朝第二位皇帝，谥号"文武大圣大广孝皇帝"，尊号"天可汗"，庙号"太宗"。杰出的军事家、政治家、战略家、书法家和诗人。

李世民开创了中国历史著名的"贞观之治"，使社会出现了国泰民安的局面，将中国传统农业社会推向兴盛，为后来全盛时期的开元盛世奠定了坚实基础。

李世民在父亲李渊举兵建立唐朝的过程中，凭借卓越的军事才能，为大唐盛世的建立和发展做出了巨大贡献。

■ 唐太宗李世民画像

李世民塑像

群星闪烁的杰出人才

　　626年7月，李世民被李渊立为皇太子。两个月后，李渊退位做太上皇，李世民登基。这就是唐太宗。

　　唐太宗即位之时，即着手整顿父亲在位时的宰相班子，以知人善任的原则，逐步建立起了以自己为核心的最高决策集团。随后，又对中央机构进行了一系列的改革，改造了三省六部制。

　　通过对领导班子的改革，唐太宗不仅牢牢地巩固了自己的地位，而且也为进一步励精图治、开创"贞观之治"的新局面奠定了基础。

　　唐太宗有一句话叫"内举不避亲，外举不避仇"，可以说是对他用人方针的生动概括。由于采取了求贤纳才、知人善任的用人政策，使得唐太宗统治时期人才济济，群贤荟萃。

　　643年，唐太宗曾将其中的24位佼佼者划在凌烟阁内，史称"凌烟阁二十四功臣"，长孙无忌、房玄龄、杜如晦和魏徵等位列其中。这些谋臣猛将、文人学士都为唐太宗大治天下的政策出谋划策，谏言建议，为后人所称颂的"贞观之治"贡献了自己的才干和智勇。

在大力选拔人才的同时，唐太宗还进行了法制的改革和建设。他将赏功罚过作为法制改革的标准，任命房玄龄、长孙无忌在参考《武德律》的基础上制定了封建社会最完备的法典《贞观律》。

《唐律疏议》

后来长孙无忌又在唐太宗的支持下，组织了19名法学专家为《唐律》作注释，完成了《唐律疏议》。五代以后的各朝法律大都以此作为蓝本相应增删。

唐太宗又亲自选拔一批正直无私、断狱公平的人担任法官，并亲自检查法官对案件的处理情况，以保证律、令、格、式的贯彻执行。

唐太宗还特别重视农业生产和农民生活，积极地推行轻徭薄赋，与民休养生息的政策，使农民得以逐步恢复生产，重建家园。

他全面推行、推广均田制，招抚失去土地逃亡的农民，给他们土地，鼓励他们从事农业生产。为解决耕地不足的问题，他一再缩减苑囿占地面积，以增加农民耕地。

古代农田水利场景

■ 唐代士兵俑

李靖（571—649），字药师，汉族，隋末唐初将领，是唐朝文武兼备的著名军事家。后封卫国公，世称"李卫公"。才兼文武，出将入相，为唐朝的统一与巩固立下了赫赫战功。

他还下令减免租赋，同时大力倡导兴修水利，以增强抵抗自然灾害的能力。此外，为了增加人口，他下令将男女结婚的年龄提前，这就迅速增加了全国户数，为农业生产提供了大量的劳动力。

随着国内政治经济形势的迅速好转，国力逐渐增强，唐太宗为建立强盛的多民族的大唐帝国，开始了统一边疆地区的战争。

唐太宗首先征服的是当时对唐朝威胁最大的东突厥。唐太宗扶持东突厥颉利可汗的反对势力，牵制颉利可汗。同时，又利用东突厥贵族的内部矛盾，拉拢和颉利可汗有矛盾的突利可汗，使之为唐太宗提供有利战机。

629年，唐将李靖夜袭阴山，大败东突厥，俘虏颉利可汗，灭掉东突厥。当地各少数民族势力纷纷归附，从而稳定了北方边境。

唐太宗又相继派兵收复了吐谷浑、高昌、焉耆、龟兹等地区，并在龟兹设立了安西都护府，重新恢复了对西域地区的统治。

唐朝的西部和北部边境重新得到了巩固和扩大，也使闻名于世的丝绸之路恢复畅通，加强了中原地区与西域和中亚地区的经济文化交流。唐太宗还通过和亲政策，加强少数民族同唐朝的联系和团结。

640年，文成公主入藏，将农耕、纺织、建筑、造纸、制笔、酿酒、冶金以及农具制造等技术带入西藏，对西藏的政治、经济、文化的发展，起了极大的促进作用，同时也加强了西藏与唐朝的联系。

唐朝和世界其他国家的政治、经济和文化交往也越来越频繁。亚洲、非洲地区许多国家不断有人来唐

安西都护府 从640年始至808年止，共存在约170年。管辖包括今新疆、哈萨克斯坦东部和东南部、吉尔吉斯斯坦全部、塔吉克斯坦东部、阿富汗大部、伊朗东北部、土库曼斯坦东半部、乌兹别克斯坦大部等地。加强了对北方和西北边疆的管理。

■ 文成公主入藏图

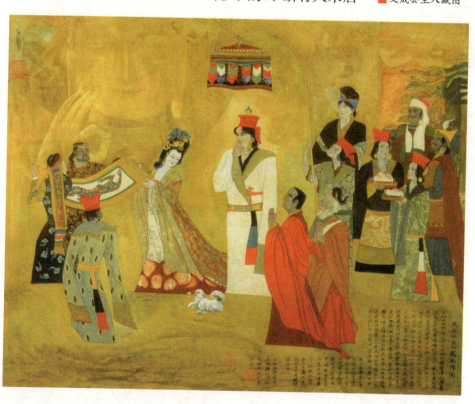

朝访问，当时的长安是世界上最大的城市之一。那时和唐朝交往的国家达到70多个。

唐玄宗时的高僧玄奘到天竺带回了大量的佛教经典，并将其译成汉文，玄奘取经的故事后来还成为《西游记》的素材。其他宗教如景教、回教、摩尼教等也在此时传入中国。

唐太宗不仅是一位杰出的军事家和政治家，而且还是一位多才多艺的君主，是位诗人、文学家和书法家。他所写的诗文，被编入《全唐文》和《全唐诗》的就有文7卷、赋5篇、诗1卷69首。

唐太宗非常喜欢晋代著名书法家王羲之的书法，最为擅长的是飞白书法。唐太宗还十分重视对书法的钻研，他写的《笔法论》《指法论》《笔意论》等，对书法也有指导作用。

不可否认，唐太宗是中国历史上众多皇帝中少有的明君。但在贞观后期，他滋长了骄傲和自满情绪，思想和行为逐渐发生了变化。到了晚年，他乞求长生不老，迷恋方士炼制的金石丹药，结果因服食金石丹药过多，中毒暴亡，享年52岁。葬于唐昭陵。

阅读链接

有一次，唐太宗听信谣言，批评魏徵包庇自己的亲戚，经魏徵辩解，唐太宗知道自己错了。

魏徵趁机进言道："我希望陛下让我成为一个良臣，不要让我做一个忠臣。"

唐太宗惊讶地问："难道良臣和忠臣有区别吗？"

魏徵说："有很大区别。良臣拥有美名，君主也得到好名声，子孙相传，千古流芳；忠臣得罪被杀，君主得到的是一个昏庸的恶名，国破家亡，忠臣得到的只是一个空名。"

唐太宗听后，十分感动，他连声赞美，并赐给他绢500匹。

开国雄主

　　从五代十国至元代是中国历史上的近古时期。五代有后梁、后唐、后晋、后汉和后周，十国有前蜀、后蜀、吴、南唐、吴越、闽、楚、南汉、南平和北汉。赵匡胤扫荡群雄，结束了战乱局面，建立北宋。300年后，铁木真不仅将箭头穿越大漠射向欧洲，他的子孙也率领万千铁骑入主中原。

　　于是，在中国近古时期的帝王长廊里，既有中原国主铁血狼烟的壮举，也有马背民族血洒他乡的豪迈。英豪建功，可歌可泣。

宋太祖赵匡胤

赵匡胤（927—976），别名香孩儿、赵九重。出生于洛阳夹马营，祖籍河北涿州。军事家、政治家，中国大宋王朝的建立者。

他结束了五代十国战乱局面，建立了宋朝，庙号太祖。他在位期间，加强中央集权，以文治国，以武安邦，开创了中国的文治盛世，是一位英明仁慈的皇帝，是推动历史发展的杰出人物。

宋太祖本人极具几尽完美的人格魅力：他心地清正，疾恶如仇，宽仁大度，虚怀若谷，好学不倦，勤政爱民，严于律己，不近声色，崇尚节俭，以身作则，等等，不仅对改变五代以来奢靡风气具有极大的示范效应，而且深为后世史学家所津津乐道。

■ 宋太祖赵匡胤画像

■ 郭威（904—954），邢州尧山，即今河北省邢台市隆尧县人，后周太祖。他出身平民，在五代初期那段战乱频仍的年代，由普通士卒逐步成长为将领，最后又当上了皇帝，使唐末以来极为混乱的北方社会开始走上了相对安定的道路。

赵匡胤出生在一个军人家庭，父亲先后为后唐、后晋和后汉的军官。赵匡胤18岁时娶了妻子，20岁时，就毅然告别发妻，浪迹天涯去闯荡世界。

950年，赵匡胤在闯荡中来到河北邺都，投靠在后汉枢密使郭威的手下，做了一名士兵。后来郭威起兵反汉，攻入开封，灭掉后汉，建立后周。赵匡胤在拥立郭威的闹剧中展露身手，遂被提升为禁军的一个小头目。

时隔不久，北汉和契丹联军合力进攻后周，赵匡胤以高平之战的出色表现受到了周世宗的进一步赏识。战后，他不但被破格提拔为殿前都虞侯，成为后周禁军的高级将领，而且还被委以整顿禁军的重任。

在这次整顿禁军的过程中，赵匡胤开始在军队中形成了自己的势力。他利用主持整顿的机会，将罗彦环、郭廷斌、田重进、潘美、米信、张琼、王彦升等自

宋太宗赵光义画像

后周 五代之一。951年，郭威先称监国，后称帝，建国号为"周"，史称"后周"，都城开封。960年，赵匡胤在领兵抵御北汉和辽的进攻时，在开封东北的陈桥驿发动了"陈桥兵变"，后周灭亡。

周世宗（921—959），名柴荣，是五代时期后周皇帝。庙号世宗，谥号睿武孝文皇帝。柴荣办事谨慎，虚心求谏，凡事率先垂范，甚至事必躬亲。被史家称为"五代第一明君"，堪称照耀黑暗时代的一颗璀璨明星。

己麾下的"心腹"之人，安排在殿前司诸军任中基层将领。

　　同时，赵匡胤又以自己高级将领的身份，主动与其他中高级将领结交，并同其中的石守信、王审琦、韩重斌、李继勋、刘庆义、刘守忠、刘廷让、王政忠、杨光义结拜为兄弟，形成一个以赵匡胤为核心的势力圈子。

　　959年，后周王朝政局动荡，各地将领都暗自积蓄力量等待机会以防变故。赵匡胤立即率领禁军出发，开到开封东北的陈桥驿，在那里宿营。

　　赵匡胤的弟弟赵光义和军师赵普派人到军中鼓动兵变，拥立赵匡胤当皇帝，带着人向赵匡胤高呼"万岁"。

群星闪烁的杰出人才

宋太祖陈桥兵变图

960年，赵匡胤宣布定国号为"宋"。至此，赵匡胤成了宋王朝的第一位皇帝。这就是后来所称的宋太祖。

宋太祖赵匡胤画像

为了稳定京城，宋太祖对后周皇族采取了优抚政策，对后周旧臣全部录用，官位依旧，甚至连宰相也仍由王溥、范质、魏仁浦三位旧相继任。又成功地平息了后周皇族的反抗。至此，宋王朝与后周旧臣之间的矛盾可以说基本上得到了解决。

宋太祖深知，历史上篡位弑主易如反掌，很可能威胁皇权。为了确保统治的稳固，宋太祖采取了更为积极的措施，巧妙地以"杯酒释兵权"，使君臣之间的矛盾得到了较为合理的解决，上下相安无事。

随后，宋太祖决定，禁军中的殿前都点检、副都点检和侍卫马步军正副都指挥使等职务不再设置了，只剩下了侍卫马军都指挥使、侍卫步军都指挥使和殿前都指挥使这3个不能相互统属的职务。

刚刚立国不久的宋王朝周围，存在着几个由外族所建立的敌对国家和许多由汉族所建立的割据政权。在这种情况下，宋太祖制定了"先南后北"的统一方针后，开始了武力统一全国的进程。

963年，宋太祖任命慕容延钊出征荆湖。慕容延钊等依计而行，出兵湖南途中攻破江陵，高继冲归降。一个月后，湖南也被平定。

964年11月，宋太祖派大将王全斌、曹彬分兵两路，仅用66天的时间就灭亡了后蜀，取得了46个州240个县的广大领土。

970年9月，宋太祖决定攻取南汉，继续实施"先南后北"的统一

方针。潘美等接到宋太祖灭亡南汉的命令后，马上就攻陷了贺州，随之攻克昭、桂、连、韶4个州，大败南汉军10余万于莲花峰下。

至次年2月，即攻克广州，南汉灭亡。宋王朝又取得了60个州214个县的领土。

灭亡南汉之后，宋军主力跨过长江天险，大败南唐水陆兵10余万于秦淮，直逼金陵城下。与此同时，另一支宋军攻克了常州、江阴、润州，形成了对金陵的外线包围，金陵成了一座孤城。不久宋军即攻入金陵，俘虏了南唐后主李煜。

灭南唐是宋太祖统一南方的最后一仗，也是当时最大的一次江河作战。这次战争中的"围城打援"，是宋太祖战略部署中的经典之作，也是古代战争史上创举。

宋太祖在南北用兵、统一全国的同时，采取了一系列措施，巩固和加强中央集权。

首先就是削弱地方势力。

963年，宋太祖做出废除荆湖地区等各个支郡的规定，并最终形成了宋代的以文臣任知州的制度，使位尊权重、声势煊赫的节度使的权力受到极大削弱。

其次是收归各地的财政大权。

964年，宋太祖发布了一道重要的诏令，要求各州除留有必要的经费外，其余财赋中属于货币的部分应全部奉送到京城，不得无故占留。地方丧失了财权，自然也就无法屯兵自重了。

宋太祖为收地方精兵创立了兵分禁、厢的制度，为后代一直沿袭下来，成为两宋兵制中的一大特色。

宋太祖为了扩大统治基础，改革和推进了隋唐以来的科举考试制度。他极力放宽科举考试的范围，不管是家庭贫富，还是门第高低，只要具有一定文化的人，都可以前往应举。同时严格考试制度，以防权贵豪门徇私。

与此同时，又着力改变重武轻文的旧风气。随着文教的振兴和开科取士的增多，大批文人进入统治集团，切实发挥了他们的作用。

宋太祖还一直推行广施恩德、与民休息的方针，实行轻徭薄赋、奖励农桑、兴修水利、发展工商贸易，大得民心，极大地保护和调动了人民群众的生产

金陵 是南京的别称。南京历史悠久，有着6000多年文明史、近2600年的建城史和近500年的建都史，是中国四大古都之一，有"六朝古都""十朝都会"之称，是中华文明的重要发祥地。

■ 公婆庙传说塑像

■ 赵匡胤永昌陵石像

积极性，使宋朝各地的生产得到迅速的发展。

宋代是中国古代史上经济空前发展繁荣的时期。中华民族的四大发明中就有火药、指南针、活字印刷术三项大发明出自宋代。

976年，宋太祖亲率大军对北汉发起了第三次攻势。10月。正在激战之时，这位胸怀统一大志、正值壮年的杰出君王在刀光剑影中不幸暴病身亡，年仅50岁。葬于永昌陵。

阅读链接

邯郸有一个赵姓的大户人家，人称赵员外。赵员外家境殷实，乐善好施。

有一次，南征北战的赵匡胤在征战邯郸时，战伤累累，加上伤寒病袭身，晕死在邯郸火磨庙。幸被赵员外和家人救起，好生照料，尤其是赵家用秘制的酥鱼和酥鱼汤，滋补强身，赵匡胤半个月恢复如常人。

960年，赵匡胤在开封府黄袍加身，登基做了皇帝后，不忘赵员外的救命之恩，亲派嫡系大将石守信豪修赵府大院，官赐三品。赵匡胤多次提起："没有赵员外，就没有大宋江山。"

元太祖成吉思汗

成吉思汗（1162—1227），即孛儿只斤·铁木真。蒙古族。蒙古帝国可汗，谥号"圣武皇帝""法天启运圣武皇帝"，庙号太祖，尊号"成吉思汗"。世界史上杰出的政治家、军事家。

成吉思汗颁布了《成吉思汗法典》，这是世界上第一套应用范围最广泛的成文法典，此法典建立了一套以贵族民主为基础的蒙古贵族共和政体制度。

成吉思汗协助塔塔统阿创蒙古文字，即"畏兀字书"。后经改革后，更趋完善，一直沿用至今天。

成吉思汗建立蒙古帝国，灭花剌子模，被称为"一代天骄"。与中国历史上著名的帝王秦皇汉武、唐宗宋祖相提并论。

■ 元太祖成吉思汗画像

1162年，蒙古乞颜部酋长也速该的帐篷里生下一个男孩，也速该以"铁木真"的名字赐给这个头生子。铁木真在蒙语里是"精钢"的意思，也速该用这个名字来表明对儿子的厚望。

在铁木真9岁那年，也速该被塔塔尔人下毒药毒死。铁木真的弟弟妹妹年龄很小，他们家既缺乏牲畜，也缺少劳动力，生活十分艰苦。幸亏他的母亲很能干，勉强维持生活。

泰赤乌的首领担心铁木真长大后东山再起，于是，他们对铁木真家的住地进行了一次突然袭击。捉去铁木真，套上木枷到处示众。铁木真逃走后，为了防止再遭袭击，他把全家迁到肯特山去居住。

几年后，铁木真和孛儿帖结了婚，以便取得翁吉剌部的支持。可是婚后不久，蔑儿乞惕部落突然袭击了铁木真的营帐。在战乱中，铁木真虽然逃了出来，

■ 成吉思汗出征壁画

■ 札木合（？—1204），蒙古札达兰部首领，被称为古儿汗。他是铁木真的主要对手之一，两人曾在蒙古草原上对立。后来虽然札木合战败在铁木真的手下，但不论是蒙古还是中原的历史对他的评价都非常高。

但他的妻子孛儿帖却被蔑儿乞惕部落的人掳走。

艰辛的生活，接连的打击，不仅没使铁木真灰心丧志，反而更增强了他的复仇决心。铁木真的父亲也速该生前和克烈部的首领王罕脱斡里勒汗是结义兄弟。为了争取王罕支持，铁木真忍痛把妻子孛儿帖当初带来的嫁妆黑貂裘献给王罕，并称他为义父。孛儿帖遭俘后，铁木真请求王罕出兵，王罕欣然同意。

铁木真召集过去属于自己家族的部众，又约了自己的"安答"，蒙古札答剌氏族首领札木合，三方联军，突袭蔑儿乞惕部。蔑儿乞惕部大败，铁木真夺回了孛儿帖，壮大了自己的力量。

没有多久，札木合的弟弟由于抢掠铁木真的马群被蒙古部人杀了，札木合以此为借口，纠集他所属的13部共3万人向铁木真发起进攻。铁木真也把自己的3万士兵分成13翼迎战札木合。

双方在克鲁伦河畔的答兰巴勒主惕展开了一场大战。这就是蒙古族历史上著名的"十三翼之战"。铁木真在这场战役中失败了。

1201年，铁木真和王罕联合，击败了札木合部。第二年，铁木真又全歼了残余的塔塔尔人，此外，弘吉拉等部又前来归顺。这样，蒙古草原东部的各部都已统一归并于铁木真的麾下。

铁木真的势力不断扩大，使王罕脱斡里勒感到威胁，王罕和铁木真的关系开始恶化。王罕纠结札木合联合向铁木真发动突然袭击。铁

■ 成吉思汗出征壁画

鄂嫩河 又名"斡难河"。发源于蒙古东北部肯特山东麓,北流经俄罗斯的石勒喀河后,流入黑龙江。1206年,铁木真带领蒙古的贵族和功臣们在鄂嫩河畔举行大聚会,大家一致推举他为蒙古的大汗,并且上尊号为"成吉思汗"。

木真失利,他退到班朱泥河沼泽地停了下来。后来,铁木真派兵暗暗包围了王罕的驻地,然后突然发起进攻。经过三天三夜激战,占领了王罕的金帐,完全消灭了克烈部,王罕逃到鄂尔浑河畔,后被乃蛮人杀死。

强大的克烈部被消灭以后,蒙古草原上唯一还有力量与铁木真抗衡的,是西边的乃蛮部。1204年夏天,铁木真灭掉了乃蛮部,蒙古草原上再也没有可与他争锋较量的敌手,铁木真威名震动了蒙古草原。后来,蔑儿乞惕人的首领逃走了;汪古部主动前来归附;札木合也被他的部下绑了送交铁木真,被铁木真处死。

这样,铁木真完成了统一蒙古的大业。

1206年,全蒙古的贵族和功臣们在鄂嫩河畔举行忽里勒台,也就是大聚会,大家一致推举铁木真为全蒙古的大汗,并且上尊号为"成吉思汗"。成吉思汗是蒙古语"强大"的意思。

这一年,铁木真44岁。

成吉思汗成为蒙古的大汗,标志着蒙古族的历史进入了一个新阶段。在东起呼伦贝尔草原,西至阿尔泰山的辽阔地域内,操着不同语言和具有不同文化水平的各个部落,逐步形成了勤劳勇敢的蒙古民族。

成吉思汗统一蒙古以后，建立了第一个蒙古国政权。他在军队建设、军事行动，以及文化和文法方面采取了强有力的措施。

成吉思汗对于军队建设，可谓不遗余力。他在原"千户军"基础上整编蒙古军，把全体蒙古牧民编为10户、100户、1000户和1万户，任命大大小小奴隶主为"十户长""百户长""千户长"和"万户长"。

成吉思汗还扩充了一支由他亲自指挥的1万人的护卫军，这支军队从人员的挑选、武器的配备到战术的训练等各方面都是非常严格的。

成吉思汗在1205年至1209年间三次洗劫西夏，迫使对方请和，并答应每年向蒙古纳贡。

1219年秋，成吉思汗亲自率领20万军队进攻花剌子模。在后来的1235年和1252年，成吉思汗的子孙又发动了第二次和第三次西征，横跨欧亚，建立了"大蒙帝国"。

成吉思汗还颁布了文法。在蒙古社会中，大汗、合罕是最高统治者，享有至高无上的权威，大汗的言论、命令就是法律，成吉思汗颁布的"大札撒"记录的就是成吉思汗的命令。成吉思汗的"训言"，也被称为"大法令"。

乃蛮部 蒙古高原西部势力最强大的游牧部落。语言属突厥语系。信奉景教。在蒙古人兴起以前已建立起国家机构。乃蛮汗国被推翻后，大部分乃蛮人跟随其王子屈出律西迁至今哈萨克斯坦东部，并与当地的其他突厥语部落融合，后成为哈萨克民族的主要部落之一。

■ 成吉思汗铜像

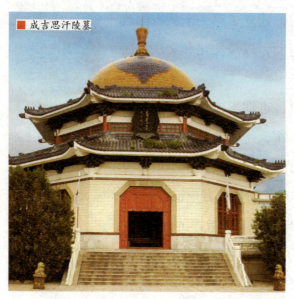
■ 成吉思汗陵墓

1206年成吉思汗建国时，命令失吉忽秃忽着手制定青册，这是蒙古族正式颁布成文法的开端。

1227年8月25日，成吉思汗在远征西夏的途中，在清水县西江去世，终年66岁。

成吉思汗死后实行了"密葬"，所以真正的成吉思汗陵究竟在何处始终是个谜。坐落在鄂尔多斯市伊金霍洛旗甘德利草原上的成吉思汗陵是一座衣冠冢。

群星闪烁的杰出人才

阅读链接

成吉思汗在消灭花剌子模后的回军路上，接见了中国北方道教全真派首领长春真人丘处机。当时丘处机是道教全真龙门派掌教，成吉思汗待他如师如友。

丘处机清楚地告诉他，人是不能长生不老的，只能养生。还告诉他一条治国之道，劝他要清静无为，不要滥杀无辜等。

丘处机与成吉思汗的相会时间不长，但是在成吉思汗的人生道路上起的作用却相当大，使其性格也发生了不小的变化。

末代天骄

明清两代是中国历史上的近世时期。明清两个封建王朝，留给我们太多的精彩和慨叹。朱元璋出身寒门，做了开国皇帝，仍然以万乘之尊而居；而明成祖朱棣凭借文治武功，很让后世有"大帝"之赞。

清代太祖、太宗、圣祖、世宗和高宗五帝，雄心勃勃，使中国专制主义中央集权的政治制度发展到登峰造极的程度。

纵观中国近世时期君主政治，明清两代帝王演绎了社会变易与民族救亡的激荡风云，个中意蕴，值得阐扬。

明太祖朱元璋

朱元璋（1328—1398），字国瑞，汉族，原名朱重八，后取名兴宗。濠州钟离（今安徽凤阳东北）人。他是明朝的开国皇帝，谥号"开天行道肇纪立极大圣至神仁文义武俊德成功高皇帝"，曾经做过和尚，庙号太祖。

他在位时驱逐胡虏，除暴乱，拯救民族，结束了元朝民族等级制度。

他励精图治，恢复和发展生产，整治贪官，提倡文教，其统治时期被称为"洪武之治"。

■ 明太祖朱元璋画像

■朱元璋与刘基

朱元璋出生于今安徽省凤阳县的一个贫苦农民家庭。他自幼贫寒，曾离乡做游方僧人。后在好友劝说下，到濠州投靠郭子兴，参加红巾军。

朱元璋身材魁梧、英勇机智且多谋善断，很快得到郭子兴的赏识。由于朱元璋率兵打仗，十分注意约束部队，因此很得老百姓欢迎，他在军中的威望也越来越高。

1356年，红巾军统帅刘福通在亳州立韩林儿为皇帝，国号宋，年号龙凤。不久郭子兴死后，朱元璋势单力薄，不得已遥奉韩林儿的大宋龙凤政权。

这年3月，朱元璋率兵攻占集庆，改集庆为应天府。至此，朱元璋以应天府为中心，采取朱升"高筑墙、广积粮、缓称王"的建议，采取稳健的进攻措施。

为寻求能征善战的骁将，朱元璋常常不惜任何代价。刘伯温、常遇春都是在这个时候求得的人才，他们为明朝建立立下了不朽功勋。

明太祖朱元璋在皇宫时的场景

1360年，陈友谅自称皇帝，约张士诚一块夹攻朱元璋。

这时朱元璋已羽翼丰满，兵强马壮，他立即实行大转移，采取固守东南，向东北和西线出击的战略，开始与群雄逐鹿中原。经过近8年的征战，朱元璋终于消灭了长江流域势力较大的两支红巾军力量陈友谅和张士诚部，一跃而成为江南地区最大的军事力量。

1368年4月，朱元璋在南京称帝，定国号为"大明"，年号为"洪武"。为实现明朝的长治久安，明太祖进一步推进统一全国的进程。

1368年8月，明太祖的大将军徐达北伐告捷，元顺帝逃亡漠北，元大都落入明军之手。在派兵北伐的同时，明太祖又派兵南下，陆续平定浙东、福建、广东和四川。1381年进军云南，第二年，攻占大理。至此，已基本完成了南方的统一。

1373年，明太祖下令改元朝御史台为都察院，设有左右都御史、左右副都御史、左右佥都御史，下置十三道巡按御史分巡各地，负责纠劾百司、辨明冤枉等。这一措施保证了各级官员对皇帝的绝对忠心和尽职。

1376年，明太祖宣布废除行中书省，设承宣布政使司、都指挥使司和提州按察使司，分担行中书省的职责，3个机构互相制约，直属皇帝领导。

1380年，明太祖废除丞相制，规定中央的政务分别由吏、户、礼、兵、刑、工六部管理，每部设尚书一人，侍郎两人。六部尚书直接对皇帝负责，奉行皇帝的意旨。同年，明太祖还把最高的军事机构大都督府分成前、后、左、中、右五军都督府，各自统辖一部分军队，并规定都督府只管军队的管理和训练，而军队的调遣和将帅的任免权，则由兵部掌握。

1387年，明太祖派军进攻辽东，迫降元将纳哈出。至此，除了漠北草原和新疆等地之外，明太祖基本上实现了统一大业。

049

近世时期

末代天骄

六部尚书 "六部与尚书"是两个不同的概念。六部，是中国隋唐至清末中央行政机构吏部、户部、礼部、兵部、刑部、工部的总称，是中国古代数个官署的统称。尚书，是中国古代官职名之一。尚书最初是指掌管文书奏章的官员。

■ 朱元璋御赐甲第

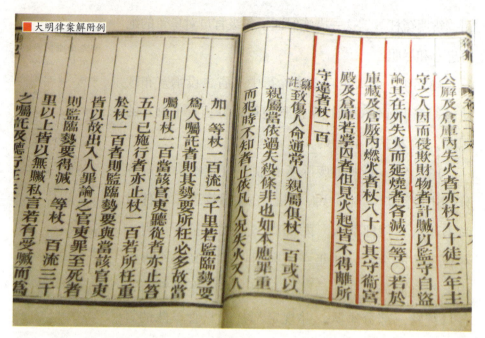

明代统治者很注重法律规范的修订。早在建立明朝之前，明太祖就开始了系统的立法活动，曾命左丞相李善长、御史中丞刘基等议定和编成《律令》。后经近30年的更改和删定，最后终于颁布了中国法律史上极其重要的一部法典《大明律》。

明太祖出身贫苦，比较能体恤民情。他认为士农工商中，农民最为辛苦。即位之初，就在全国范围内大力推行休养生息政策，要求各地官吏把开垦新田、增加户数作为头等大事来抓，并规定官吏的考核都要上报农桑的治绩，违者降罚。在赋税徭役等方面也对农民做了一些让步，鼓励兴修水利，推广棉花和桑枣果木的种植。

此外，由于连年战乱，致使中原、江南人口锐减，所以明太祖下决心从山西大规模移民整修河堤、恢复盐场。

在1370年至1417年的47年间，移民首先从山西洪洞大槐树迁出，涉及全国，成为中国历史上规模最大、历史最久的一次有组织有计划的汉民族迁移行动，被称为"洪武移民"。

这次移民合理地分布了人口生存空间和中华文明的文化构成，在中国古移民史上留下了浓墨重彩的一笔。

朱元璋与大臣蜡像

在历代封建帝王中，明太祖是一个比较勤俭务实的皇帝。他把自己的全部精力、时间，都用在了管理他一手开创的朱家王朝。全国政务不论大小必亲自过问和处理。

因为他担心交给朝臣们办一则会出现徇私舞弊现象；二则那样会使大权旁落。所以，每天天不亮明太祖就起床办公，批阅文件直至深夜。

1398年，明太祖去世。葬于南京明孝陵。

阅读链接

朱元璋攻占南京以后，听说一些官兵横行街上，就决心严明军纪。就在第二天队伍集合准备出发攻打镇江时，统兵大将军徐达因违犯军纪被抓了起来，准备斩首示众。

三军将领一听，纷纷跑到朱元璋面前苦苦求情。最后朱元璋答应饶徐达不死，但必须立功赎罪，攻占镇江后约法三章：一不许烧房子；二不许抢财物；三不许滥杀无辜。

众将官异口同声保证约束三军，不再为主帅惹事，三军无不佩服朱元璋执法严明。

当然，这是朱元璋和徐达早就商量好的计策。

清高宗弘历

　　弘历（1711—1799），全名爱新觉罗·弘历。满族。清朝第六位皇帝，定都北京后的第四位皇帝。谥号"法天隆运至诚先觉体元立极敷文奋武钦明孝慈神圣纯皇帝"，庙号高宗，年号乾隆。他是中国历史上执政时间最长和年寿最长的皇帝。

　　他在位期间平定大小和卓叛乱、巩固多民族国家的发展，六次下江南。

　　他文治武功兼修，并且当时文化、经济、手工业都处于极盛时代，对发展清朝"康乾盛世"局面做出了重要贡献，为一代有为之君。

■清朝乾隆皇帝画像

弘历自幼聪明，5岁就学，过目成诵。在弘历10岁那年，康熙帝在雍和宫第一次见到了孙子弘历时，一下子就喜爱上了他，令养育宫中，并亲授书课。

1723年，雍正书立储密旨，立弘历为继承人，藏于锦匣，置于乾清宫的"正大光明"匾后。1735年，雍正帝去世，弘历继位，并且改年号为乾隆。

在政治方面，乾隆即位后，为了缓和雍正在位时期造成的政治紧张气氛，他首先释放了雍正末年因贻误军机而判死罪的岳钟琪。还为多尔衮昭雪，恢复王爵。这些措施缓和了统治阶级内部的矛盾，化消极因素为积极因素，对稳定王朝的局势是有意义的。

乾隆帝重视吏治。他重视官吏的选拔，强调官吏应该年富力强；禁止各省大员向皇帝进献方物、土产；注重考绩，严格考核官吏；注意解决官员及其家属的生活费问题；处置贪官。

在经济方面，乾隆重视发展农业生产。他要求北方向南方学习耕作技术；令地方官注意植树造林保持水土；鼓励开荒，扩大种植面积；关心水利建设。

乾隆重视发展商业并给予宽松政策。他规定商人到歉收的地方销售粮食，可以免关榷米税，允许百姓贩运少量食盐。

乾隆重视社会的稳定，关心受灾百姓，执政期间五次普免天下钱粮，三免八省漕粮，减轻了农民的负

■岳钟琪（1686—1754），字东美，号容斋。平番。清朝名将。曾担任许多武职，以宁远大将军率军时被夺官下狱，后得释为四川提督，平大金川有功，封公爵。去世后谥号"襄勤"。

多尔衮（1612—1650），全名爱新觉罗·多尔衮。努尔哈赤第十四子。清代杰出的军事家、政治家。少年时就因屡建功勋而获"墨尔根代青"，即满语"聪明王"之号，成为正白旗旗主。他是确立清初政权及各项政策的最重要的决策者。

■ 乾隆皇帝狩猎图

担。据统计，乾隆时期蠲免了正额赋银2亿两，加上历年逢灾蠲免的1亿多两，共计3亿两以上。

在建筑上，乾隆在北京西郊营造繁华盖世的皇家园林"圆明园"，还有避暑山庄暨外八庙和木兰围场等。这些皇家园林，无不体现着清代园林文化的辉煌，是园林艺术史上的一串串璀璨的明珠。

在军事方面，乾隆的武功之一就是用兵西陲，开辟新疆、巩固新疆。在北疆，两次平定准噶尔叛乱，基本上解决了北疆的问题。

但南疆的回部贵族试图摆脱清朝，自长一方。为此，清军同回部大小和卓在库车、叶尔羌等几座南疆重镇进行了激战，最终获胜，重新统一南疆。从此西域与中原再度连为一体，定名新疆也是取"故土新归"之意。

乾隆在南疆实行因俗而治，设立阿奇木伯克制，由清政府任命。在新疆设伊犁将军，实行军府制，修筑城堡，驻扎军队，设置卡伦，巡查边界，移民实边，进行屯垦，加强了对新疆地区的管辖。

乾隆平定准、回诸役，统一了准、回各部，加强了中央政府对西域的统辖，保持了西北、漠北及青海、西藏的社会安定。

卡伦 也称作喀伦、卡路、喀龙，为"台"或"站"的满语音译。清朝设置的卡伦是特有的一种防御、管理设施，它在清代的社会治安、生产、资源管理，以及边防建设、疆域形成等方面均起到了不可忽视的作用。

在文化方面，乾隆亲自倡导并编成了大型文献丛书《四库全书》，完成了顺治朝开始编撰的《明史》和康熙下令开始编写的《大清一统志》。他又令臣下编成了历史、制度、文字、农家、医学、天文历法等方面的重要文献。

由于乾隆对文化事业的热心，汉学从乾隆朝愈益兴盛，至嘉庆朝，形成了著名的"乾嘉学派"。

此外，乾隆时期清朝的民间艺术有很大发展。乾隆80岁大寿时，徽班进京，国粹京剧开始形成。

乾隆时的中国领土，东起大海，西达葱岭即现在的帕米尔高原，南达曾母暗沙，北跨外兴安岭，西北到巴尔喀什湖，东北到达库页岛，总面积达到了1310万平方千米，为历代第二大疆域，实际控制面积则为历代之首。

清乾隆时的人口突破3亿大关。在乾隆朝，中国

徽班进京 1790年，为给乾隆祝寿，从扬州征调了以著名戏曲艺人高朗亭为台柱的"三庆"徽班入京，成为徽班进京的开始。此后又有四喜、启秀、霓翠、和春、春台等徽班相继进京。徽班进京被视为京剧诞生的前奏，在京剧发展史上具有重要意义。

■ 圆明园遗址

清东陵裕陵的陵寝门

成为一个疆域广大的多民族国家。

乾隆帝是一个比较勤于政事的皇帝，每天早上都到军机处理政事。夏天，他到军机处时天刚亮；冬天，他到军机处时也就是五更时分。一般情况下，乾隆帝到军机处后，蜡烛还要点一寸多天才明。这使得军机处官员们不敢稍有懈怠。

1795年10月15日，乾隆宣布永琰为皇太子，改名颙琰，命他即日移居紫禁城内毓庆宫，自己退位称太上皇帝。他在禅位之后仍居住在养心殿掌控朝政。

1799年2月7日，乾隆太上皇在养心殿病逝，终年89岁。葬于清东陵的裕陵。

阅读链接

话说乾隆有一天在苏州狮子林散步，看见一个叫花子边晒太阳边抓痒，心想都说江南多才子，不知这叫花子才学如何？

于是，他走到叫花子跟前，顺口说道："抓抓痒痒，痒痒抓抓；不抓不痒，不痒不抓；越痒越抓，越抓越痒。"说完一笑。

叫花子听罢，微睁双眼开口道："生生死死，死死生生；有生有死，有死有生；先生先死，先死先生。"说完继续抓痒不止。

乾隆皇帝闻言一惊！片刻，才感叹地说："都说江南多才子，真是名不虚传呀！"

群星闪烁的
杰出人才

千古忠良

千古贤臣与爱国爱民

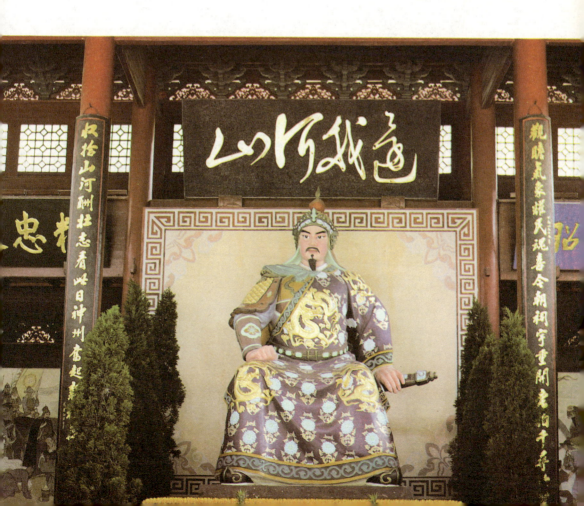

春秋战国是中国历史上的上古时期。春秋阶段出现了齐、晋、楚、吴、越等诸侯国，战国阶段出现了齐、楚、燕、韩、赵、魏、秦等诸侯国。

各诸侯国为了谋求发展，积极变法改革及合纵连横等，涌现了许多贤良的臣子和指挥作战的专职军人。他们忠君爱国，道德高尚，勤政为民，励精图治，用兵布阵正奇相依，推动了各诸侯国的大发展，堪称后世之楷模，留下了许多可歌可泣的为后世传颂的故事。

上古时期

名臣典范

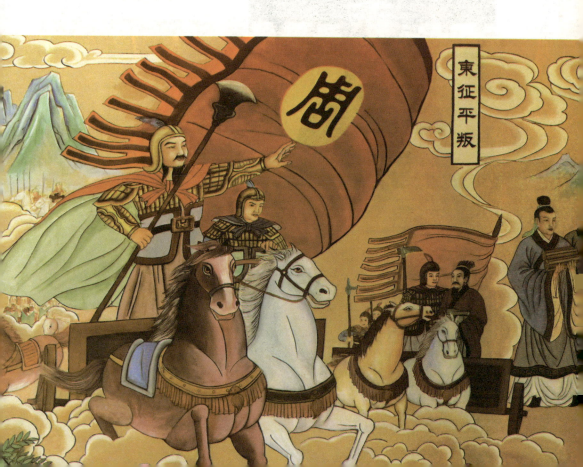

東征平叛

亘古第一忠臣比干

比干（前1125—前1063），生于商代沬邑，即今河南省卫辉市北。他是商纣王的叔父，是商纣时代丞相。他竭力反对商纣王暴虐荒淫，横征暴敛，结果被商纣王帝辛残杀。

比干是商代以死谏君的忠臣，也是历史上有名的敢于进谏、又不惜以死抗争的忠臣。因为他是历史上第一个以死谏君的忠臣，因此被誉为"亘古第一忠臣"。

■ 被誉为"亘古第一忠臣"的比干塑像

比干幼年聪慧，勤奋好学，20岁就以太师高位辅佐帝乙，又受托孤重辅后来的商纣王帝辛。

比干从政40多年，主张减轻赋税徭役，鼓励发展农牧业生产，提倡冶炼铸造，富国强兵。

商纣王刚即位的时候，每次在战场上都表现得异常勇猛。他亲军东征徐夷时，多次亲自带兵往来冲杀，骁勇无比，最后迫使徐夷酋长反绑着双手，口衔国宝玉璧，穿着孝服、拉着棺材向商纣王投降。

商纣王率领军队，一直打到了长江的下游地区，东夷部落纷纷臣服。

当商纣王凯旋之时，比干带着文武大臣，步行几十千米前往迎接。当时的民谣甚至这样唱道："商纣王江山，铁桶一般……"

然而，商纣王很快就腐化堕落了。他大兴土木，强迫奴隶为他修建宫殿，还建造了一座高高的摘星楼，整天在上面与美女、美酒相伴，朝朝笙歌，夜夜曼舞。从此，商朝的国都就改名为"朝歌"。

商纣王的种种劣迹，完全可以使人忽视他曾经的功劳，而且每一桩都少不了坏女人妲己。

■ 商代龙纹刀

帝乙（前1101年—前1076），商朝的国王，姓子名羡，商王文丁之子，他在文丁死后继位。他在位26年，其间商朝国势日衰。帝乙在位末年，迁都于沫，即朝歌，今河南省淇县。又被后人称为帝乙大帝。

商代陶爵

群星闪烁的杰出人才

商纣王有一次正和妲己饮酒，远远望见一老一少正在渡河，小的走在前面，已经过河而去；老的落在后面犹豫不前。

商纣王说："小孩骨髓旺，不怕冷；老人骨髓空，怕冷。"

妲己不信，商纣王就命士兵把两人抓来，用斧子砸开他们的腿骨让妲己看。

这条河从此被叫作"折胫河"。

比干看到商纣王的所作所为，就坦率地直谏，并带着他去太庙祭祀祖宗，给他讲历代先王的故事：先祖盘庚用茅草盖屋；武丁和奴隶一起砍柴锄地；祖甲约束自己，喝酒从来不过三杯，唯恐过量误国等。商纣王表面点头称是，但并不真正改过，而且越加荒淫暴虐。

商纣王不但在王宫里"流酒为池，悬肉为林"，而且还表演"真人秀"，令男女裸体而相逐其间，以此为乐。

妲己喜欢看人受虐的情景，有一种叫作"炮烙"的刑具，就是她发明的。

炮烙是用铜做成空心的柱子，在行刑的时候，先把犯人脱光衣服绑在柱子上，然后再把烧红的炭火放

妲己 商王朝最后一位君主商纣王的宠妃，人称"一代妖姬"。根据史料记载，商纣王征伐有苏部落，即今河南省温县，俘获到美艳的妲己为妾。商纣王非常宠爱她，她便蛊惑商纣王整日淫乐，不理朝政。后被周武王斩首示众。

进铜柱子内。

姐己说她有辨认腹中胎儿是男是女的本领，商纣王就抓来100个孕妇试验。

姐己让孕妇先坐下再站起来，然后对商纣王说："先抬左腿者是男，先抬右腿者是女。"

商纣王不信，姐己就命人当场剖腹检验。

比干看到商纣王和姐己害人取乐的场面，气得浑身发抖。他说："我是皇伯，强谏于王！"说完疾步走到了商纣王面前，直言他的错误，并且请求将姐己斩首，全门赐死！商纣王愤愤地坐在那里，一句话也不说。

比干继续说道："当年天下大灾，饿殍塞途，汤王下车抚尸而哭，自责无德。便立即开仓济贫，饥者得食，寒者得衣，天下称颂。你今天的作为与先王的仁政简直是背道而驰，若不改悔，天下就要危险啦！"

商纣王听完气得拂袖而去。

比干回到家中，请来箕子和微子商议，让他们向商纣王进谏。

第二天，箕子去劝商纣王，商纣王却将箕子的头发剪掉，把

盘庚 姓子，名旬，生卒年不详。祖丁子，阳甲弟。阳甲死后继位。商代第20位国王，是一位很有作为的国王。他为了改变当时社会不安定的局面，决心再一次迁都，搬迁到殷，即今河南省安阳市西北小屯村。在那里整顿商朝的政治，使衰落的商朝出现了复兴的局面。病死后，葬于殷。

■ 汤王（？—前1588），即商汤，子姓，名履。多称商汤，又称武汤、天乙、成汤、成唐，甲骨文称唐、大乙，也称高祖乙，河南商丘人。商朝的创建者，庙号太祖。在位30年，其中17年为夏朝商国诸侯，13年为商朝国王。

他囚禁起来。

后来，微子进谏，商纣王依然不听，微子只好抱着祖先的祭器远走他乡，到朝鲜半岛建立了自己的国家。

大臣辛甲进谏了75次，商纣王丝毫不改，于是投奔了周文王。

许多大臣看到商纣王已经无可救药，便纷纷弃商投周。商纣王已经落到了众叛亲离的地步。而此时，周武王率军东征已经打到了孟津，大小诸侯背叛商朝来和周会盟的有800多个，商王朝已是风中残烛了。

比干觉得为人臣子不能像微子那样说走就走，就是杀头挖心也得据理力争。他冒着灭族的危险，连续三天进宫抨击商纣王的过错。

商纣王被比干批评得无言以对，恼羞成怒地喝问："你为什么这样坚持？"

比干说："君有诤臣，父有诤子，士有诤友。下官身为大臣，进退自有尚尽之大义！"

商纣王又问："何为大义？"

比干答："夏桀不行仁政，失了天下，我王也学

财神比干像

夏桀 又名癸、履癸。商汤把他谥号"桀"，即凶猛的意思。桀是夏朝第十六代君主发之子，在位52年。夏桀文武双全，但荒淫无度，暴虐无道，为历史上著名的暴君。商汤灭亡夏朝时，桀被放逐而饿死。

此无道之君，难道不怕丢失了天下吗？我今日进谏，正是大义所在！"

商纣王听到这里后勃然大怒，于是他说："吾闻圣人之心有七窍，信有诸？"说罢，命人剖胸取心。

比干毫无惧色，慷慨就戮。比干忠于朝廷、冒死苦谏的精神为后世所敬仰。

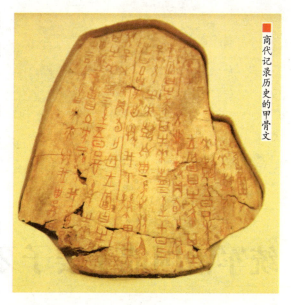
商代记录历史的甲骨文

后来周武王为比干封墓，赐比干的子孙为林姓。

此后，历朝历代都在立碑、建庙及封谥上大力宣扬比干，民间都把比干尊为"文财神"。

阅读链接

比干被害后，商纣王还要将其满门抄斩。比干的夫人陈氏当时身怀六甲，被同情比干的士兵偷偷地放了出来，在附近一处山林里生下了比干的遗腹子。商纣王的追兵赶到后，查问孩子的姓氏，陈氏急中生智，指林为姓，躲过了这次劫难，林氏由此起脉。

周武王灭商建周后，为比干封墓，正式赐比干的儿子为林姓，赐名为坚，封河清公，食采于博陵，即今河北省安平县一带。所以，林坚就是林姓的始祖，而比干成了林姓的太始祖。

统军治国能手姜子牙

姜子牙（前1156—前1017），也称吕尚、姜尚，名望，字子牙或牙。他先后辅佐了6位周王，因是齐国始祖而称"太公望"，俗称姜太公。他生于商周时期东海海滨，即今安徽省临泉县一带。

姜子牙是一位满腹韬略的贤臣和商周时期非凡的政治家、军事家和谋略家，一直受历代统治者崇尚。他在统军和治国方面的才能，被千古传颂。

■ 被历代统治者崇尚的姜子牙陶像

商朝末年，在商都朝歌的西面兴起了一个名叫周的强国。周的历史悠久，据说他们的远祖后稷在尧的时候是担任农师，以后世世代代承袭这个职务，管理农业方面的事情。周族领袖姬昌继位，就是有名的周文王。

因为祖先做过农师，周文王也十分重视农业。他待人宽厚，所以老百姓都很拥护他。周文王特别敬重有本领的人，请他们帮助治理国家，许多人纷纷来投奔他，因此他手下文臣武将众多。

姜子牙就是周文王请来的最有才能的人。

商纣王看到周的势力越来越强，十分害怕，就找个理由把周文王找来，囚禁在羑里。

周文王的臣子为了搭救周文王，搜罗了美女、宝马和珍宝献给商纣王，并买通商朝的大臣，请他在商纣王面前求情。

■ 尧（前2377年——前2259），姓伊祁，名放勋，史称唐尧。他在唐县伏城一带建立了中国历史上的第一个都城，以后因水患逐渐西迁到山西，定都平阳。唐尧在帝位70年，90岁禅让于舜。尧在118岁时去世。

后稷 周的始祖，名叫弃。为儿童时，好种树、菽、麻、菽。成人后，好耕农，善种谷物稼穑，民皆效法。曾经被尧举为"农师"，被舜命为后稷。其后子孙繁衍，逐渐强大，就是周人。

商纣王很是贪财，又喜欢美女。他得了礼物，听了大臣的话，把周文王释放了。

周文王获得自由以后，决心治理好自己的国家，以便寻找机会，报仇雪耻。他看到自己手下虽然有了不少文臣武将，可是还缺少一个文武双全且谋略超众的人，以帮他筹划灭商大计。

因此他常留心寻访这样的大贤人。

一天，周文王来到渭水边，他看到一位须发斑白的七八十岁的老人，坐在水边钓鱼。老人钓鱼的鱼钩离水面有三四尺高，并且是直的，上面也没有钓饵。周文王看了很纳闷，就过去和老人攀谈起来。

经过交谈周文王才知道，这老人姓姜，名尚，又名子牙，是远古时代炎帝的后代。到渭水边上来钓鱼，目的就是在等待贤明的君主来寻访。

周文王和姜尚经过一番交谈，发现他是一个谈吐不凡、有雄才大略的人。他上通天文，下知地理，对政治、军事各方面都很有研究，特别是对于当时的形势，分析得头头是道。

■ 姜子牙钓鱼台

渭水　黄河的第一大支流，发源于甘肃省渭源县的鸟鼠山，由陕西省潼关汇入黄河。渭水的中下游渠道纵横，自汉至唐，皆为关中漕运要道。渭水与泾水汇合之处，河水的浊清分界明显。

他认为商朝的天下不会很长久了，应当由贤明的领袖来推翻它，建立一个新的朝廷，让老百姓能过上舒服的日子。

姜尚的话句句都说到了周文王心里，周文王终于找到了姜尚这样的治国能手。

周文王虔诚地对姜尚说："请您帮助我们治理国家吧！"

说完，就叫手下人驾车过来，邀请姜尚和自己一同上车，回到都城里去。

姜尚到了周文王那里，就被拜为太师，总管全国政治和军事。

姜太公果然不负厚望，他做了周文王的国相，帮助周文王整顿政治和军事。他对内发展生产，使人民安居乐业；对外征服各部族，开拓疆土，间接削弱商朝的力量。

周文王在姜尚的辅佐下，先后打败了犬戎、密须

太师 官名。太，也称作大。古时三公之首，三公，即太师、太傅、太保。太师一职为西周置，为辅弼国君之臣，历代相因。秦废，汉复置。晋代避司马师讳，曾改作太宰。晋之后复称太师，多为重臣加衔，作为最高荣典以示恩宠，并无实职。

■ 周代主力武器戈

等部族及一些小国家，吞并了从属于商朝的崇国，在崇国的地盘上营建了一个丰城，把都城迁到了丰城。

周文王晚年的时候，周的疆土面积扩充了不少。当时周朝的疆域东北拓展到现在山西的黎城附近，东边到现在河南沁阳一带，靠近商朝的都城朝歌，南边到了长江、汉水、汝水流域。

据说周文王已经控制了当时天下的三分之二，为灭商奠定了可靠的基础。

周文王病逝以后，他的儿子姬发即位，这就是周武王。姜太公帮助周武王建立了周朝，成为有名的军事家和治国贤臣。

公元前1043年，商王朝统治集团核心发生内讧，良臣比干被杀，箕子被囚为奴，微子启惧祸出逃，太师疵、少师强投奔周武王。

■ 周朝战车

■ 牧野之战

周武王问姜子牙现在是否可伐商朝，姜子牙支持现在伐纣。

于是，周武王决意举兵，并以"吊民伐罪"为号召，联合诸侯各国部队，以战车4000乘陈师牧野，与商纣王的70万大军展开决战。

周武王在牧野举行了庄严的誓师大会，这便是历史上有名的"牧誓"，誓词历数商纣王听信宠姬谗言，招诱四方罪人和逃亡奴隶，暴虐地残害百姓等罪行，说明伐纣的目的乃代天行罚，宣布战法和纪律要求，激励战士勇猛果敢作战。

周武王以姜子牙为主帅，统领兵车300乘，猛士3000名，甲士4.5万人，向商军发起挑战。

姜子牙首先以兵车、猛士从正面展开突击，尔后以甲士展开猛烈冲杀，一举打乱了商军的阵势。纣师

微子启 子姓，名启，世称微子、微子启，"微"是国号，"子"是爵位。微子是商王帝乙的长子，商纣王的庶兄。宋国开国远祖，第一代国君。死后葬于宋国故地山东微山岛。今河南商丘市睢阳区，建有微子祠。

群星闪烁的杰出人才

虽众，一看阵脚被打乱，顿时斗志皆无。这时，商军前面的士卒掉转枪头指向商军，给姜子牙开路。

周武王见此情景，指挥全军奋勇冲杀，结果，商纣王的70多万大军，当天就土崩瓦解。商纣王见大势已去，在鹿台投火自焚，至此，商王朝宣告灭亡。

周朝建国之后，姜子牙因灭商有功，被封于齐，都城营丘。姜子牙在治理齐国时，强调立功做事，重用有功之人，大力发展经济。他顺应当地的习俗，简化周朝的繁文缛节，大力发展商业，让百姓享受鱼盐之利。

齐国的地理位置靠着沿海，但当时齐国人都是用鱼钩钓鱼，这样费时间，钓的鱼也少。姜子牙便教给他们用渔网打鱼，发展渔业。同时又教给他们晒盐、卖盐，从邻国换取所需要的粮食。此外，他还大力发展手工业、冶铁等。

当其他诸侯国还在费尽心思发展农业时，姜子牙

■ 周代齐国复原图

■ 姜子牙出山塑像

却带领着齐国人从商致富。

经过一段时间的治理，姜子牙将齐国建设成为一个实力雄厚的商业国家，百姓富足，国家安定，出现百姓安居乐业的景象，使之成为后来的春秋五霸和战国七雄之一。

据说姜子牙活了100多岁。历代典籍都公认他的历史地位，儒、道、法、兵、纵横诸家都追他为本家人物，因此，姜子牙被尊为"百家宗师"。

阅读链接

姜子牙出世时，家境已经败落了，所以姜子牙年轻的时候干过宰牛卖肉的屠夫，也开过酒店卖过酒，聊补无米之炊。

但姜子牙人穷志不短，无论是宰牛也好，做生意也罢，始终勤奋刻苦地学习天文地理、军事谋略，研究治国安邦之道，期望能有一天为国家施展才华。

后来，终于等到了他所期望的明君圣主周文王，成为周武王打败商纣王的主谋，是当时的最高军事统帅与西周的开国元勋，也是齐国的缔造者，齐文化的创始人。

兵学鼻祖孙武

孙武（约前535—？），字长卿。生于春秋时期齐国乐安，即今山东省惠民县，一说博兴，或说广饶。是中国古代著名的军事家、政治家。

其著有巨作《孙子兵法》13篇，为后世兵法家所推崇，被誉为"兵学圣典"，置于"武经七书"之首。

孙武也被后人尊称为"孙子""孙武子""兵圣""百世兵家之师""东方兵学的鼻祖"，对后世具有重要的影响。

■ 孙武雕像

孙武原来是齐国人，由于避难到了吴国。为了施展生平所学，他拿着自己所著的兵书，去求见吴王阖闾，让自己领兵打仗。阖闾想要伐楚，正需要孙武这样的人才，再加上有伍子胥的推荐，于是就接见了孙武。

阖闾和孙武进行了深入的交流，觉得孙武是个难得的人才，最后正式任命他为大将。在孙武的严格训练下，吴军的军事素质有了明显的提高。

公元前512年，吴王阖闾、吴国大夫伍子胥和上任不久的大将孙武，指挥吴军攻克了楚的属国钟吾国、舒国。

这时，阖闾想要攻克楚都郢，孙武认为这样做不

■ 阖闾（？—前496），又称阖庐，姓姬名光。吴王夷末之子，又称"公子光"。春秋时吴国第二十四任君主，公元前514年至公元前496年在位。著名政治家，同时也是春秋史上武功最强盛的霸主，兴盛吴国，大破楚国，称雄一时。

■ 孙子雕像

■ **伍子胥**　（？—前484），名员，字子胥。周代春秋末期吴国大夫，谋略家和军事家。吴国倚重伍子胥等人之谋，遂成为诸侯一霸。后来，继承王位的吴王夫差听信谗言，派人送一把宝剑给伍子胥，令其自杀。

妥，便进言道："楚军是一支劲旅，非钟吾国和舒国可比。我军已连灭两国，现在人疲马乏，军资消耗很大，不如收兵，养精蓄锐，再等良机。"

吴王听从了孙武的劝告，下令班师。

伍子胥也完全同意孙武的主张，并向阖闾献策说："人马疲劳，不宜远征。不过，我们也可以设法使楚人疲困。"

于是伍子胥和孙武共同商定了一套扰楚、疲楚的计策，对楚国进行轮番袭击。弄得楚国连年应付吴军，人力物力都被大量耗费，国内十分空虚，属国纷纷叛离。吴国却从轮番进攻中抢掠不少，在与楚国对峙中完全占据上风。

公元前506年，楚国攻打已经归附吴国的蔡国，这便给了吴军伐楚的借口。阖闾和伍子胥、孙武指挥训练有素的3万名精兵，乘坐战船，直趋蔡国与楚国交战。

楚军见吴军来势凶猛，不得不放弃对蔡国的围攻，收缩部队，调集主力，以沔水为界，加紧设防，抗击吴军的进攻。

沔水　又名汉水、襄河，初名漾水，也称漾川，现在称汉江。《尚书·禹贡》记载："番冢导漾，东流为汉。"即指此。为长江最长的支流。汉江是汉朝的发祥地，"大汉民族""汉文化""汉学""汉语"这些名称，都是因有了汉朝才定型的。

不料孙武突然改变了沿淮河进军的路线，放弃战船，改从陆路进攻，直插楚国纵深。

伍子胥问道："吴军习水性，善水战，为何改从陆路进军呢？"

孙武告诉他说："用兵作战，最贵神速。应当走别人料想不到的路，以便打他个措手不及。逆水行舟，速度迟缓，楚军必然乘机加强防备，那就很难破敌了。"

就这样，孙武在3万名精兵中选择了强壮敏捷的3500名为前阵，身穿坚甲，手执利器，连连大败楚军，随后攻入楚国的国都郢。

孙武以3万名军队攻击楚国的20万大军，获得全胜，创造了以少胜多的光辉战例。

然而，这时越国乘吴军伐楚之机进攻吴国，秦国又出兵帮助楚国对付吴军，这样，阖闾不得不引兵返吴。此后，吴又继续伐楚，楚为避免亡国被迫迁都。

孙武在帮助阖闾西破强楚的同时，还计划征服越国。只是当时时机未到，于是抓紧准备。

古代战争图

夫差（？—前473），又称吴王姬夫差，阖闾之子。春秋时期吴国末代国君，公元前495年至公元前473年在位。在位期间，开凿邗沟，发展长江下游经济文化，破越败齐，称霸一时。

公元前496年，阖闾不听孙武等人的劝告，不等准备工作全部就绪，就仓促出兵想要击败越国。不料，勾践主动迎战，施展巧计，把吴军杀得大败，吴军仓皇败退。

阖闾也被越大夫灵姑浮挥戈斩落了脚趾，身受重伤，在败退途中，死在陉地。后葬苏州虎丘山。

阖闾去世后，由太子夫差继承王位，孙武和伍子胥整顿军备，以辅佐夫差完成报仇雪耻大业。

公元前494年春天，勾践调集军队从水上向吴国进发，夫差率10万名精兵迎战于夫椒。

在孙武、伍子胥的策划下，吴军大败越军。勾践只得向吴屈辱求和，夫差不听伍子胥劝阻，同意了勾践的求和要求。

■《孙子兵法》陶简

吴国的争霸活动在南方地区取得胜利后，便向北

方中原地区进逼。

公元前485年，夫差联合鲁国，大败齐军。

公元前482年，孙武随同夫差又率领着数万名精兵，由水路北上到达黄池，与晋、鲁等诸侯国君会盟。吴王夫差在这次盟会上，以强大的军事力量为后盾，争得霸主的地位。

孙武精心训练军队和制定军事谋略，对夫差建立霸业做出了巨大贡献。

随着吴国霸业的蒸蒸日上，夫差渐渐自以为是，不再像以前那样励精图治，对孙武、伍子胥这些功臣不再那么重视，反而重用奸臣伯嚭。

与此同时，越王勾践为了消磨吴王斗志、迷惑夫差，达到灭吴目的，一方面自己亲侍吴王，卧薪尝胆；一方面选送美女西施入吴。

西施入吴后，夫差大兴土木，建筑姑苏台，日日饮酒，夜夜笙歌，沉醉于酒色之中。

孙武、伍子胥一致认为，勾践被迫求和，一定还会想办法伺机报复，故必须彻底灭掉越国，绝不能姑息养奸，留下后患。但夫差听了奸臣的挑拨，不理睬孙武、伍子胥的苦谏。

黄池 在河南省封丘县城南。据《封丘县志》记载："（周穆王）东游于黄泽。歌曰：黄之池，其马喷沙，黄之泽，其马喷玉。"故春秋时叫黄池。历史上有名的"黄池之会"就在这里举行。现在仅存古黄池碑一通，并建砖砌碑楼加以保护。

■ 孙膑 （？—前316）孙武的后代。中国战国时期军事家，兵家代表人物。因受庞涓迫害遭受膑刑，身体残疾，后在齐国使者的帮助下投奔齐国，辅佐齐国大将田忌两次击败庞涓，取得了桂陵之战和马陵之战的胜利，奠定了齐国的霸业。

由于伍子胥一再进谏，夫差大怒，制造借口逼其自尽。伍子胥自尽后，夫差又命人将他的尸体装在一只皮袋里，扔到江中，不给安葬。

伍子胥的死，给孙武一个沉重的打击，他的心完全冷了。他意识到吴国已经不可救药。孙武深知"飞鸟尽，良弓藏；狡兔死，走狗烹"的道理，于是便悄然归隐。

隐居吴都郊外的孙武由此更加看清自己的前途，他在隐居之地，一边灌园耕种，一边写作兵法，终于完成了兵法13篇。

孙武死后，他的后世子孙孙膑把孙武的用兵思想广为传播并发扬光大。

阅读链接

有一次，吴王阖闾问孙武能不能训练女兵，孙武说可以，于是吴王便拨了100多名宫女给他。

孙武把宫女编成两队，用吴王最宠爱的两个妃子当队长，然后教给她们一些军事基本动作和口令。但孙武连续两次发令时，宫女们都只顾嬉笑，不听指挥。

孙武便下令把队长拖出斩首。

吴王向孙武求情，但孙武坚持认为，任何人违犯了军令都该接受处分，结果还是把队长给杀了。宫女们见他说到做到，都吓得脸色发白。第三次发令，没有一个人敢再开玩笑了。

秦汉至隋唐是中国历史上的中古时期。

在这跨越数个朝代的历史阶段，出现了人类生产力发展的第一次高峰，其间的政治、经济和军事思想都得到了空前发展，日益成熟并不断制度化。

在这1100多年的历史长河中，涌现出了许多的贤臣良相，治世高人。他们变法图强、拯时救世，体恤民艰、轻徭薄赋，不计得失、冒死苦谏，立下了不朽的功勋，名扬千古，垂范后世。

中古时期

千古忠良

千古一相李斯

李斯（前280—前208），又名李通古。生于战国末年的楚国上蔡，即今河南省上蔡县西南。秦朝丞相，著名的政治家、文学家和书法家。因为他政治主张的实施对中国和世界都产生过十分深远的影响，奠定了中国2000多年政治制度的基本格局，被后世人们尊称为"千古一相"。

在司马迁所著《史记》中，设有《李斯列传》，是后来研究李斯事迹的最主要史料来源。

李斯散文传下来的有4篇，为《谏逐客书》《论督责书》《言赵高书》《狱中上书》，在后来很有影响性。

■ 被世人尊称为"千古一相"的李斯石像

李斯年轻时曾在楚国做过郡掌管文书的小吏，后来离开楚国，到当时学术气氛最浓的齐国投拜荀子为师，学习"帝王之术"。由于他读书认真，钻研精神很强，学业优良，成绩突出，所以很得老师荀子的赏识。

李斯学成之后，先投

■秦王嬴政

在秦国吕不韦的门下做舍人，后来为秦王嬴政所赏识，提拔他做长史。

李斯为秦王嬴政出谋献策，建议秦王派人持金玉珍宝出使各国，以便游说、收买、贿赂、离间六国的君臣，达到各个击破，逐一吞并的目的。秦王采纳并实施了李斯的策略，收到了很好的效果。

于是，秦王嬴政重用李斯，提拔他为客卿。

正当李斯在仕途上一帆风顺，积极为秦消灭六国，统一天下，出谋献策，施展才华之际，六国中的一些有识之士也并不示弱，他们纷纷给自己的国王献计献策，或以武力对抗，或派出间谍到秦国，采取各种方法削弱秦的力量。

李斯中了反间计，秦王政就下了一道逐客令，准备撵走身边的一些谋士，李斯也在被逐之列。

李斯有抱负，有智慧，也敢作敢为。

他不怕犯颜获罪，直接给秦王政写了一封信，劝

舍人 这里指古代官职名称。始见于《汉书·高帝纪》颜师古注说："舍人，亲近左右之通称也。"秦汉至明代之间宫中都设有舍人，如秦汉置太子舍人，魏晋有中书舍人。

■ 秦大将军王翦像

廷尉　古代的官名，秦置，为九卿之一。秦汉至北齐的主管司法的最高官吏。汉景帝时改名大理，武帝时恢复旧称，哀帝时又改为大理，东汉时复称廷尉。汉末复为大理。后又改称廷尉，后代沿袭未改，至北齐罢废。

秦王政不要逐客，这就是著名的《谏逐客书》。

《谏逐客书》实际上是李斯贡献给秦王政的一份广招贤才强国，进而消灭六国统一天下的政见谋略书。

秦王政是个有雄才大略的人，他看了李斯的《谏逐客书》后，明辨是非，果断地采纳了李斯的建议，立即取消了逐客令，再次重用李斯，提拔他为廷尉。

同时，秦王政招揽了一大批贤将良才。如史书上著名的王崎、茅焦、尉缭、王翦、王贲、李信、王离、蒙恬等都是来自别国的客卿，他们在秦统一天下的事业中发挥了重要的作用。

李斯为秦王政消灭六国、统一天下出谋献策，做出了很大贡献。秦朝统一天下后，秦王政做了始皇帝，称为秦始皇。李斯对统一后的秦帝国，如何巩固和加强中央集权统治，为秦始皇做了大量卓有成效的工作。

一是实行郡县制。

秦国统一六国后，李斯提出实行郡县制，由中央集权加强统一，这样才能天下安宁。秦始皇于是发布诏令，把全国分为36个郡，郡下设县。

郡县制的确立，加强了统一的封建国家的中央集权，推进了历史的发展。

二是统一文字。

公元前221年，秦始皇接受李斯"书同文字"的建议，命令全国禁用各诸侯国留下的古文字，命李斯制作标准字样，即小篆。紧接着，为了推广新制的文字小篆，李斯亲做《仓颉篇》7章，每4字为句，作为学习课本，供人临摹。

不久，李斯又采用秦代创造的一种书体，打破了篆书曲屈回环的形体结构，形成了隶书这一新的书体。从此，隶书便作为秦代官方正式书体。

三是统一度量衡。

李斯把度制以寸、尺、丈引为单位，采用十进制计数；量制则以合、升、斗、桶为单位，也采用十进制计算；衡制则以铢、两、斤、钧、石为单位，24铢为1两，16两为1斤，30斤为1钧，4钧为1石固定下来。

为了有效地统一制式、划一器具，李斯又从制度上

> 隶书 是秦相李斯改造的字体，也叫"隶字""古书"。其特点是字形平直方扁，笔画有折无转，并有波挑。秦代的隶书叫作"秦隶"，也叫作"古隶"，后来的汉代则为"汉隶"，也叫"今隶"。秦代隶书的出现，是古代文字与书法的一大变革。

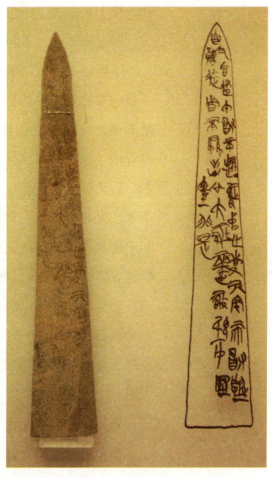

■ 小篆 秦相李斯发明的字体，又称"秦篆"。其特点是字形长方，笔画横平竖直，平衡对称，上紧下松。除了小篆，包含甲骨文、金文，被统称为汉字的古文字，都具有相当重要的影响。

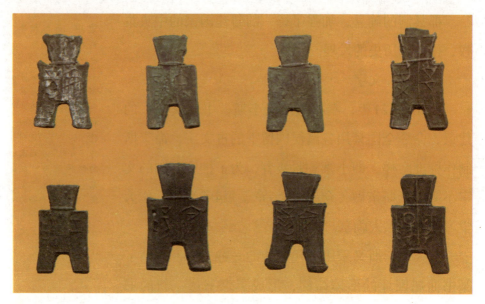

群星闪烁的杰出人才

■ 秦朝布币

和法律上采取措施，以保证度量衡的精确实施。

四是修驰道、车同轨。

李斯以京师咸阳为中心，陆续修建了两条驰道，一条向东通到过去的燕、齐地区，一条向南，直达吴楚旧地。这种驰道路基坚固，宽50步，道旁每隔3丈种青松一棵。

后又修筑"直道"，由九原郡直达咸阳，全长900千米。又在今云南、贵州地区修筑"五尺道"，以便利中原和西南地区的交通。在湖南、江西一带，修筑攀越五岭的"新道"，便利通向两个地区的交通。

就这样，一个以咸阳为中心的四通八达的交通网把全国各地联系在一起。同时，为与道路配套，李斯还规定车轨的统一宽度为6尺，以此保证车辆的畅行无阻。

五是统一货币。

在李斯的主持下，货币规定了以黄金为上币，以

胡亥（前230—前207），即秦二世，嬴姓，名胡亥。秦始皇第十八子，公子扶苏的弟弟。秦二世即位后实行残暴的统治，终于激起了陈胜、吴广起义，六国旧贵族复国运动。后被赵高的心腹阎乐杀死。

镒为单位，每镒重24两，以铜半两钱为下币，1万铜钱折合1镒黄金。并严令珠玉、龟、贝、银、锡之类作为装饰品和宝藏，不得当作货币流通。

同时，规定货币的铸造权归国家所有，私人不得铸币，违者定罪等。李斯此举被后人认为是经济史上的一个创举。"秦半两"因其造型设计合理，使用携带方便，一直使用至清朝末年。

至此，李斯在他辅佐秦始皇匡扶天下的过程当中，完成了他最后一个使命。

公元前208年7月，李斯因为在秦始皇驾崩后与宦官赵高合谋立少子胡亥为二世皇帝，后为赵高所忌，被腰斩于市。

纵观李斯在秦统一天下前后的作为，几乎每干一件大事都能产生影响千年的效果，并影响后代。中国几千年的历史当中，名相重臣比比皆是，但大多不过功在当朝，时过则境迁，相比之下，李斯可以说是建立了累世之功。

阅读链接

司马迁在《史记·李斯列传》中记载了这样一件事：

有一次，李斯在厕所见到老鼠吃粪便，一见到人和狗，老鼠就被吓跑了。后来，李斯在仓库里看到老鼠很自在地偷吃粮食，也没有人去管。

于是，他发出了这样的感慨：一个人要想在社会上出人头地，就应该像在粮库里偷吃粮食的老鼠，才能为所欲为，尽情享受。

可以看出，在战国时期人人争名逐利的情况下，李斯也是不甘寂寞的。后来，他终于在秦国受到秦始皇的重用，干出了一番事业。

最勇猛的武将项羽

项羽（前232—前202），名籍，字羽，通常被称作项羽。生于秦代下相，即今江苏省宿迁市。他是秦末起义军领袖，曾消灭秦军主力，推翻秦朝。他是中国古代杰出的军事家及著名政治人物。中国军事思想"勇战派"的代表人物。

项羽的武勇古今无双，是中华数千年历史上最为勇猛的武将。

■西楚霸王项羽画像

项羽出生在名将世家，他的祖父项燕为战国末年楚国名将，后与秦作战兵败自杀。叔父项梁也极为勇猛，秦统一后，项梁因为杀了人，便带着项羽躲避在吴中。

项羽在青年时代就力能扛鼎，学书、学剑都不成。这使项梁很生气，于是改教他兵法。他略知大意后，即不肯深学。但项羽少怀大志，疾恶如仇，看见秦始皇时，发出了"彼可取而代之"的感叹。

■ 楚汉相争图

公元前209年，陈胜、吴广在大泽乡领导反秦起义，随即建立张楚政权。原六国贵族闻讯后，也纷纷起兵响应。这年9月，项梁与项羽也起兵，带领吴中兵士反秦，当时项羽为裨将，手下有精兵8000人。

公元前208年3月，项梁即率所部渡江，途中东阳令史陈婴率义军2万名投奔项军。渡过淮河后，秦降将英布等又以兵相随，项军兵力一时达到六七万人，成为当时反秦武装的主力。

6月，项梁召集起义将领计议，自号武信君。之后，项梁率义军分别大破秦军于东阿、定陶。

项羽和在反秦浪潮中造反的刘邦也攻占城阳、雍丘。不久，由于项梁骄傲轻敌，被秦将章邯乘隙袭破，项梁阵亡。项羽、刘邦退保彭城。

项燕（？—前223），其家族世代为楚国将领，受封于项，后用为姓氏。公元前224年，秦王倾全国兵力，以王翦为将，率60万大军大举攻楚，楚国危亡在即。楚军猝不及防，仓促应战，结果大败，项燕在兵败之下自杀。秦军乘胜攻占了楚国大片地域。

■ 项羽雕像

巨鹿　汉时置县，晋时为国。巨鹿还是历代兵家必争之地，著名的楚汉"巨鹿之战"即发生于此，西汉末王莽与刘秀之争，东汉末黄巾起义，明王朱棣的"靖难之役"、明末的明清兵"贾庄大战"，清末的景廷宝夏头寺起义等，都给这片沃土留下了历史的一页。

这时，秦将章邯又渡河北上击赵，与秦将王离、涉间合军进围巨鹿，要消灭起义军。楚怀王命宋义为上将军，项羽为次将，率兵救赵。

宋义到安阳后，滞留46天不前进，想坐观成败。于是，项羽以宋义与齐密谋反楚为名，杀死了宋义。

怀王即命项羽为上将军，统率全军救赵。

项羽派2万兵马迅速渡过漳河，以解巨鹿之围；自己亲自率全军渡河，破釜沉舟，进击秦军。双方经九次激战，楚兵大破秦军，王离被俘，涉间自杀。

巨鹿一战，秦朝的主力被消灭殆尽，亡国只是迟早的事了。当楚军救赵时，诸侯军皆作壁上观。

战事结束后，诸侯将领拜见项羽，都跪着向前，看都不敢看他。从此，各路诸侯军都听从项羽指挥。接着，项羽又大破秦军，并利用秦统治集团内部矛盾招降了章邯。

当项羽率军进入关中时，刘邦已先期进据咸阳。由于有约在先，"先入关者为王"，刘邦理应称王。

但项羽入关后，却倚恃手中40万大军，企图消灭刘邦，独霸天下。在鸿门宴上，刘邦在谋士张良的帮助下，卑辞言和，骗取了项羽的信任，双方的紧张关系暂时缓解。

鸿门宴之后，项羽随即引兵咸阳，诛杀秦降王子婴，焚烧秦宫室，掳掠财宝和美女东归，使自己再一次大失民心。

公元前206年，项羽以怀王为义帝，又分封各诸侯为王，自立为西楚霸王，占有梁地、楚地九郡，定都彭城，封刘邦为汉王。不久，田荣、陈余、彭越等相继举兵反楚。

刘邦也以关中为基地，进逼西楚。于是，爆发了历时4年多的楚汉战争。

项羽自称西楚霸王后，号令天下，大失民心。他自己也渐渐骄傲起来，对其他的诸侯放松了警惕，从而逐渐由强盛走下坡路，最后招致"垓下之围"的悲惨结局。

在垓下，项羽被刘邦的军队重重包围，兵少粮尽，只剩二十八骑。而追他的汉骑有数千之多。项羽命令骑兵都下马步行，手持短兵器与追兵交战。他自己飞斩敌将，杀死汉军几百人，令汉军畏而却步。项羽自己也负伤10多处。项羽依然坚决抵抗，即使到了乌江，走

■项王故里

■ 霸王别姬蜡像

投无路时，乌江亭长要渡他到江东去，他也不愿让江东父兄看到他兵败将亡、狼狈不堪的情景。

所以，他拒绝渡江。

后来，项羽终因寡不敌众，四面楚歌，面对着美人虞姬和名马乌骓，流下了伤心的眼泪，以自刎来结束自己的生命。

项羽自刎前，仍称"此天之亡我，非战之罪也"，而不能认识自己终致失败的原因。后来，刘邦以鲁公礼葬项羽于谷城。

阅读链接

项羽精通十八般兵器，其中独爱百兵之王——枪。传说项羽起兵之前，会稽郡曾天降陨石，后来项梁私下请当地铸造兵器的名人们用此石取铁为项羽锻造兵器，经九天九夜，终锻成一杆巨型錾金虎头枪。

这支枪长1.29丈，重65千克，仅枪杆就有碗口般粗细，项羽为其起名曰"霸王"。此枪常人需两人齐力方可抬动，但项羽天生神力，使此枪只用单手。后来，项羽更自创出一套无敌的枪法"单手十八挑"，所向无敌，锐不可当。

变法革新的商鞅

商鞅（前395—前338），又称为卫鞅、公孙鞅。他生于战国时期的卫国，即今河南省安阳市黄梁庄镇一带。战国时期政治家和思想家、先秦法家代表人物。

他应秦孝公求贤令入秦，说服秦孝公变法图强。孝公死后，被贵族诬害，车裂而死。

商鞅通过变法，使秦国的国力得到了更进一步的加强，为后来秦国统一六国奠定了坚实的基础。

■ 商鞅雕像

■ 秦代陶俑

庶出 在封建宗法制度下，姬妾或者非正妻的嫔妃所生的孩子叫庶出。无论表现在家族、社会还是死后的待遇上，姬妾的地位与正妻、平妻、侧妻有云泥之隔。清朝以后该制度渐渐不复存在。

商鞅是卫国王室中人，他年轻时就喜欢钻研以法治国的学问，但因为是庶出身份，一直未得到重用。

后来，秦国的新君秦孝公即位后，宣布了一道命令：不论是秦国人或者外来的客人，谁要是能想办法使秦国富强起来的，就封他做大官。

秦孝公这样一号召，果然吸引了不少有才干的人。商鞅在卫国得不到重用，就到了秦国，并受到秦孝公的接见。

商鞅对秦孝公说："一个国家要富强，必须注意农业，奖励将士。要打算把国家治好，必须有赏有罚。有赏有罚，朝廷有了威信，一切改革也就容易进行了。"

秦孝公完全同意商鞅的主张，就拜商鞅为左庶长。秦孝公还说："从今天起，改革制度的事，就全由左庶长来决定。"

公元前356年，商鞅实行了第一次变法。这次变法包括以下内容。

一是颁布法律，制定连坐法。

商鞅把李悝制定的《法经》带到了秦国，加以公布实行。并把"法"改为"律"，增加了连坐法，从而把秦献公的时候实行的什伍制变成相互监督纠发的连坐制。

二是奖励军功。

商鞅规定国家的爵位按将士在战场上斩获敌人首级的多少来计算。斩得敌人甲士首级一颗的，赏给爵一级。如升至第十级"五大夫"时，赏赐给300户人家的税地。爵位在五大夫以上，除享有600户人家的租税供他食用外，还有权收养宾客。

同时规定，没有军功不能获得爵位，即不能靠出身就获得爵位，享受特权。这就严重打击了旧贵族的势力。

三是发展农业生产。

商鞅规定：凡是一家有两个以上的成年男子，必须分家，各立户头，否则就要出加倍的赋税和劳役，以巩固和发展封建生产关系。把大家庭分割成小家庭，成为户头的成年男子就不能再在大家庭的掩护下，游手好闲。

■ 商鞅青铜方升

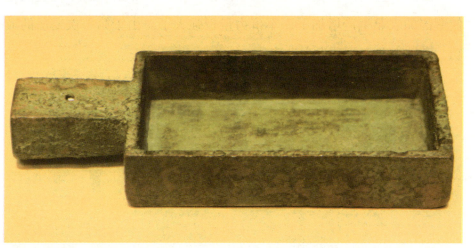

秦兵马俑

　　另外，商鞅招徕地少人多的韩、赵、魏三国百姓来秦国垦荒，为此他制定优待"徕民"的政策。

　　四是建立郡县制。

　　由国君直接派官吏治理，以加强中央集权。商鞅的第一次变法，使秦国的农业生产增加了，军事力量也强大了。由于第一次变法的成功，商鞅由左庶长升为大良造。

　　公元前350年，商鞅实行了第二次改革。这次变法包括以下内容：

　　一是废井田，开阡陌。

　　秦国把这些宽阔的阡陌铲平，也种上庄稼，还把以前作为划分疆界用的土堆、荒地、树林、沟地等，也开垦起来。谁开垦荒地，就归谁所有。土地可以买卖。

二是建立县的组织。

把市镇和乡村合并起来，组织成县，由国家派官吏直接管理。这样，中央政权的权力更集中了。

三是迁都咸阳。

为了便于向东发展，把国都从原来的雍城迁移到渭河北面的咸阳。

秦国通过商鞅的两次变法，变得越来越富强了。周天子打发使者送祭肉来给秦孝公，封他为方伯，中原的诸侯国也纷纷向秦国道贺。

商鞅不仅有突出的政治才干，还在军事上进行变法。实行军功爵制度，严肃军纪，实行什伍制度，废除了世卿世禄制，提高了军队战斗力。

商鞅变法对秦国产生了巨大的影响。通过变法，不仅培养了一支有战斗力的军队，为国家实力提供了保证，还用法律的形式从根本上确立了封建土地私有制，提高了人民的生产积极性。这些变法措施，对后来秦的统一和秦始皇的政策影响深远。

阅读链接

商鞅在变法之初，为了取信于民，就先在城门竖了一根3丈高的木头，说把这根木头扛到北门者就赏给10两金子。

大伙儿互相瞧瞧，就是没有一个敢上去扛木头的。商鞅把赏金提到50两，仍旧没人敢去扛。

这时，人群中有一个人下了决心跑出来，说："我来试试。"他说着，把木头扛起来就走，一直搬到北门。商鞅立刻派人赏给扛木头的人50两黄金，一分也没少。

这件事立即传了开来，一下子轰动了秦国。老百姓说："左庶长的命令不含糊。"

忠臣楷模诸葛亮

诸葛亮（181—234），字孔明，号卧龙或伏龙。生于三国时期的琅琊阳都，即今山东省临沂市沂南县。三国时期蜀汉丞相，杰出的政治家和军事家。代表作有《前出师表》《后出师表》《诫子书》等。

在世时被封为武乡侯，死后追谥"忠武侯"。后来东晋政权推崇诸葛亮军事才能，特追封他为"武兴王"。诸葛亮在后世受到极大尊崇，成为后世忠臣楷模，智慧化身。

■ 为匡扶蜀汉政权鞠躬尽瘁、死而后已的诸葛亮

■ 刘备（161—223），即蜀汉昭烈帝，字玄德。涿郡涿县，即今河北省涿州市人，汉中山靖王刘胜的后代，三国时期蜀汉开国皇帝。谥号"昭烈帝"，庙号"烈祖"，史家又称他为先主。他为人谦和、礼贤下士，素以仁德为世人称赞，是三国时期著名的政治家。

诸葛亮从小就失去了父母，跟随叔父到了襄阳。叔父去世后，诸葛亮和弟弟一起来到隆中卧龙岗，一边种田一边读书。年轻的诸葛亮博览群书，喜欢钻研学问，积累了丰富的知识。

他在隆中结交了不少有识的学者，经常同他们一起游玩、交谈。诸葛亮对自己的能力非常自信，常自比历史上的杰出政治家管仲、乐毅，渴望在当时群雄割据的局面中施展才华。

诸葛亮27岁那年，遇到了刘备。诸葛亮向刘备提出了先在荆州立足，再占益州，和孙吴及南方蛮夷结盟，抗拒曹操的战略方针，这就是有名的《隆中对》。刘备听了诸葛亮的高论，为其才智所折服，便请诸葛亮出山辅佐自己。诸葛亮离开隆中，做了刘备的军师。

公元208年，曹操率大军南下，准备统一南方。东吴孙权想联合刘备共同抗击曹操，诸葛亮很高兴，就去了东吴。

东吴阵营中有主战派，也有主降派，诸葛亮当着

乐毅 子姓，乐氏，名毅，字永霸。魏将乐羊后裔。中山灵寿，即今河北省灵寿西北人。战国后期杰出的军事家。他曾统率燕国等五国联军攻打齐国，创造了中国古代战争史上以弱胜强的著名战例。诸葛亮常常以乐毅自比，暗示才能不在乐毅之下。

东吴孙权的面舌战群儒，用激将法，使孙权下决心抗击曹操，结成了孙刘联盟。

在接下来的赤壁之战中，孙刘联军利用火攻大败曹军，这一仗为刘备在南方立足和后来三分天下奠定了基础。

赤壁之战后，诸葛亮帮刘备取得了荆州。后来，他又帮助刘备取得了益州。

公元221年，刘备在成都称帝，建立了蜀国，诸葛亮做了丞相。每当刘备出兵征伐时，诸葛亮便负责镇守成都，为刘备足食足兵，如汉中之战就替刘备提供了充足的后援。

诸葛亮在汉中休士劝农期间，充分利用了这里优厚的经济条件，因地制宜地采取了一系列发展生产的得力措施，使刘备北伐的军资，基本上就地就得到了解决。

他休士劝农，实行军屯，使汉中重新得到发展，逐步达到人多、粮多的良性循环，使百姓"安其居，乐其业"。

此外，诸葛亮亲自考察后修筑的"山河堰"等水利工程，至今还

孙权（182—252），字仲谋。祖籍吴郡富春，即今浙江富阳，生于下邳，即现江苏省徐州睢宁西北。三国时期吴国开国皇帝，在位23年。谥号"大皇帝"，庙号"太祖"。他仁贤用能，挽救了江东危局，保住了父兄基业，并使吴国的领土面积大大增加。

■ 孟获　中国三国时期南中一带少数民族的首领，曾经起兵反叛蜀汉，后来被诸葛亮七擒七纵并降服。《三国志》本传中并未记载孟获其人，他的相关事迹仅在《汉晋春秋》和《襄阳记》等史籍中有记载，小说《三国演义》中对"七擒孟获"的故事进行了详细的描述。

是汉中地区灌溉面积最大的水利工程。据说山河堰可以灌溉农田4.6万亩。诸葛亮时修筑的一些堰渠经历代使用维修，一直沿用至今。

这些事实说明，汉中盆地古代农田水利设施至今所产生的实际效用和不断改进利用，与诸葛亮当年在汉中休士劝农时，开拓农田、兴修水利、发展生产的丰功伟绩是分不开的。

建蜀初年，蜀国南部少数民族发生叛乱。诸葛亮亲自率兵南征，去平定叛乱。诸葛亮善于用兵，七次擒获叛王孟获，但他每次都放了孟获，最后使孟获心悦诚服，安心归蜀。

木牛流马的仿制品

诸葛亮不仅军功卓著、治国有方，他的艺术造诣也是很高的。

诸葛亮喜爱书法，在青少年时代就进行过刻苦的训练，能写多种字体，篆书、八分书、草书都写得很出色。即使战事十分紧张频繁，他仍然不忘临池挥毫。他的很多书法作品被北宋皇宫内府所珍藏。

唐朝张彦远在《历代名画记》中写道：

诸葛武侯父子皆长于画。

张彦远记述当时一些近代画家，如阎立本、吴道子等人绘画作品的售价："屏风一片值金两万，坎者售一万五千"，"一扇值金一万"。并说汉魏三国画家的作品，在唐代已是"有国有家之重宝"，"为世代之珍"。

从张彦远的记述中，可以大致看到诸葛亮在中国美术史上的历史地位和艺术成就。

诸葛亮精通音律，喜欢操琴吟唱，有很高的音乐修养。他既会吟唱，又善操琴，同时他还进行乐曲和歌词的创作，而且还会制作乐器，如制作七弦琴和石琴。不仅如此，他还写有一部音乐理论专著《琴经》。

诸葛亮的文章也写得非常好，《前出师表》《后出师表》《诫子书》等，千百年来一直广为传诵。

诸葛亮还有很多发明创造，如木牛流马、孔明灯、诸葛连弩、八阵图、孔明锁、木兽、地雷等，无不展示出他长于巧思的才艺。

诸葛亮一直没有忘记统一天下的愿望。

公元227年，诸葛亮向刘禅上了《出师表》，安排好内政，出兵北伐。蜀军进军顺利，后来由于派马谡守街亭，导致街亭失守，蜀军被迫撤

■ 刘禅（207—271），即蜀汉后主，字公嗣，又字升之，小名阿斗。刘备之子，母亲是昭烈皇后甘氏。三国时期蜀汉第二位皇帝，在位40年。谥号"怀皇帝"，庙号仁宗。263年蜀汉被曹魏所灭，刘禅投降曹魏，被封为"安乐公"。

回。为严明军纪，诸葛亮挥泪斩了马谡，并自贬三级。

公元234年，诸葛亮开始第六次北伐。

他率领10万大军，占据武功，在五丈原扎营，与魏军在渭水两岸形成对峙局面。由于司马懿采取坚守的方针，在速战不成的情况下，诸葛亮令士兵屯田，准备长期坚持。

8月间，诸葛亮积劳成疾，病逝于五丈原军中，终年54岁。死后安葬在定军山。

诸葛亮临终时还留下退军密计，导演了一场"死诸葛吓退活司马"的好戏，使蜀军安全撤回。

诸葛亮的一生是奋斗的一生，真正做到了他所说的"鞠躬尽瘁，死而后已"！

司马懿画像

阅读链接

我们现在所见的馒头，据说原来是指顶替用来祭祀的俘虏蛮夷的头，所以称为"蛮头"。后改用"曼"字，以避讳人祭的蛮头，再后来，又加了"饣"旁成为现在的馒头。

话说诸葛亮平定孟获班师回朝，大军到了泸水却不能过河，因为按照习俗，需要拿49个蛮人的头来祭祀河神。

次日，诸葛亮用面粉和面，中间裹肉，做成了人头状，来顶替人头，用以祭祀。结果大军顺利地渡过了泸水。自那以后，人们在祭祀时，除了猪、牛、羊等祭品之外，又增加了馒头。

天下第一谏臣魏徵

魏徵（580—643），字玄成。生于唐代巨鹿，即后来的河北省邢台市的巨鹿县。曾任谏议大夫、左光禄大夫，封郑国公，谥号"文贞"，位列"凌烟阁二十四功臣"。

魏徵性格刚直、才识超卓、敢于犯颜直谏著称，是中国史上最负盛名的谏臣。

魏徵的重要言论大都收录在唐时王方庆所编《魏郑公谏录》和吴兢所编《贞观政要》两书里。

■ 魏徵雕像

魏徵的父亲魏长贤精通文史，博学多才，曾做过北齐著作郎，后因直谏朝政，贬为上党屯县令。父亲正直倔强的品质，对青少年时代的魏徵产生了很深的影响。

然而由于父亲去世较早，家道也因此衰落。穷困的生活，并没有磨灭魏徵的意志，他性格坚强，胸怀大志，喜好读书，多所涉览，尤注意于历代兴衰得失之道，这为以后他的从政、治史打下了厚实的基础。

魏徵备经丧乱，仕途坎坷，阅历丰富，他对社会问题有着敏锐的洞察力，而且为人耿直不阿，遇事无所屈挠，深为精勤于治的唐太宗所器重。

唐太宗屡次引魏徵进入卧室，请教执政得失，魏徵也喜逢知己之主，知无不言，言无不尽，对于朝政得失，频频上谏。

魏徵的谏净涉及面很广，除了军国大事外，还对唐太宗其他一些不合义理的做法提出善意的批评。很

魏长贤（550—624），巨鹿郡下曲阳，即今河北省晋州市人，迁居相州内黄，即今河南省内黄县。博涉经史，北齐时为著作佐郎，欲改撰《晋书》，后因讥刺时政，出为上党屯留令，其志未遂。魏长贤生子魏徵，为大唐一代名相。

■唐朝时期古战车

■ 贞观之治 指唐太宗在位期间的清明政治。因当时年号为"贞观"，故称。由于唐太宗实行开明政治，使得社会出现了安定的局面；当时大力平定外患，并尊重边族风俗，稳固边疆。这是唐朝的第一个治世，同时为后来的开元之治奠定了厚实的基础。

多时候，尽管唐太宗对魏徵的尖锐批评一时难以接受，但他毕竟认识到魏徵是忠心奉国，有利于国家长治久安。

魏徵鉴于隋末人口流亡、经济凋敝、百废待兴的事实，力劝唐太宗偃戈兴文，实行有利于国计民生的休养生息政策。

唐太宗即位之初，曾与群臣谈及教化百姓之事。唐太宗认为，大乱之后，恐怕难以教化。魏徵则认为，长久安定的人民容易自满，自满就难以教化；经历乱世的人民容易愁苦，而愁苦就有利于教化。这就像饥饿的人渴望食物，焦渴的人渴望饮水一样。

唐太宗采纳了魏徵的建议，制定了经国治世的基本国策，对于"贞观之治"有着深远的影响。

魏徵还提出了以静为本的施政方针。

他认为，隋朝虽然府库充实，兵戈强盛，但由于屡动甲兵，徭役繁重，虽然富强，最后失败，原因就是因为"动"。现在唐朝初定，在大乱之后，人心思治，所以当以安静为本。他以静为本的思想，主张社会有个安定的环境，与民休养生息，以恢复和发展社会经济。

为了防止劳役百姓，魏徵还劝谏唐太宗停止周边诸国的入朝贡献，并停止一些规模较大的活动，以减少国库的开支。

在当时，文武百官都以为封禅为帝王盛事，又天下太平，屡次请求东封泰山，唯独魏徵不同意。

他认为，尽管唐太宗功高德厚，国泰民安，四夷宾服，但皇上大规模车驾东巡，千乘万骑，其费用实属不该。唐太宗在魏徵的规谏下，又恰遇河南、河北数州闹水灾，就停止了东封活动。

魏徵认识到，帝王修饰宫宇，奢侈无度的结果，必然会疲劳百姓。在与唐太宗谈及此事时，魏徵曾以隋亡为鉴，说隋炀帝大兴土木，劳民伤财，提醒唐太宗切忌奢侈，以防重蹈覆辙。

唐太宗曾让人在益州及北门制造绫锦、金银器，魏徵就上言，劝阻此事。唐太宗东巡洛阳，住在显仁宫，因州县官吏供奉不好，大都受到了谴责。魏徵认为这是渐生奢侈之风的危险信号，于是马上给他敲一下警钟。

有一次，唐太宗问魏徵何谓明君暗君？

魏徵率直地回答说："君之所以明，是因为他兼听；君之所以

封禅 封为"祭天"，禅为"祭地"，是指中国古代帝王在太平盛世或天降祥瑞之时祭祀天地的大型典礼活动。远古暨夏商周三代，已有封禅的传说。古人认为群山中泰山最高，为"天下第一山"，因此人间的帝王应到最高的泰山去祭过天帝，才算受命于天。

■ 唐代铁牛

■ 唐三彩

暗，是因为他偏信。"

他主张君主兼听纳下，听取臣下的正确意见，以克服君主的主观片面性。帝王久居深宫，视听不能及远，再加上自己的特殊身份，很难了解社会实际。可见，兼听纳下，也是魏徵的政治思想之一。

唐太宗在实践中推行了兼听纳下的思想，调整了君臣关系，改变了帝王传统的孤家寡人做法。而臣下也对朝廷施政中的失误之处，积极上书规谏，匡弼时政。如此一来，君臣同舟共济，集思广益，上下同心，从而开创了贞观年间的谏诤成风的开明政治。

在一次奏疏中，魏徵援引了管仲回答齐桓公在用人问题上妨害霸业的五条：一是不能知人；二是知而不能用；三是用而不能任；四是任而不能信；五是既信而又使小人参之。可以说，知、用、任、信、不使小人参之，基本上概括了魏徵的吏治思想。

知人是用人的首要问题。在用人问题上，魏徵特别强调君主的知人。魏徵指出君主知人，才能任用忠良之士，这是天下致治的先决条件。

魏徵认为识别人臣善恶是知人的一个重要内容。魏徵认为，在不同的时期，在用人标准上并不是一成不变的。在天下未定时，一般是专取其才，天下太平之时，则非才德兼备者不可任他的这一用人思想，是和变化的客观形势相适应的，也是可取的。赏罚分明，不徇私情，也是魏徵的用人思想中的一个内容。此外，他也反对重用宦官。

在这方面，唐太宗很多时候都采纳了魏徵的意见。

魏徵在与唐太宗等人讨论创业与守业之难时认为，要守成帝业，使国家长治久安，最重要的就是居安思危。他认为居安忘危，处治忘乱是由于帝王忘乎所以，无心政治，因而导致了国家的危亡与覆灭。

他以此提醒唐太宗，要小心在意，时刻保持着高度的警觉。魏徵常以亡隋为借鉴，以说明居安思危的迫切性。他总结隋亡的教训，作为唐太宗治理国家的一面镜子，以做到居安思危，警钟长鸣。

639年5月，魏徵趁唐太宗诏五品以上官员议事之机，全面系统地总结了政事不如贞观之初的事实，上奏唐太宗，这就是著名的《十渐不克终疏》。疏中列举了唐太宗搜求珍玩，劳役百姓，亲小人、疏君子，频事游猎，无事兴兵等十条弊端，言辞直白，鞭辟入里，再次提醒唐太宗慎终如始。

■ 大唐名相魏徵塑像

唐太宗看完奏疏后，欣然采纳，并对他说："朕今天知道自己的过错了，也愿意改正。如若违背此言，再无面目见到诸位爱卿！"

说完亲手解下佩刀，赐予魏徵，还赐予魏徵黄金10斤、马两匹。魏徵喜逢知己之主，竭尽股肱之力，辅助唐太宗理政，已成为唐太宗的左膀右臂，以至助成"贞观之治"。

魏徵不但是一位杰出的政治家，

也是一位著名的史学家。他对历史有深刻的了解，善于将历史经验和现实问题结合起来，以史为鉴，以此论治道，劝唐太宗。

他根据唐太宗的诏令，修撰了《周史》《齐史》《梁史》《陈史》《隋史》五朝历史。五部史书总监虽是房玄龄，但房玄龄政务繁忙，魏徵是实际的总监。

他还亲自动手，撰写了《隋史》的序和论，还为《梁史》《陈史》《齐史》写了总论。他治史谨严，有"良史"之称。

642年7月，魏徵病重，唐太宗下手诏慰问。

魏徵去世时，唐太宗亲临魏家哀悼，悲痛异常。他停朝5天，令百官参加葬礼。送葬时曾登楼遥望魏徵灵柩，还亲自为魏徵写了碑文。

唐太宗对魏徵的去世，十分悲痛，曾感叹地说：

人以铜为镜，可以正衣冠；以古为镜，可以见兴替；以人为镜，可以知得失。魏徵没，朕亡一镜矣！

他的这段话，可以说是对魏徵的历史性评价。

阅读链接

"玄武门之变"后，有人向秦王李世民告发魏徵，说他曾参加李密和窦建德的起义军，起义军失败之后，魏徵到了长安，曾经劝说建成杀害李世民。

李世民听了，立刻派人把魏徵找来，板起脸问他："你为什么在我们兄弟中挑拨离间？"

魏徵不慌不忙地回答说："可惜那时候太子没听我的话。要不然，也不会发生这样的事了。"

李世民听了，觉得魏徵说话直爽，很有胆识，不但没有责怪魏徵，反而和颜悦色地说："这已经是过去的事，就不用再提了。"

经世之才

从五代至元代是中国历史上的近古时期。在这一时期，汉族政权与少数民族政权并立，在这样的特殊背景下，锤炼了一大批忠君爱民、经国立制的贤能之士。

他们在政权更迭、演变的过程中，洞察密机，立法图治，为政权的巩固和经济的发展，贡献出了自己的才能，充分体现了社会治理的一种行为责任感，在中华民族的吏治史上留下了光辉的一页。

骁勇善战的杨业

杨业画像

杨业（约926—986），名继业。北宋名将，右领军卫大将军。他刀斩萧多罗，生擒辽将领李重海，使辽军闻之丧胆，看到杨业旌旗就立刻退兵。由于杨业屡立战功，人们称他为"杨无敌"。

杨家父子在北宋时为抵抗外族侵略保卫国土，血洒疆场，其事迹在当时即被人传颂，后经评话、戏曲、小说的渲染，逐渐形成脍炙人口的杨家将传说。

杨业就是传说中的杨老令公。他从小爱好骑马射箭，学得一身武艺。杨业原为北汉军官，北汉主刘崇赐其姓刘，名继业。

杨延昭塑像

北宋灭北汉后，杨业随其主刘继元降宋，宋太宗命他复姓杨名业。因他熟悉边事，仍任他为代州刺史，授右领军卫大将军，长驻代州抵抗辽兵。

980年3月，辽国驸马萧多罗率军10万侵犯代州北面的雁门关。警报传至代州，杨业手下只有几千骑兵，力量相差太远，大家都很担心。

杨业决定出奇制胜，带领几百骑兵，从小路绕到雁门关北面，在敌人背后进行攻击。

辽军正大摇大摆向南进军，不料一声呐喊，宋军从背后杀了出来。辽军大惊，不知道宋军有多少人马，吓得四散逃奔。这一仗，杨业刀斩萧多罗，生擒了辽将领李重海，使辽军闻之丧胆。

杨业以少胜多，打了一个大胜仗。宋太宗非常高兴，特地给杨业升了官。从此，"杨无敌"的威望越来越高了。

杨业立了大功以后，一些大官僚非常妒忌。他们恐怕杨业的声望和地位超过自己，就设法排挤陷害他。但宋太宗不听这些坏话。他把这些奏疏封起来，送给杨业，表示对杨业的信任。那些大官僚的陷害，暂时算是搁下来了。

过了几年，辽景宗耶律贤病死，他的儿子辽圣宗耶律隆绪继位。辽圣宗年仅12岁，由他的母亲萧太后执政。宋太宗见辽国政局发生变动，认为机会来了，决计出兵收复辽国占领的燕云十六州。

辽圣宗耶律隆绪
（972—1031），小字文殊奴。辽朝在位时间最长的皇帝。庙号"圣宗"，谥号"文武大孝宣皇帝"。执政时期，使辽朝完成封建化，达到全盛。但圣宗始终没有处理好皇族与后族关系的问题，为辽朝的衰落埋下伏笔。

■ 杨业发兵幽州救主蜡像

986年，宋太宗派出曹彬、田重进、潘美率领三路大军北伐，并且派杨业做潘美的副将。三路大军分路进攻，旗开得胜。潘美、杨业的一路人马出了雁门关，很快就收复了4个州。

其中曹彬率领的东路军因粮草不济逐渐落后，中路军田重进随后也被打败，宋军败局已定，宋太宗于是命令各路宋军撤退。但潘美率领的西路军却还有另外一个任务，就是掩护4个州的百姓撤退。

潘美、杨业接到命令，就领兵掩护4个州的百姓撤退到狼牙村。那时候，辽军已经占领寰州，来势很猛。杨业建议派兵佯攻，吸引住辽军主力，并且派精兵埋伏在退路的要道，掩护军民撤退。

监军王侁反对杨业的意见，说："我们带了几万精兵，还怕他们？我看我们只管沿着雁门大路，大张

旗鼓地行军，也好让敌人见了害怕。"

杨业说："现在的情况是敌强我弱，这样干一定会失败。"

王侁带着嘲笑的口吻说："杨将军不是号称无敌吗？现在在敌人面前畏缩不战，是不是另有打算？"

这一句话把杨业激怒了。他说："我并不是怕死，只是看到现在时机不利，怕让兵士们白白丧命。你们一定要打，我可以打头阵。"杨业带领手下人马出发了。

杨业出发时，对潘美说："这次出兵，一定不利。我本想等待时机，为国杀敌立功，如今有人责难我畏敌不前，我愿意先死在敌人手里。"同时，他又说："你们在陈家谷准备好步兵弓箭，接应我们。否则，军队就回不来了。"

燕云十六州 又称"幽云十六州""幽蓟十六州"。位于今天北京、天津以及山西、河北北部的16个州。宋朝开国之后，面对辽朝铁骑由燕云十六州疾驰而至的威胁，时战时和，因而在燕云十六州发生了许多重要的历史事件。

■ 杨家将士大战辽
军图

王侁 字秘权，
河南省开封人。
历官北宋蔚州刺
史、云、应州兵
马都监。986年
春天，宋太宗北
伐，东路主力大
败，辽军乘胜攻
陷蔚州、寰州等
地。其父王朴，
曾任后周枢密
使，因上筹边之
策而名噪一时。

　　说完，杨业就带领人马，直奔朔州前线。随同前往的，还有他的儿子杨延玉和岳州刺史王贵。

　　杨业出兵没有多远，果然遭到辽军的伏击。杨业虽然英勇，但是辽兵像潮水一样涌上来。杨业拼杀了一阵，抵挡不住，只好一边打一边后退，把辽军引向陈家峪。

　　到了陈家峪，正是太阳下山的时候。杨业退到谷口，只见两边静悄悄，连宋军的影儿都没有。

　　原来杨业走了以后，潘美也曾经把人马带到陈家峪。等了一天，听不到杨业的消息，王侁认为一定是辽兵退了。他怕让杨业抢了头功，催促潘美把伏兵撤去，离开了陈家峪。等到他们听到杨业兵败，又往另外一条小道逃跑了。

　　杨业见约定的地点没人接应，只好带领部下转身跟追上来的辽兵展开搏斗，到了后来，杨业身边只有100多个兵士。他含着泪，高声向兵士说："你们都有自己的父母家小，不要跟我一起死在这里，赶快突围出去，也好让朝廷得知我们的情况。"

兵士们没有一个愿意离开杨业。最后，兵士都战死了，杨业的儿子杨延玉和部将王贵也牺牲了。

杨业身上受了10多处伤，浑身是血，还来回冲杀。此时，辽国名将萧达凛从暗中放出冷箭，射中他的战马，马倒在地下，把他摔了下来。辽兵乘机围了上来，把他俘虏了。

杨业被俘以后，辽将劝他投降。他抬起头叹了口气说："我杨业本来想消灭敌人，报答国家。没想到被奸臣陷害，落得全军覆没。哪还有脸活在世上呢？"他在辽营里，绝食三天三夜去世了，享年59岁。

杨业战死的消息传到东京，朝廷上下都为他哀痛叹息。宋太宗丧失了一名勇将，自然也感到难过，杨业死后，宋太宗削潘美三级，把王侁除名流放金州。

杨业死后，他的子孙继承其尽忠报国的遗志，坚持抗击辽国。其中杨延昭、杨文广最负盛名。

阅读链接

据史载，杨业有7个儿子，除延玉与父同死之外，其他诸子都曾为国戍边，其中最著名的是六子杨延昭。七子名为：六子杨延昭、七子杨延嗣、五子杨延德、老大杨渊萍、二子杨延顺、三子杨延庆、四子杨延辉。只有六子延昭传有后代，北宋中期名将杨文广即是延昭之孙、宗保之子。

而《杨家将》小说中杨业有8个儿子，即所谓"七狼八虎"。小说虽然有虚构成分，但主题还是为了彰显杨业忠君爱国，血战沙场的精神。

刚直果决的寇准

寇准（961—1023），字平仲。生于宋代华州下邽，即今陕西省渭南。北宋政治家、诗人。累迁殿中丞、山南东道节度使、中书侍郎兼吏部尚书等。

他善诗能文，七绝尤有韵味，传《寇忠愍诗集》三卷。他与宋初山林诗人潘阆、魏野、"九僧"等为友，被列入晚唐派。

寇准辅佐宋太宗、宋真宗两朝，以刚毅清正之风垂范后世，以拯时救世之才报效国家，是一位洞察密机、善断大事的良相。

■ 功高名重的寇准石像

■ 宋太宗（939—997），赵炅，本名赵匡义，避兄宋太祖讳改名赵光义。父亲赵弘殷，追赠宣祖，母亲杜太后。太祖驾崩后，38岁的赵光义登基为帝，是宋朝的第二个皇帝。在位共21年。谥号"至仁应道神功圣德文武睿烈大明广孝皇帝"，庙号"太宗"，葬永熙陵。

寇准生于书香门第，他的祖父寇延良，颇有才学。其父寇相，善书画，能诗文。寇准由于受家庭的熏陶，自幼天资聪颖，好学上进。

19岁时赴京应试，一举中第，从此开始了他几十年的政治生涯。

寇准为政清廉。他在任知县期间，对属下衙役要求严格，不准他们横行乡里，搜刮民财，鱼肉百姓，严格按照朝廷的明文规定征收赋税和徭役。为了防止属下不法之徒巧立名目，额外增收，以饱私囊，他令人把县中应当纳税、服役者的姓名、住址等项写在纸上，张贴在城门中，公布于众。

老百姓见寇准执法公正，为政清廉，体察民情，爱民如子，都深受感动。凡是应该缴纳赋税者，无不如数按时送交，从不拖延时日。后来寇准到了宋太宗身边，他更是断案如镜，反对徇情枉法，深得宋太宗器重。

寇准在两次废立太子的重大事件中，充分显示了他的足智多谋和善断大事的品质。

一次是废楚王赵元佐太子。

赵元佐是宋太宗的长子，由于营救宋太宗之弟赵廷美没有成功，得了心病，行为变得粗暴残忍。身边

赵元佐（965—1027），宋太宗赵光义与元德皇后李贤妃所生的长子。初名赵德崇，字惟吉。历封卫王、楚王。追封齐王，谥号"恭宪"。宋仁宗赵祯即位时，封赵元佐为江陵牧，增加了赵元佐的食邑。

复原的宋代建筑大成殿

的人稍有过失，他就用残酷的刑罚处死。

宋太宗多次训诫他，始终未见好转。宋太宗召见当时在郓州做通判的寇准，请他筹划一个万全之策。

寇准对宋太宗说："请陛下找个机会，命太子代您主持某项典礼，他左右人员必定随行，然后陛下派人往东宫仔细搜查，果真有不法的事情等太子回来拿给他看，把他废除。到时候只要一个太监的力量就够了。"

宋太宗接受了寇准的计策，趁太子外出，派人从他的宫中果然搜出了许多刑具，有剜眼睛的、抽筋条的、割舌头的等。在大量物证面前，赵元佐只好低头认罪。于是，他被顺理成章地废黜了，没有发生任何风波。

另一次是立襄王赵元侃。

那是994年的事。当时宋太宗已近暮年，为立太子事心烦意乱，坐卧不安。加上身患脚疾，疼痛难忍，真可谓心力交瘁，苦不堪言，很需要一个情投意合的人与他为伴，向他一吐衷肠。

于是，宋太宗就召见寇准，询问谁可以继承皇位。寇准此时虽然心中有个人选，但不知宋太宗心中倾向于哪一个，因此不便直接回答宋太宗的问题。在这种情况下，他只给宋太宗提出一个选立太子的原则："只要陛下您自己选择能符合天下人所期望的人，就可以了。"

宋太宗听罢，低头思之良久，然后屏退左右，对寇准说："你看襄王赵元侃可以吗？"

其实寇准心中所想的也是襄王赵元侃，于是连忙说道："知子莫如父。陛下既然认为可以，愿您当即决定。"

立太子的事，君臣两人就这样决定了，宋太宗从此了却了一桩心事，心情也就舒畅了。

宋真宗继位时，边关吃紧。1004年，宋真宗任寇准为宰相。同年9月，辽朝又派小股游骑侵犯宋边境，作战稍有不利，就急忙引军退却，似无大举进兵与宋军交战之意。

寇准接到这个军情报告，料定此为辽朝兴兵南下大举侵犯的前兆，故立刻上奏宋真宗说："辽军此举是想麻痹我们。我们应当加紧训练部队，任命将帅，并且要选派精锐部队占据军事要地，以防辽军大举进犯。"

辽朝 是五代十国和北宋时期以契丹族为主体建立，统治中国北方的封建王朝。907年，辽太祖耶律阿保机统一契丹各部称汗，国号"契丹"，定都上京。916年建年号，947年辽太宗定国号为"辽"。1125年为金朝所灭。

121

■宋真宗（968—1022），初名德昌，后改元休、元侃。宋太宗第三子。宋朝第三位皇帝，在位26年。谥号"神功让德文明武定章圣元孝皇帝"，庙号"真宗"。宋真宗在位后期耽于封禅之事，朝政因而不举，社会矛盾不断激化，使得宋王朝的"内忧外患"问题日趋严重。

■ 萧太后（953—1009），名绰，小字燕燕。是辽景宗耶律贤的皇后，辽北院枢密使兼北府宰相萧思温之女，在历史上被称为"承天太后"，辽史上著名的女政治家、军事家。尊号"睿德神略应运启化法道洪仁圣武开统承天皇太后"。

在寇准的建议下，宋军调兵遣将，严阵以待。果然不出寇准所料，1004年11月，辽军大举南下。辽朝萧太后、圣宗耶律隆绪御驾亲征，大将萧达率军20万直进中原，军情十分危急，宋朝上下一片惊慌。一个晚上竟有5封军情机密文书由探马飞送相府。而身为朝廷重臣的寇准却十分镇定，他对紧急军情文书连拆也不拆，照常饮酒，谈笑如常。第二天，有人将此事奏报宋真宗，宋真宗大惊，责问寇准为何如此？

寇准于是回答说："陛下想了结此事，不出5天定见分晓。"

宋真宗问寇准有何退兵良策。

寇准提出要宋真宗御驾亲赴澶州坐镇，这样必能克敌制胜。朝内群臣见寇准提出要宋真宗御驾亲征，感到事情重大，也怕自己被派随驾前往，因此个个胆战心惊，纷纷准备退朝，以免皇帝怪罪。寇准见群臣如此萎缩退却，心中甚是不悦，便严词厉声制止。

宋真宗也感到十分为难，想要回到内宫，然后再议决此事。寇准一看宋真宗有不愿亲征之意，一旦回宫，这件事就难办了，就急忙对宋真宗说："陛下一

群星闪烁的杰出人才

澶州 宋代的澶州是燕云十六州之一，即今河南省濮阳市。北宋时，澶州居大河要扼，距京城汴梁，即开封仅仅125千米。独特的地理位置，使澶州对阻碍北方铁骑、藩屏京师发挥了巨大的作用，特别是1004年澶渊之盟的签订，对北宋的政治、经济及军事活动都产生了深远影响。

旦回宫，群臣就再难见到您，那就要误大事了。请您不要回宫。"宋真宗在寇准的强谏之下，万般无奈，只好同意讨论是否亲征事宜。

1004年12月，宋真宗亲率大军行至澶州南城。当时辽军气势正盛，众人都请宋真宗住下，以观察敌我形势，然后再决定进止。而寇准则坚决请求宋真宗继续前进。

在寇准等人的竭力主张下，宋真宗渡过黄河，来到了澶州北城的门楼之上。远近的宋军望见帝辇的华盖，无不欢呼雀跃，军威大振，其声音数十里之外都能听见。而辽兵听到宋军的欢呼声，个个面面相觑，惊愕不已。

宋真宗到澶州后，委托寇准全权处理军务大事。

寇准治军号令严明，处事果断，指挥有素，士卒既畏惧又心悦诚服。有一天，辽军为探虚实，派数千骑逼近城下。寇准命令士卒出击，斩杀和活捉了辽军一大半，扭转了被动局面。后来，辽军统帅萧

辽代生活壁画

挞凛亲临战场督战，宋军威虎军头张瑰守用床子弩，一箭射中挞凛前额，挞凛中箭身亡，辽兵只好退去。

宋真宗留寇准在北城之上坐镇指挥，但过些时候，他又派人去看寇准在干什么。派去的人回报，寇准正在饮酒、下棋，他屋子里的戏谑声、欢呼声不绝于耳。

宋真宗见寇准如此从容镇定，心中不再忧虑。辽朝则是损兵折将，损失十分惨重，无力再战。萧太后只好派使前来澶州，请求罢兵议和。辽朝提出要宋朝把关南的土地让给辽朝。宋真宗听说后认为，辽朝使臣所说割地一事，毫无道理。但如果只索要金银玉帛，对朝廷倒也无伤大体。

寇准不愿给辽朝金银玉帛，而且还提出要辽朝向宋朝称臣，并献上幽、蓟二州的土地。他向宋真宗说："只有这样，才可保边境百年无事，否则数十年之后，戎狄又起贪心了。"

■ 宋代铜钱

宋真宗急于求和，对寇准说："数十年后自然有守土尽责之人，我不忍心百姓生灵涂炭，姑且按辽朝提出的要求讲和算了。"并立即派曹利用前往辽朝谈判。宋真宗还对曹利用说："实在不得已，就是百万钱也行。"

寇准得知此消息后，立刻召曹利用到帷幄之中，对他正色道："你虽有圣旨，但你答应辽朝如超过30万，我就砍你的头。"

曹利用到了辽朝，最终以

白银10万两、丝绢20万匹为代价与辽朝达成和约而还。

这一次，寇准虽然未能彻底改变宋朝给辽朝输送金银玉帛的结局，但却保住了宋朝的北方领土，并且使经济损失控制在一定的限度。

宋军在澶州大胜辽军，首功当归寇准。宋真宗对他特别厚爱，寇准也十分高兴。

宋真宗的宰相王钦若因为以前请驾南迁一事，曾经当众遭到寇准的痛斥，因此，他对寇准怀恨在心，总想借机谗言陷害寇准。

一天，宋真宗召见群臣，寇准未等散朝先走一步。王钦若一看时机已到，便乘机进言说："陛下如此尊敬寇准，那您看他是不是匡扶社稷之臣呢？"

宋真宗说："当然是了。"

王钦若说："澶州一战，陛下不以为耻，反而还把它当成寇准的功劳，这是为什么呢？"

宋真宗不觉愕然惊诧，忙问其中缘故。

王钦若说："城下之盟，《春秋》以为奇耻大辱，而陛下为万乘之主，与虏订盟于城下，还有比这更耻辱的事吗？"宋真宗愀然不乐。

王钦若又进谗言说："陛下知道赌博吗？赌博者赌钱非输光不可，常常罄其所有以做抵押，这就叫作

■ 王钦若（962—1025），字定国。临江军新喻，即今江西省新余市东门王家人。北宋初期的政治家，宋真宗时期的宰相。谥"文穆"。王钦若是属于当时主和派的势力，主张把国都南迁，与当时主战的寇准对立。

幽、蓟二州 即幽州和蓟州。宋代的幽州是燕云十六州之一，即后来的北京，当时称为燕京，又是辽帝国的南京。宋代的蓟州也是燕云十六州之一，就是后来的天津市蓟县。

'孤注一掷'。陛下您成了寇准的'孤注'了，这是很危险的呀！"

宋真宗听了小人的谗言，逐渐疏远寇准，罢了他的宰相之职，降为刑部尚书，让他外任陕州去了。

1023年，寇准在贫病交加和心情抑郁中去世了。同年登基的宋仁宗调任寇准为衡州司马的诏书下到雷州贬所时，可惜寇准难以从命赴任了。在寇准灵车北归洛阳的路上，沿途官员和百姓设祭哭拜，并在路旁遍插竹枝，上面悬挂纸钱。

据说一个月之后，那些插在路旁的竹枝上都生出了新笋。百姓纷纷议论：寇公之死，感天动地，插竹生笋，乃是寇公感化上天所致。其实，插竹生笋，是人们表示对寇准的爱戴之情，是歌颂寇准的高风亮节。后来，百姓又为寇公修祠筑庙，并年年按时祭奠，这也是对寇准的永远怀念。

群星闪烁的杰出人才

阅读链接

据说寇准初执掌相府时生活很奢侈。

有一次，一个妙龄歌女来相府清唱，寇准一时兴起，就赏她一匹绫缎。想不到歌女还嫌赏赐少，一脸的不高兴。

当时寇准身边有个出身寒门的侍女见此情形，就在事后写了一首小诗："一曲清歌一束绫，美人犹自意嫌轻。不知织女荧窗下，几度抛梭织得成！"

寇准读了诗后很是感动，心想：这一匹一匹的绫缎，都来之不易，随心所欲挥霍是不应该的！从那以后，寇准一直保持勤俭朴素的美德。

执法如山的包拯

包拯（999—1062），字希仁。生于宋代庐州，即后来的安徽省合肥市。历任知县、知州、监察御史、户部副史和地方三路转运使、御史中丞、三司使和枢密副使。谥号"孝肃"。

因不畏权贵，不徇私情，清正廉洁，当时流传有"关节不到，有阎罗包老"的赞誉。

包拯的事迹也被后人改编为小说、戏剧，使其清官包公的形象及包青天的故事家喻户晓，历久不衰。

■ 百官楷模包拯塑像

群星闪烁的杰出人才

■ 审案中的包拯蜡像

吏部　中国古代官署。从西汉到清朝，列为尚书六部之首，长官称为吏部尚书。1911年，清政府的责任内阁设立制诰、铨叙等局，吏部遂撤。另外，除吏部以外，还有户部、礼部、刑部、兵部和工部五部，也就是所谓的"六部"。

包拯在28岁时考中了进士，从此踏上仕途。当初考取进士后，担任大理评事，实职为建昌知县。

但包拯考虑到父母年纪大了，不忍心离开，就推辞没有去就职，后来调任和州管收税的官。父母不愿离开家乡，包拯就辞掉官职，日夜侍奉双亲，这样过了10年。

父母相继去世后，包拯还在父母的坟旁建造了一个茅屋守孝。守孝期满后，还在父母坟前徘徊，久久不愿离去，最后经别人劝说，才到吏部报到。

包拯做官期间，每到一个地方都为当地人民做了不少好事。由于他认真处理政事，执法如山，铁面无私，所以很受人民爱戴。

包拯在出任扬州天长知县时，一天，有个农民来告状，说他家的牛昨晚被人割了舌头，请求查清此案为民伸张正义。

包拯询问了一些问题，估计是冤案，但没有证据，就对农民说："你先回去吧！"

那农民不走，说："我的牛流血不止，不能吃东西，怕是活不长了，那该怎么办？"

包拯说："你回家把牛宰了，但不要声张。"

按照当时的法律是不能私自宰杀耕牛的。农民回家后，真的把牛给杀了。

几天后，有人举报说："有人违反官府命令私自宰耕牛。"

包拯盘问："你知道他为什么宰杀耕牛吗？"

那人回答："不清楚，听人说好像是牛舌头被割掉了。"

包拯脸一沉，说："给我拿下！"

那人大吃一惊，"扑通"一声跪倒在地，连忙认罪求饶，一桩奇案立刻真相大白。从此民间流传有个审判牛舌案的包公。

包拯刚到庐州时，县衙门口告状的人忽然多了起来。包拯感到奇怪，于是亲自到县衙了解实情。原来好多人是告包拯的舅舅抢占民

包拯审案蜡像

田，欺压百姓。

包拯很生气责问县令："这些案件为何不审理？"

县令说："那些人是诬告，我已命令派人把他们赶跑了。"

包拯听了更生气，厉声问道："你怎知是诬告？身为县令，你本应为民做主，却不体恤民情，反把告状的人赶跑，理应将你查办。姑念你是初犯，暂且放过。你现在要加紧审理！"

县令并不知道包公是什么意思，还以为他与其他的上司一样要贪污包庇，所以不知如何是好。按法律应该逮捕包拯的舅舅，但是他不敢这样做。

因此，他吞吞吐吐地说："包大人，现在公务繁忙，这个案子就先压一下。"

包拯坚决不同意，他亲自派人将舅舅缉拿归案。

包拯夫人董氏劝他手下留情，包拯说："不是我包拯无情无义，是舅舅胡作非为，天怒人怨，我是这里的父母官，理应执法严明，不徇私情，大公无私。舅舅横行乡里，鱼肉百姓，我如果宽恕了他，不依法惩治，我就无法再管理这庐州了。"

包拯的儿媳崔氏也来求情。包拯对儿媳说："舅爷照顾你，我很感激，可这和案子是两回事，他犯了法，我如不执法，告状的百姓会怎么看我，他们还会相信官

包公蜡像

群星闪烁的杰出人才

府吗?"

包拯把平民百姓送来的一份份状子摆在面前,又令衙役找来原告,然后让衙役将舅舅带上大堂。

包拯舅舅发现坐在堂上审他的是自己的外甥,气得浑身发抖。

包拯怒喝道:"大胆罪犯,你扰乱乡里,不但不老实认罪,反辱骂本官,有失体统!拉下去,打!"

衙役立刻将舅舅拉下,重打40大板。那些同包拯舅舅一样横行霸道的乡绅都在府衙门外等候,当他们听到"啪啪"的板子声,都大惊失色,吓得屁滚尿流。从此,这些人再也不敢肆意妄为了。

人们都赞扬包拯为民除害。包拯执法严明,不徇私情,得到了民众的爱戴,同时也震慑住了一批横行不法的乡绅。

有一年发大水,河道阻塞,积水不通,经过调查,是一些地主侵占河道用来修筑花园。包拯下令,清除全部河道上的建筑。地主们不肯拆除,拿出一张地契狡辩说那是他家的产业。包拯经过仔细调查,发现地契是地主自己伪造的,他十分恼火,立即下令地主拆掉花园,并向宋仁宗揭发那些地主的恶行。地主见包拯执法如山,公正廉明,怕事情闹大了对自己不利,便乖乖地拆了花园。

宋代官员瓷像

乡绅 乡绅阶层主要由那些在乡村社会有影响的人物构成。包括科举及第未仕或落第士子、当地较有文化的中小地主、退休回乡或长期赋闲居乡养病的中小官吏、宗族元老等。他们近似于官而异于官,近似于民而又在民之上。

■ **开封府** 北宋时期天下首府。包公办公的衙门，威名驰誉天下。重建的"开封府"位于开封包公湖东湖北岸，气势恢宏，巍峨壮观，与位于包公西湖的包公祠遥相呼应，同三池湖水相映衬，形成了"东府西祠"的壮丽景观。

三司使 官名。唐代始设，总管国家财政。三司的设立最初是为了分割宰相的财权，后来三司是一个几乎无所不管的部门。北宋前期为最高财政长官，是仅次于中书、枢密院的重要机构。

包拯在开封府当府尹时，改变陈规，采取有利于百姓申冤的措施。开封府原来规定百姓到府衙告状，不能直接到公堂向知府递交诉状。诉状由"牌司"传递，老百姓为了自己的诉状能够递上去，只有花钱贿赂他们，否则诉状就递不上去。包拯于是让老百姓直接到大堂陈述案情，为了方便，甚至连通往大堂的小门都拆了。

包拯在任天章阁待制、知谏院事期间，以唐代的魏徵为榜样，敢于直谏。他多次当面批评皇上朝令夕改，失信于民的行为，并积极向皇上进言要听取和接受合理的意见，明辨是非，爱惜人才，端正刑法。

包拯当监察御史时，有一个叫张尧佐的人，因为他的侄女得到宋仁宗的宠爱而得到三司使的高位，包揽了全国的贡赋和财政事务。他贪婪成性，对老百姓大加搜刮，引起人们的强烈不满。有许多官员向宋仁宗告张尧佐的状都被扣住了。

包拯知道后，亲自去拜见宋仁宗，劝说仁宗"不要爱屋及乌，使没有才德的人身居高位，使天下人失望"。宋仁宗虽不愿意撤张尧佐的官，但还是照办了，改任他为地方节度使。包拯认为不妥，又上书苦谏。宋仁宗因怕宠妃生气，不忍革去张尧佐之职。包拯以辞官归隐威胁宋仁宗，宋仁宗只好相让，永远不提升张尧佐的职。

当时有个叫王逵的人，曾任湖南、江西、湖北等地的路转运使，每到一地他都要随意加派苛捐杂税，侵吞公款。包拯屡次上书弹劾，宋仁宗才把王逵贬为徐州知州。

由于王逵关系网十分严密，不久又恢复原职。包拯得知后，第七次上书，直言王逵之恶，指责其"不管到哪里任职，都不讲法理。残酷地对待百姓，民怨极大，恳请罢免其职务，以免天下百姓受累"。

由于包拯据理抗争，宋仁宗罢免了王逵，为民除了一大害。此事在民间广为流传。

包拯弹劾官吏不避权贵。郭承佑是宋太宗的孙女婿，并且是宋仁宗皇后郭氏的族人，所以职务升迁得很快。包拯在

■ 宋代民间砖雕

群星闪烁的杰出人才

端砚 诞生在唐代初期广东肇庆，古称端州。古来已十分名贵，更因几大名坑砚材枯竭封坑，砚资源越来越少。在中国所产的四大名砚中，尤以广东省端砚最为著名。端砚以石质坚实、润滑、细腻、娇嫩而驰名于世，用端砚研墨不滞，发墨快，研出之墨汁细滑，书写流畅不损毫，字迹颜色经久不变。好的端砚，无论是酷暑或是严冬，用手按其砚心，砚心湛蓝墨绿，水气久久不干，古人有"哈气研墨"之说。

应天府时，因弹劾郭承佑贪污受贿、结党营私而遭到贬黜。

过了不久，宋仁宗又派郭承佑负责代州的边防。代州是防御辽朝的最前线，战略地位极为重要，而郭承佑却不懂军事。包拯从国家利益出发，上书请求罢免郭承佑，另选军事能人。这次，宋仁宗听取了包拯的意见。包拯弹劾官吏完全是根据他本人的实际情况秉公进言，绝无个人恩怨，因此，连被弹劾的官员也无话可说。

1041年，包拯调到端州，即今广东省高要县做知州。端州是当时每年进献给皇帝的贡品端砚的产地。

因为有利可图，包拯来之前的知州，都趁机向老百姓征收大量的端砚，送给朝里的大官们，换取升官发财的机会。

包拯到端州以后，不但没有贪污一块端砚，而且派人查清以前官吏贪污端砚的情况，然后严格规定按每年20块的数量制造端砚，官员贪污的端砚一律交公，百姓制砚的工钱由官府付给，给当地百姓减轻了负担。同时也得罪了其他的有权有势的贪官污吏。但是，包拯一点也不害怕。

包拯主持三司期间改变了过去的一些做法。以前，凡是各种封藏于仓库供皇帝用的物品，都从各地摊派，造成百姓困难。包拯特此设立市场，实行公平买卖，此后百姓不再受到侵扰。

泰州、陕州、斜谷一带官府衙门的造船木材，大都是向百姓征来。契丹在关塞附近聚集军队，边境的州郡经常发来警报，朝廷命令包拯到河北征调军用粮草。

包拯上书说："漳河一带是一片肥沃的土地，然而大多被用来牧马，请把这些土地全部交还百姓，让他们耕作种植。"

解州池盐的专卖法令，加重了百姓负担，包拯到那里筹划，请准一律听凭自由买卖。这些建议都被朝廷采纳。

包拯性格严峻正直，厌恶官吏盘剥百姓，他不轻易与人相交，不会用伪装的笑脸来讨别人喜欢，当时曾流传着包拯的笑脸和黄河的水

■ 包拯自勉诗

史册有遗训　草尽兔狐愁　仓充鼠雀喜　精钢不作钩　秀干终成栋　直道是身谋　清心为治本

包拯墓

变清一样难以看到。平时没有私人请托的书信，旧友、亲戚同乡都断绝往来。

包拯虽然当官了，可是衣服、饮食同当平民时一样，这在宋代官场上是绝无仅有的。

他还经常嘱咐孩子们说："我的后代子孙做了官，若有犯贪污罪的，就不得回老家，死了不许葬在祖坟中。不顺从我的心意，就不是我的子孙。"

包拯在一次处理政务时，突然感到身体不舒服，旋即病逝，终年66岁。由于包拯正直无私，赢得了历代人民的衷心敬仰，他的事迹妇孺皆知，形象被神化，他的英名千古流传。

阅读链接

开封的老百姓纪念包拯，在开封府旁修建了一座包公祠。当时，开封府署内有一通题名碑，凡是在开封府任过府尹的，姓名都刻在碑上，只有"包拯"两个字被后人抚摸最多，以致留下了一道道深深的指痕。

现在，这通石碑仍然保存在开封历史博物馆里，"包拯"两字已模糊难辨。

开封包公祠毁于明代末年，当时明军为阻挡李自成进攻，扒开了黄河大堤，大水把开封府署和包公祠都冲毁了。大水过后，只在包公祠遗址上留下一个小水潭，被称为"包府坑"。

尽忠报国的岳飞

岳飞（1103—1142），字鹏举。生于北宋相州汤阴县永和乡孝悌里，即今河南省安阳市汤阴县菜园镇程岗村。中国历史上著名的战略家、军事家，民族英雄，抗金名将。谥号"武穆"，宋宁宗时追封为鄂王，改谥号为"忠武"。

岳飞被尊为华夏杰出先烈，其一生中"还我河山"和"尽忠报国"的爱国精神一直激励着后人。

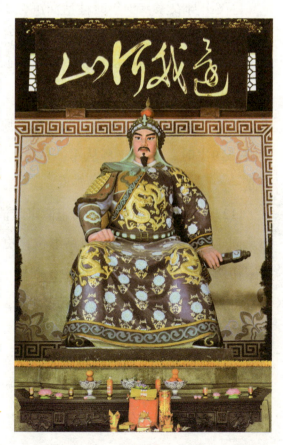

■ 民族英雄岳飞雕像

岳家军退敌图

　　岳飞出身农家，少年时性情深沉，不爱说话，但他非常好学，尤其喜欢读《左氏春秋》、孙膑及吴起兵法之类的书籍。在长期的艰苦劳动中，他受到了很好的锻炼。他意志坚强，身体结实，力气很大。十七八岁，他就能拉动300斤的强弓。

　　在那个兵荒马乱的年代，年轻人都愿意抽空练习武艺，以便保家卫国。19岁时，岳飞应募从军。从此，岳飞开始了他那壮丽的军旅生涯。

　　1127年4月，金灭北宋，掳宋徽宗赵佶、宋钦宗赵桓及皇家宗室北归。同年5月，康王赵构于南京继位，史称南宋，这就是宋高宗。在南宋初期，宋高宗主张收复失地，起用了大批主战将领，其中就有岳飞。岳飞坚决反对议和，主张抗战到底，收复失地。宋高宗并未采纳岳飞的建议，并以越职为由将岳飞罢官。

　　之后岳飞北上，入河北招讨使张所军中。张所很赏识岳飞，很快升岳飞为"从七品武经郎"、任统制。随后，命岳飞入王渊部，北上抗金。岳飞作战有勇有谋，数败金兵，声威大震。

群星闪烁的杰出人才

1139年，岳飞听说宋金和议将达成，立即上书表示反对，申言"金人不可信，和好不可恃"，并直接抨击了相国秦桧出谋划策、用心不良的投降活动，使秦桧心中抱恨。

　　和议达成后，高宗赵构下令大赦，对文武大臣大加爵赏。可是，诏书下了三次，岳飞都加以拒绝，不受封赐。后高宗对他好言相劝，岳飞方受。

　　1140年5月，金国撕毁和议，兀术分四路来攻。由于没有防备，宋军节节败退，城池相继失陷。随后高宗命韩世忠、岳飞等出师迎击。很快，在东、西两线均取得对金大胜，失地相继收回。

　　岳飞挥兵从长江中游挺进，实施锐不可当的反击，他一直准备着的施展收复中原抱负的时机到来

■ 岳家军凯旋蜡像

兀术 （？—1148），也叫作完颜宗弼，本名斡啜，又称作斡出、晃斡出。女真族。姓完颜。太祖完颜阿骨打第四子。金朝名将，开国功臣。有胆略，善射。一直是金国主战派的代表，并领导了多次南侵，战功赫赫。迫宋称臣。

■ 岳家军受封蜡像

临安 宋室南迁，于1138年定行在于杭州，改称临安。所谓行在，名义上并非帝都，但实际上是皇帝、皇宫和朝廷所在并行使首都职能的地方。临安作为行在直至1276年南宋灭亡为止。在此前的1131年，宋高宗在绍兴建立南宋王朝，改元为绍兴元年，把绍兴定为首都。

了。岳家军进入中原后，受到中原人民的热烈欢迎。

1140年7月，岳飞亲率一支轻骑驻守河南郾城，和金兀术1.5万精骑发生激战。岳飞亲率将士，向敌阵突击，用"铁浮图"和"拐子马"战术大破金军，把金兀术打得大败。

岳飞部将杨再兴，单骑闯入敌阵，想活捉金兀术，可惜没有找到，误陷小商河，被金兵射中几十处伤，豪勇无比。

岳家军将士具有"守死无去"的战斗作风，敌人以排山倒海之力，也不能把岳家军阵容摇动。

郾城大捷后，岳飞乘胜向朱仙镇进军，金兀术集合了10万大军抵挡，又被岳飞打得落花流水。

这次北伐中原，岳飞一口气收复了颍昌、蔡州、陈州、郑州、河南府、汝州等10余座州郡，中原之地基本被岳家军所收复，并且消灭了金军有生力量。金军上下军心动摇，金兀术连夜准备从开封撤逃。

岳飞本来可以乘胜北进，收复更多的失地。但宋高宗担心这样会引起金朝统治者的不满，就连下十二道金牌，急令岳飞"措置班师"。在要么班师、要么丧师的不利形势下，岳飞明知这是权臣用事的乱命，但为了保存抗金实力，他不得不忍痛班师。

当时的岳飞壮志难酬，百感交集，他叹惜："靖康耻，犹未雪；臣子恨，何时灭"，表示愿"驾长车，踏破贺兰山阙。壮志饥餐胡虏肉，笑谈渴饮匈奴血。待从头，收拾旧山河，朝天阙。"

一首气壮山河的《满江红》由此作成。

岳家军班师时，久久渴望王师北定中原的父老兄弟，拦道恸哭。岳飞为了保护老百姓的生命财产，故意扬言明日渡河，吓得金兀术连夜弃城北窜，准备北渡黄河，使岳飞得以从容地组织河南大批人民群众南迁到襄汉一带，才撤离中原。

金兀术知道了岳飞撤军，就又整军回到开封，不费吹灰之力，又占领了中原地区。

对于秦桧的卖国行为，岳飞曾经极力反对过。岳飞一回到临安，陷入秦桧等人布置的罗网。他遭诬告"谋反"，被关进了临安大理寺。监察御史万俟卨亲自刑审、拷打，逼供

大理寺 掌刑狱案件审理的最高官署。秦汉为廷尉，北齐为大理寺，历代因之，清为大理院。大理寺的机构设置在不同朝代各有差异。宋分左右寺，左寺复审各地方的奏劾和疑狱大罪，右寺审理京师百官的刑狱。其主官称卿，下设少卿、丞及其他员役。

■ 岳飞书法

岳飞。与此同时，宋金政府之间，正加紧策划第二次和议，双方都视抗战派为眼中钉，金兀术甚至凶相毕露地写信给秦桧："必杀岳飞而后可和。"

在内外两股恶势力夹击下，岳飞正气凛然。从他身上，秦桧一伙找不到任何反叛朝廷的证据。

韩世忠当面质问秦桧，秦桧支吾其词"其事莫须有"。

韩世忠当场驳斥："'莫须有'三字，何以服天下？"

1142年1月27日夜，岳飞在杭州大理寺狱中被杀害，时年39岁。临死前，他在供状上写下"天日昭昭，天日昭昭"8个大字。

岳飞被害后，狱卒隗顺冒着生命危险，将岳飞遗体背出杭州城，埋在钱塘门外九曲丛祠旁。隗顺死前，又将此事告诉自己的儿子，并说："岳帅尽忠报国，今后必有给他昭雪冤案的一天！"

1162年，宋孝宗即位，准备北伐，便下诏平反岳飞，谥"武穆"，改葬在西湖栖霞岭，即杭州西湖畔"宋岳鄂王墓"，并立庙祀于湖北武昌，额名"忠烈"，修宋史列志传记。岳飞虽然被杀害了，但他的尽忠报国的精神和业绩是不可磨灭的！

阅读链接

1126年金兵大举入侵中原，岳飞因父丧守孝后再次投军。临行前，母亲姚太夫人问他有什么打算？

岳飞说："到前线杀敌，尽忠报国！"

姚太夫人听了儿子的回答，十分满意，"尽忠报国"正是母亲对儿子的希望。她决定把这4个字刺在儿子的背上，让他永远铭记在心。刺完之后，岳母又涂上醋墨。从此，"尽忠报国"4个字就永不褪色地留在了岳飞的后背上。

母亲的鼓舞激励着岳飞。岳飞投军后，作战勇敢，多次打败金军，后来成为著名的抗金英雄，受历代人民所敬仰。

明清两代是中国历史上的近世时期。在明清时期，中国封建社会的君主集权达到巅峰，阶级矛盾和民族矛盾更加尖锐，发生了连续不断的大规模的战争，出现了如明代戚继光、清代岳钟琪等一批著名将领和统帅。

明清武臣在军事领域颇有建树，他们不仅以军事行动奏功于封建王朝，同时，对现代人来说，他们的作战思想和作战方式，或许更能体现战争中各种主客观因素的一般规律，以至于对后来军事哲学产生深远影响。

近世时期

叱咤英雄

明朝开国将军徐达

徐达（1332—1385），字天德。生于濠州钟离，即今安徽省凤阳县。明朝开国军事统帅，中书右丞相，征虏大将军。封魏国公，追封中山王。作为一名杰出的将领，徐达不仅具有优异的军事才能，而且具有许多优秀的品德。他严于律己，能与士卒同甘共苦。

他灭周政权，攻克大都，北征沙漠，攻城拔寨，皆为军锋之冠，为开创明王朝基业立下了盖世之功，被誉为明朝"开国第一功臣"，对后世具有很大的影响。

■明朝开国第一功臣徐达画像

朱元璋和徐达画像

　　徐达出生于一个农民家庭，小时曾和朱元璋一起放过牛。元朝末年，徐达目睹政治黑暗，民不聊生，不禁诸多感慨，萌生了救济世人的远大志向。

　　元末农民战争爆发后，在郭子兴起义军中当小军官的朱元璋回乡招兵，22岁的徐达听到消息后，毅然仗剑从军，投奔到朱元璋部下。从此，徐达开始了他戎马倥偬的军事生涯。

　　1355年3月，朱元璋接替病逝的郭子兴执掌起义军的领导权，决定渡江夺取集庆。徐达与常遇春率领前锋部队，乘风举帆，冒着敌人雨点般的利箭，强登牛渚矶，使后续部队得以顺利渡过长江，攻占采石和太平。

　　元朝军队不甘心太平之失，妄图重新夺回太平。元将海牙和阿鲁灰等用巨舟横截采石江面，封锁姑孰口。地主武装头目陈野先及其部将康茂才又从水陆两路，分兵进逼太平城下。

　　徐达以奇兵绕到敌后，在襄阳桥埋伏起来。元兵前锋陈野先率众来攻，被徐达军擒获。海牙见陈野先被俘，不敢恋战，忙从采石撤

应天府 北宋的应天府是当时北宋的陪都，称为南京应天府，即今河南省商丘市。明朝的应天府是朱元璋改集庆路命名的，当时是明朝京师。燕王朱棣发动靖难之变夺位后，迁往北京顺天府并正式迁都。

兵，退守裕溪口，太平终于转危为安。

紧接着，徐达独自率领数千精锐，先往东攻占溧水、溧阳，从集庆南面进行包抄，切断了集庆守敌与南面敌军的联系。徐达会同诸路水陆大军，经过艰苦奋战，终于在第二年的3月攻占了集庆。

朱元璋改集庆路为应天府，着手建设和发展以应天为中心的江南根据地。不久，朱元璋任命徐达为大将，攻打张士诚。徐达率领几位将领，带兵渡江东下。当时，张士诚已据有常州，朱元璋派遣使者与之通好，希望双方能和睦为邻，保国安民。张士诚断然拒绝他的要求，扣留他的使者，并出兵攻夺镇江。

徐达闻之，立刻出兵还击，打败张士诚的水军，乘胜进围常州。不久，徐达攻克常州，其他将领也先后攻拔长兴、江阴等地。随后，徐达与邵荣又联兵攻夺宜兴。

■ 朱元璋带兵打仗

■ 明代士兵蜡像

至此，太湖以西的地区已尽入朱元璋版图，一条北起江阴沿太湖南到长兴的防线建立起来了，张士诚西犯的门路也就被堵死了。

东部防线建立起来后，徐达又奉命来到西部战场，会同俞通海等出兵迎击陈友谅，并很快粉碎了陈友谅对西线的进攻。

东、西两道防线的巩固，确保了应天的安全，并为朱元璋积粮训兵，出击东南，发展和巩固江南根据地创造了有利的条件。此时，朱元璋兵强粮足，已经可以同其他几支势力相匹敌了。

1360年5月，陈友谅出兵攻占太平，自称皇帝，引兵东下，进犯应天，并派人约张士诚出兵，准备东西夹击，共同瓜分朱元璋的地盘。

徐达带领一支精兵埋伏在南门外等陈友谅来到江

张士诚（1321—1367），字确卿，乳名九四。他是元末的义军领袖与地方割据势力之一。他出身盐贩，领导了江浙海盐民反对元朝统治的武装起义。在元朝末年抗元起义领袖中，有"陈友谅最桀，张士诚最富"之说，死后葬于吴县斜塘。

■ 朱元璋、徐达迎
击陈友谅蜡像

左相国 古代官
名。在明代，明
初沿袭元朝制
度，设立中书
省，置左、右丞
相。甲辰正月，
初置左、右相
国，其中李善长
为右相国，徐达
为左相国。吴元
年，改右相国为
左相国，左相国
为右相国。

边的渡口龙湾，即冲杀出来，会同诸路伏兵，内外夹击，一举击溃陈友谅，歼灭了大批敌军，生俘7000余人，还缴获几百艘战船。陈友谅乘船逃跑，徐达紧追不舍，收复了太平，攻占了安庆。张士诚见陈友谅吃了败仗，未敢轻举妄动。

1363年，徐达随朱元璋带兵渡江北上，迎击陈友谅对朱元璋发动的大规模进攻。同年7月，双方在鄱阳湖展开了一场激战。

第一天接战，徐达身先诸将，指挥将士勇敢拼杀，一举击溃陈友谅的前锋部队，歼敌1500人，缴获巨舰一艘，使军威大振。

陈友谅的军队拼死抵抗，焚烧徐达战船，徐达奋不顾身地扑灭了熊熊大火，继续坚持战斗。后来，朱元璋派船救援，徐达顽强冲杀，终于击退敌军，从险境之中摆脱了出来。

鄱阳湖战役结束后，徐达率军追歼陈友谅的残余势力，占领了湖广的大片地区。

1364年，在战胜陈友谅的凯歌声中，朱元璋在应天称吴王。战功卓绝的徐达被任命为左相国，成为朱元璋政权的最高行政长官。击败陈友谅后，朱元璋的下一个目标是消灭张士诚。徐达受命为前线的总指挥官，又肩负起这个重要任务。

1365年秋，徐达被任命为总兵官。他统率常遇春、胡美、冯胜诸将，带领骑兵、步兵和水军，首先渡江北上，向淮东地区发动进攻，以剪除张士诚的肘翼。经过激战，将张士诚的势力压缩到江南的浙西地区。徐达与常遇春统率20万水军出太湖，直趋湖州，将湖州紧紧围困起来。徐达下令发动强攻，锣鼓齐鸣，万炮齐发，将士高声喊"杀"，像潮水般冲向各座城门。

经过一场激战，徐达带领士卒首先攻破葑门。常遇春接着也攻入阊门，进至薄平江城下。徐达指挥将士奋勇冲杀，张士诚收集残兵败将两三万人，在街巷里进行抵抗，最后向徐达投降。

消灭了张士诚的势力，朱元璋占有全国经济最发达的江浙地区，实力进一步壮大。这时候，元朝的

149

近世时期

叱咤英雄

总兵官 明朝建立后，从京师至地方，皆立卫所。遇有征伐，则任命将领担任总兵官，调卫所军，由其统率，战事结束后，交回所佩将印，军队各回卫所。故总兵官属于临时差遣，无品级、无定员，由公、侯、伯、都督来充任。

■ 徐达雕像

右丞相 丞相之一。右丞相就是在皇帝右手站立的丞相，也称主相；左丞相就是在皇帝左手站立的丞相，也称副相。基本上右丞相的官职大于左丞相。不过每个朝代各有不同。秦代、汉代和南宋时右相大，北宋时左相大，明初时左相大。

■ 徐达将军像

统治基础已在各支起义军的打击下趋于瓦解，统治集团内部派系林立，倾轧不已，各地武装势力互抢地盘，混战不休。

朱元璋决定抓紧有利时机，派兵北伐，夺取中原，推翻元朝的黑暗统治。统率大军北伐的艰巨任务，又落在了徐达的身上。

北伐大军出发之前，朱元璋与徐达等诸将研究拟订了作战计划。1367年10月，徐达与常遇春统率25万大军，从淮安出发，按照既定计划进入山东，攻克沂州，接着，徐达命令韩政分兵扼守黄河，以断山东援兵。又命张兴祖攻取济宁，而自率大军攻拔益都，迭克潍、胶诸州县。

12月，元将朵儿只献出济南城投降，徐达又分兵攻取登州和莱州。此后不久，山东诸地全部平定。

1368年正月，在北伐军迭克山东诸地的捷报声中，朱元璋登上皇帝位，建立明朝，以应天为京师，任命徐达为右丞相。明王朝的建立，激励着明军加速北伐战争的步伐。

1368年2月，徐达指挥明军沿黄河西进，攻入河南，迅速攻占永城、归德和许州，汴梁守将左君弼献城归降。

接着，徐达又引兵自虎牢关进至塔儿湾。元将脱因脱木儿带领5万军队迎战，在洛水北岸布阵。徐达指挥全军将士往前冲杀，元兵惨败西逃。明军进据洛阳北门。

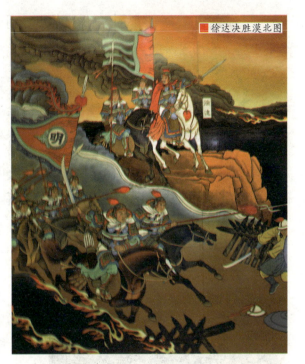
徐达决胜漠北图

洛阳守将李克彝逃往陕西，梁王阿鲁温开门迎降。明军乘胜西进，相继攻占陕州、潼关，元将李思齐、张良弼失势西奔。

至此，明朝军队已顺利地完成攻占山东、河南和潼关的任务，破除了大都的屏障，剪除大部的羽翼，并控制关中元军出援大都必经的门户，从而对元大都形成三面包围之势。

明军的下一步行动，便是攻取大都。徐达与诸将会师东昌，分兵攻取河北，连下卫辉、彰德、广平，攻占了临清。

在临清会合诸将后，徐达命傅友德开辟陆道以通步兵、骑兵，派顾时疏浚运河以通水军，北攻德州、长芦、直沽。据守直沽的元丞相也速从海口逃走，大都震动。

明军沿运河西进，在河西部，大败元军，再进兵通州，乘大雾用伏兵击败元朝守军，歼敌数千人。

元顺帝听到通州失陷，知道大都已无法守住，于是趁深夜带着后妃太子，从建德门出城，经居庸关逃往上都开平。

1368年8月，徐达率领明军到达齐化门外，填平壕沟，进入大都，

明代将军蜡像

北平府 1368年，废大都，设置北平府，管辖大兴。领7县4州，其中在今北京市境有：大兴县、宛平县、良乡县、昌平县、顺义县、密云县、怀柔县，通州及所领之漷县、蓟州所领之平谷县、涿州所领之房山县。1402年改为顺天府。

受到市民的热烈欢迎。

留守大都的元朝宗室淮王和左、右丞相等少数人拒不投降，被徐达处死，其他元朝大臣和将士纷纷归降，受到宽大处理。

徐达下令查封元朝的仓库、图籍、宝物和故宫殿门，派兵看守。所有将士，一律在营房住宿，不许外出骚扰百姓。大都的社会秩序很快安定下来，街市的营业也很快恢复起来了。

捷报传到南京，朱元璋下令把大都改为北平府，由孙兴祖、华云龙驻守，徐达与常遇春带领明军攻取山西、陕西。常遇春为前锋，徐达殿后，由河北越过太行山进入山西南部。山西诸地也很快被平定了。

1369年2月，徐达率领明军渡过黄河，进攻陕西，占领奉元路，改名为西安府。4月，徐达统兵攻克凤翔、临洮，继而在庆阳消灭了张良臣的势力，而且使明军控制了陕甘地区的形势，进一步缩小了元朝势力的活动范围。

陕西平定以后，朱元璋下诏令徐达班师回朝，大加封赏。元将扩廓帖木儿在甘肃听说明军南还，统兵进围兰州。朱元璋再次任命徐达为大将军，而以李文忠取代已经病故的常遇春为副将军，率师征讨。

1370年4月，徐达率领西路明军出定西，扩廓帖木儿自兰州撤围还救，两军相拒于沈儿峪，隔着一条深沟扎营布阵，于是发生了一场数十万人的激战。

徐达整顿队伍，挥师出击，将士个个奋勇争先，大败敌军，擒获元朝的宗室、官吏1865人，俘虏敌军将士8045人，并缴获了1.5万多匹战马和大批牲口。扩廓帖木儿的精兵悍将丧失殆尽，仅与几个妻子夺路而逃。

当时元顺帝已死，元朝的残余势力更加衰弱，已不能再对明朝发动大规模的进攻。定西大捷后，为了防御元朝残余势力的骚扰，朱元璋又派徐达镇守北平。

徐达殚精竭虑，镇守北平。他统率部将修缮城防，操练军马，设备屯田，严为守备，使元朝的残余势力不敢轻易南下骚扰，对稳定北方的形势起了重大的作用，被朱元璋誉为"万里长城"。

1385年2月，徐达在南京病逝。朱元璋追封他为中山王，赐葬于南京钟山之北，并把他的塑像摆放在功臣庙里，以表彰他为明朝所建立的卓越功勋。

阅读链接

有一天，朱元璋召见徐达下棋，而且要求徐达拿出真本领来对弈，徐达只得硬着头皮与皇帝下棋。

这盘棋从早晨一直下到中午都未分出胜负，正当朱元璋连吃徐达两子自鸣得意时，徐达却不再落子。

朱元璋得意地问道："将军为何迟疑不前？"

徐达则"扑通"一声跪倒在地，答道："请皇上细看全局。"

朱元璋仔细一看，才发现棋盘上的棋子已经被徐达摆成了"万岁"两字。朱元璋一高兴便把下棋的楼连同莫愁湖花园一起赐给了徐达，那座楼便是后来的"胜棋楼"。

民族英雄戚继光

戚继光（1528—1588），字元敬，号南塘，晚号孟诸。山东登州（治今蓬莱）人，祖籍安徽定远。他是明代的著名抗倭将领和著名军事家。谥号"武毅"。

他率军之日于浙、闽、粤沿海诸地抗击来犯倭寇，历10余年，大小80余战，终于扫平倭寇之患，被誉为民族英雄。世人称其带领的军队为"戚家军"，一直为人们所传颂。

■民族英雄戚继光雕像

戚继光自幼喜读兵书，勤奋习武，立志效国。21岁考中武举，次年进京会试，正逢蒙古俺答汗兵围北京城，戚继光临时守卫京城九门，并两次上书陈述守御方略。25岁，被提升为都指挥佥事，管理登州、文登、即墨三营25个卫所，防御山东沿海的倭寇。

1555年，戚继光被调任浙江都司佥书，次年升任参将，镇守宁波、绍兴、台州三府。此后，戚继光多次与倭寇作战，先后取得龙山、岑港、桃渚之战的胜利。实战过程中，戚继光深深感到明军缺乏训练，作战不力，多次向上司提出练兵建议，最后得到批准。

■ 戚继光画像

1556年9月，倭寇800多人打至龙山所。山所在定海县境内，北面濒临大海，是倭船往来必经之道。戚继光这时新任参将不久，听到消息立刻率军前往。

倭寇分成三路猛冲过来，明军纷纷溃退。戚继光见形势危急，连忙跳到一块高石上，一连3箭将3个倭酋射倒，倭寇这才退去。10月，倭寇又在龙山所登陆，戚继光与俞大猷等率军抗击，三战三捷，倭寇乘夜撤退。

抗倭之战，戚继光初露锋芒，同时认识到明军缺乏训练，临阵畏缩，有必要寻求解决办法。

倭寇 一般指13世纪至16世纪期间，以日本为基地，活跃于朝鲜半岛及中国大陆沿岸的海上入侵者。曾经被归于海盗之类，但实际上其抢掠对象并不是船只，而是陆上城市。在倭寇最强盛之时，他们的活动范围曾远至东亚各地，甚至是内陆地区。

群星闪烁的杰出人才

义乌 位于浙江省中部，由浙江省金华市管理，南通广东、福建，西接长江腹地，东靠中国最大城市上海，面对太平洋黄金通道。义乌地处金衢盆地东缘，以丘陵为主，东、南、北三面环山，地势自东北向西南缓降，构成一个南北长、东西短的长廊式盆地。自古成为兵家必争之地。

1559年9月，戚继光提出建议，决定到义乌招募农民和矿工，得到上司同意。

到义乌后，戚继光进行了严格的挑选，他制定了"先四要，后四不要"标准。

四不要是：不要城里人；不要在官府里任过职的；不要40岁以上的人和长得白的人；不要胆子特别小的人和胆子特别大的人。四要是：要标准的农民；要黑大粗壮皮肉结实的人；要目光有神的人；要见了官府还得有点怕的人。

戚继光在义乌招募了近4000人，编立队伍，分发武器，进行严格的训练。稍后，戚继光针对沿海地形

■ 戚继光操练水军画

多沼泽、倭寇小股分散的特点，创立攻防兼宜的"鸳鸯阵"。

 战场中的戚继光雕像

从此，这支军队转战各地，取得了辉煌的战绩，人称"戚家军"。

1561年四五月间，倭寇大举进犯浙江，船只达数百艘，人数达一两万，骚扰地区达几十处，声势震动远近。

戚继光确立"大创尽歼"的原则，在花街、上峰岭、藤岭、长沙等地大败倭寇，先后十三战十三捷，共擒斩倭寇1400多人，焚、溺死4000多人，使侵犯台州的倭寇遭到毁灭性的打击。

由于台州大捷，戚继光被提升为都指挥使，"戚家军"也闻名天下。

1562年，戚继光受命入闽剿倭。在此之前，倭寇由于在浙江受到沉重的打击，在福建的活动更加猖

台州 自古以"海上名山"而著称。台州临海是中国历史文化名城，被誉为"抗倭大本营"，有2100多年的历史，历史积淀丰厚，人文胜迹荟萃。主要景点有国家文物保护单位台州府城墙，始建于东晋，经全面修复，雄奇壮丽，被誉为"江南长城"。

■ 戚继光领兵征战
蜡像

獗，一支筑巢于宁德城外海中的横屿，另一支筑巢于福清的牛田，形势非常危急。

横屿是宁德县东北的一个小岛，离岸约有5千米，和大陆之间隔着浅滩。涨潮时，海水将岛屿与大陆分开；潮退后，又尽是泥淖。倭寇在岛上扎下大营，修筑防御工事，侵占已达三年之久。

戚继光为了渡过浅滩，命令士兵铺上干草，随着鼓声向前爬行。到达横屿岸边时，倭寇早已布成阵势，士兵们奋勇冲杀，放火焚烧倭巢，倭寇四处逃窜，明军乘胜追击，消灭倭寇400多人。残余倭寇向海上逃命，被淹死600多人。

战斗从开始到结束，不过3个时辰。随后，戚继光进军牛田、林墩，铲除了福建的三大倭巢。铲平福建三大倭寇后，戚继光回浙江补充兵员，倭寇又猖獗起来。

横屿 位于浙江省苍南县灵溪镇渔塘口村的东南方。一个依山傍水的地方。这里居住的人们大部分都是迁移到此，主要以陈姓、刘姓、王姓为主。此处的山是有名的葬墓区，漫山遍野的墓地，很多古墓早已被盗。

1562年冬，倭寇6000人攻陷兴化府城，烧杀抢劫，无恶不作。次年2月，倭寇退出府城，占据莆田东南的平海卫为巢。

1563年4月，戚继光率领1万多人到达福建。5月，福建巡抚谭纶命戚家军为中路，刘显为左翼，俞大猷为右翼，向平海卫发动总攻势。

倭寇仓皇应战，戚家军用火器猛烈射击，倭寇战马受惊，乱跑乱窜，左右两翼乘势并进，倭寇大败，逃回许家大巢。

明军进围敌巢，四面放火，倭寇2000多人或被烧死，或被杀死，逃窜者也多坠崖和蹈海而死。

平海卫之战不久，又有大批倭寇陆续登陆。

1563年11月，倭寇约2万人围攻仙游，城内居民昼夜死守，双方伤亡都很严重。谭纶和戚继光统兵来救，驻扎于仙游城外6千米处，这时戚继光的部下只

刘显 （1515—1581），本姓龚，字惟明，江西南昌人。明抗倭名将。出身行伍，官副千户，后任浙江都司参将、总兵、都督同知、左军府都督、太子太保等。于浦口冈下大败倭寇，迁副总兵。又尽歼刘家庄倭寇。

■ 戚家军杀敌塑像

■戚继光将台

蓟州 中国古代行政区划名。位于天津市之北，燕山脚下。春秋时期称为无终于国，隋代为渔阳郡，唐代称蓟州，辖境约为今天津市蓟州区，河北省三河、遵化、兴隆、玉田、大厂等市县和唐山市丰润、丰南等地。明洪武初省渔阳县入州。清不辖县。1913年改为蓟县。2016年改为蓟州区。

有6000人，敌我力量相差悬殊，不宜立即决战。

1564年1月，戚继光将换防军队进行周密部署，分道向仙游进军。当时倭寇结为四巢，分别盘踞于东、南、西、北四门，中路军直冲倭寇南巢，其他各路配合作战，倭寇丢盔弃甲，全线崩溃，仙游之围得以解除。戚继光这次以寡敌众，大获全胜，体现了卓越的军事才能。

东南沿海的倭患基本平息，但北边仍然存在鞑靼的威胁。为了加强北边的防务，朝廷决定调戚继光训练边兵。1567年12月，戚继光奉命北上，被指定负责蓟州防务。

戚继光将全部防区划分为十二路，上面设东、西协守，分管东西各路军队。他虽然全权负责蓟州一线的防务，但练兵主张却得不到朝廷的积极支持，于是将精力主要用到了防御工事上。

他将旧城墙加高加厚，并修筑了大量空心敌台。敌台修成后，戚继光又设立车营，制造各兵种协同作战的战术。

在此期间，因北方士兵纪律散漫，苟且偷安，戚继光请求调浙兵北上，得到朝廷同意，最后调来兵勇2万人，成为守边的主力。戚继光还根据北方的地理条件，实施了车、骑、步三军配合作战的方略。

在蓟州修筑敌台，建立车营，分别配备重车、轻车、步兵、骑兵、火炮等。通过戚继光的艰苦努力，北边防务有了很大的改观。

戚继光从东南抗倭到北镇蓟州，上司谭纶及执政大臣张居正等人，对他的工作都比较支持。尤其是张居正，常把那些与其作对的官员调开，甚至免除职务，所以戚继光能久镇北边，发挥所长。张居正病死后，反对派群起攻击，戚继光也受到牵连。

1583年，戚继光被调往广东，两年后被朝廷罢免官职，回到家乡登州。1588年1月5日，戚继光突然发病，与世长辞。

戚继光在抗倭作战中，创立攻守兼备的鸳鸯阵，灵活巧妙地打击倭寇。镇守蓟州，修城筑堡，分路设防，有力地抵御蒙古骑兵。所撰《纪效新书》《练兵实纪》为明代著名兵书，受到兵家重视。

阅读链接

戚继光当年率领义兵追杀捕剿倭寇，强调兵贵神速，但对埋锅造饭拖延时间的问题，总想不出解决办法。

有一次，前来慰问的百姓中有一个老农献上许多中间有个小孔的饼，他说这饼可以用绳子穿着带在身边，饿时撕下，就可充饥。戚继光连声道谢。消息传开，各地百姓都争先做光饼献给军队。

这种饼在沿海各地曾经盛销，当时人们都叫它"光饼"。因为这种饼略带咸味，有的地方又叫它"咸光饼"。可见，戚继光抗倭的故事如此深入人心。

近代第一人臣林则徐

林则徐（1785—1850），字元抚，又字少穆、石麟，晚号瓶泉居士等。生于清代福建侯官，即今福建省福州市。清代后期政治家和思想家，是中华民族抵御外辱过程中伟大的民族英雄，其主要功绩是虎门销烟。

林则徐是中国近代"睁眼看世界的第一人"，伟大的爱国主义者。因其主张严禁鸦片，抵抗西方侵略，维护中国主权和民族利益，深受中国人民的敬仰。史学界称他为"近代中国的第一人臣"。

■ 睁眼看世界的第一人林则徐像

■ 道光皇帝（1782—1850），即爱新觉罗·旻宁，清宣宗，通称道光帝，是清入关后的第六个皇帝。满族。清仁宗（即嘉庆帝）次子，生母为孝淑睿皇后喜塔拉氏。在位30年。谥号"成皇帝"，庙号"宣宗"。

林则徐自幼勤奋好学。他14岁中秀才，19岁中举人，21岁被聘到厦门任海防同知书记，22岁被聘为福建巡抚张师诚的幕僚。林则徐在27时岁考中进士后，从此步入仕途。

林则徐的仕途很顺畅，在鸦片战争之前，先是任翰林院编修，利用这里藏书丰富，人才荟萃的有利条件，刻苦学习，进一步充实自己。后历任两浙盐运使、江苏巡抚、湖广总督等职。在职内，他一心为民，在兴办河工、治理漕运、兴屯垦田等方面都做了大量工作，很受当地人民群众爱戴。

在1837年至1838年间，鸦片就像洪水一样涌进中国。鸦片是一种有强烈麻醉性的毒品，被当时的英国商人输入中国后，既毒害了中国人，又给清朝的财政造成了巨大损失。

林则徐深知鸦片的危害，他在任湖广总督期间，查获了近5000支烟枪，当众刀劈火烧，收缴了大量鸦片，仅汉阳县就缴获鸦片一两万千克。

为了帮助吸食者戒烟，林则徐提出了六条禁止鸦片的办法，如配制断瘾丸，强迫吸食者戒绝，大举搜

张师诚（1762—1830），字心友，号兰渚，浙江归安，即今浙江省湖州人。清朝官吏。任历山西蒲州知府、河南和江苏按察使、山西布政使、江西巡抚和福建巡抚等。他发现并提拔林则徐。1825年任安徽巡抚，后以病辞归。

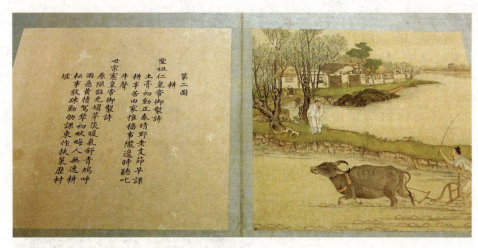

世宗憲皇帝御製詩
原隰殷光媚茅茨
而急黃䊵駕華和
耕事紆村惟暇人無逸耕
堪歌疎勤勤課束作扶策歷村

聖祖仁皇帝御製詩
土膏初動正春晴野老支筇
耕辛苦田家惟福事隴邊時聽叱
牛聲

第二圖

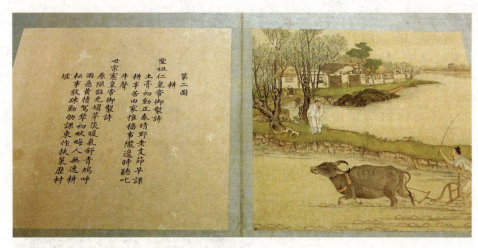

■ 清代耕种图

查烟枪、土膏等，使许多吸毒者戒除了烟瘾。

为了禁烟，林则徐还上书道光皇帝主张禁烟。他在奏书中尖锐指出鸦片的危害，无情地揭露了鸦片受贿集团和吸食者的关系。

道光皇帝看了奏章后，用笔在上面加了圈。他感到问题的严重：军队是坐天下的命根子，军饷是维持统治的基础。如果基础不牢靠，那是不堪设想的事。为了维持自己的统治，道光皇帝同意了林则徐禁烟的主张。

1838年，道光皇帝下令召见林则徐进京商议禁烟对策。同年11月15日，道光皇帝任命林则徐为钦差大臣，节制广东水师，前往广东查禁鸦片。

林则徐深知这次去广州是冒着很大的风险的，但他向自己的师友表示，自己的"祸福死生，早已置之度外"，要尽一切努力，除掉鸦片这一毒患。

林则徐来到广州后，看到街头上，一些骨瘦如柴、脸色黑灰的"大烟鬼"有气无力地缩身在墙角里，不住地打着哈欠，鼻涕眼泪一齐往外流。那些商

钦差大臣 简称钦差，是明清时皇帝差遣的一种临时官职。因为代表了皇帝本人，所以其地位十分了得。担任该官职往往都是皇帝信得过的高官，能得此职事本身也是一种荣誉。一般事毕复命后，该官职便取消。

贩守着店铺货摊，却无人来买。

身穿便服进行私访的林则徐看到这令人心酸的情形，心里非常激动。他觉得要想彻底禁烟，非得先从内部整顿不可，一定查出并严办那些走私鸦片的汉奸和贪官，让老百姓的精神振奋起来。

于是，林则徐用种种办法，终于查清了走私鸦片的情况，严惩了一些违法官兵和烟贩子。然后，他发出了通告。

其主要内容是：

一切外国商人必须在三天内缴出全部鸦片，并写出永远不再贩运鸦片的保证书。今后如再查出鸦片，按犯罪论处，货物没收，犯人处死。

林则徐宣布的三天期限已到，但目中无人的外国烟贩却拒绝交出鸦片。这时，林则徐下令传讯英国的大烟贩颠地，开始和外国侵略者展开了直接的斗争。

■鸦片烟具

颠地（1799—1853），英国鸦片走私大贩子。他和查顿、马地臣都是鸦片战争时期英国著名的鸦片走私贩子，他们都靠鸦片走私大发横财，都竭力煽动对华侵略战争。

义律（1801—1875），全名查理·义律。他于1834年跟随律劳卑勋爵抵达中国，担任贸易专员秘书。1836年12月，接替罗拔臣爵士出任英国驻华商务总监一职。因鸦片贸易问题，蔑视中国主权。

■ 虎门销烟浮雕

英驻华商务监督义律从澳门赶到广州，把颠地藏到商馆保护起来。林则徐闻讯后，立即命令中国军队包围了英国商馆，并下令暂停中英贸易，以示警告。

由于林则徐采取了坚决措施，200多名英国商人终于被迫交出了20283箱鸦片。当时，美国在广州的商人也被迫交出了1540箱鸦片烟。

面对这么多鸦片，林则徐决定在虎门海滩当众销毁。他叫士兵在海滩上挖了两个方形的大池子，都有15丈见方，叫销烟池。池的前边挖有涵洞，后边连水沟。销烟前，先把水从沟里引进池里，再制成卤水。

1839年6月3日，林则徐率领广东各级军政官员，来到虎门海滩边的高岗上，亲自指挥和监督销毁鸦片。这天，天气十分晴朗。成千上万的群众闻讯赶来，海滩周围人山人海。

销烟开始了。

一队队打着赤膊的工人和士兵们把鸦片箱子抬来，用斧头劈开，将鸦片切成碎块投入蓄有卤水的销烟池里。销烟池上搭着木板，站在木板上的工人和士

兵把早已准备好的石灰用铁锨撒入池内，还用力地搅拌着。

不一会儿，池里的卤水和鸦片翻滚起来，烟油上冒，烟渣下沉，一股浓烟冲天而起，直上云霄，霎时间弥漫了海滩的上空。

虎门海滩销烟连续进行了23天，到6月25日止，林则徐将收缴的230多万斤鸦片全部销毁。面对这一场面，海滩周围万众欢腾，无不称快。

虎门销烟是中国禁烟运动的一个伟大胜利，它打击了外国侵略者的气焰，鼓舞了中国人民的斗志，它向全世界表明了中国人民清除烟毒、反抗外国侵略和维护民族尊严的坚强决心。虎门销烟成为中国人民反帝斗争的伟大起点，

■ 林则徐收缴烟土稿

■ 林则徐销烟浮雕

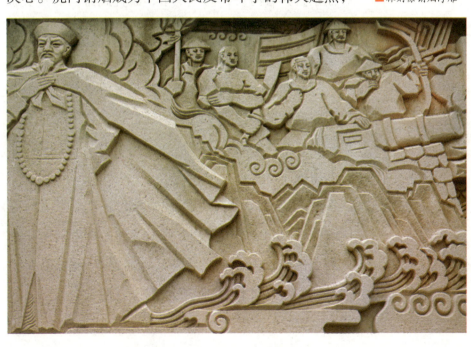

群星闪烁的杰出人才

■ 鸦片战争时期的
火炮

懿律（1784—
1863），全名乔
治·懿律。查
理·义律的堂
兄。1840年任英
国侵华全权代表
和侵华军总司
令，6月率领舰
队到中国，侵犯
厦门受挫后，攻
占定海，并北犯
大沽，胁迫清政
府议和。同年11
月退至澳门，因
病回国，旋即退
休。1863年死于
伦敦。

林则徐受到中国人民的敬仰。

虎门销烟之后，林则徐估计到禁烟可能会引发英军侵略中国，便积极备战，筹备海防，准备迎敌。

他一面请求朝廷加强海防，各海口派精兵严守；一面亲自察看海口，修筑工事，添置武器，整顿水陆官兵。他倡导由民间自行团练，以保住村庄，又招募水勇，协助水师抗敌，号召民众参战。

与此同时，林则徐冷静分析了中英双方情况，提出了坚守炮台，以守为战；信任群众，利用民力的战术。在林则徐的鼓舞下，广东人民个个摩拳擦掌，随时准备战斗。

1840年6月，英军果然开始发起进攻。当时的英国政府派出48艘军舰，由懿律和义律率领海陆军4000人到了广州的海面上，后来又增加到海陆军1万人。但是他们万万没有想到，还没登陆就遭到中国军民的痛击。

中国军队和渔民趁着退潮，乘着小船搜查到他们，用火箭、火罐和喷筒等武器主动进攻，烧毁了英军不少船只。

从此，英军不敢在海岸附近停留，成天在海面上游弋，得不到淡水，只能用布帆兜接雨水救急，后来连食物来源也发生了困难。

英军在广州附近站不住脚，便沿海岸往北进攻，想寻找一个突破口。

道光皇帝和清朝政府并没有做打仗的准备，当英军攻陷舟山群岛的定海，又北上到达天津的白河口的时候，他们就吓慌了。

本来就反对禁烟的那些大臣趁机向皇帝告林则徐的状，说是他禁烟失当，得罪了洋人，要让英军撤退，一定要惩办林则徐。

■ 林则徐祠堂

道光皇帝以"误国病民，办理不善"的罪名，于1840年10月将林则徐等人革职查办。

1841年3月初，林则徐前往浙江镇海听候谕旨。广州各界人士怀着极其惋惜的心情，纷纷赶来为林则徐送行。林则徐无限伤感地离开了广州。不久，道光皇帝下旨将林则徐遣戍新疆伊犁。

1841年8月，林则徐挥泪北上伊犁。

1842年12月，林则徐到达伊犁。除夕之夜，人们都在辞旧迎新，而林则徐却心潮起伏，思绪万千，他非常担心祖国的前途。

林则徐在新疆，不忘边防。他行程1.5万多千米，历经8城，倡导开发荒地，兴修水利，实行屯田。

林则徐在新疆推广的坎儿井，当地人称为"林公井"，对开发边疆、改善人民生活发挥了很大作用。

1850年11月，林则徐又被起用为钦差大臣，赴广西执行任务。不想在赴广西途中，他病逝于潮州普宁县，终年66岁。

阅读链接

林则徐出身于贫寒的封建知识分子家庭。父亲一生以教书为业，他把自己的希望都寄托到儿子身上。

有一次参加童子试，其父怕他走路累了影响考试成绩，便让他骑在自己肩上赶路。

来到考场，主考官见林则徐年少，有意考考他，即景出了一上联，让其对下联，作为进考场应试的条件。此上联曰："子骑父做马。"

林则徐不慌不忙，一边下地，一边应声答出下联："父望子成龙。"

主考官听了林则徐的下联，频频点头，赞不绝口，十分高兴地放林则徐进了考场。

思想宗师

先贤思想与智慧精华

古圣先贤

春秋战国是中国历史上的上古时期，各种思想流派纷呈，如道家、儒家、墨家等，被史学界称为"百家争鸣"。这些思想流派，精彩展示了中国历史上第一次思想大解放，全面体现了新兴地主阶级和没落奴隶主阶级之间的思想斗争，深刻反映了当时政治斗争的激烈与复杂。

在这个思想发展史上的重要阶段，形成了中国传统文化体系，奠定了整个封建时代文化基础，对中国古代文化影响深刻。

道家学派创始人老子

■ 世界文化名人老子画像

老子（约前570—前471），姓李名耳，字伯阳。生于楚国苦县历乡曲仁里，即今河南省鹿邑县太清宫镇。谥号"聃"。

老子是中国最伟大的哲学家和思想家，道家学派创始人，被唐朝帝王追认为李姓始祖。被道教尊为教祖，称为世界文化名人。

老子存世著作有《道德经》，又称《老子》，其作品的精华是朴素的辩证法，主张无为而治，其学说对中国乃至世界哲学发展具有深刻影响。

孔子问礼老子图

　　老子刚一出生，他的相貌就与常人不同，前额宽阔，耳垂丰厚。人们都认为耳垂大的人有福能长寿，他的父亲就干脆给他起名叫李耳。

　　少年时代的老子，勤奋好学，阅读了各种古典书籍，懂得了很多道理，而且遇事好动脑筋，好提出疑问，肯往深处想，所以他很快便成为当地一个小有名气的人，受到人们的尊敬。

　　老子20岁以后，就到京城管理图书文献。在这里老子有了充裕的时间和宽松的环境可以博览群书，他如饥似渴地拼命阅读，孜孜不倦地刻苦钻研，逐渐成为京城乃至各诸侯国都知名的大学问家，很多人都来请教他。

　　一天，孔子不辞辛苦地来拜访他，说要向他学习礼节。

　　老子告诉孔子不要刻意去模仿古人，约束自己的言行，更不要夸夸其谈、喜形于色，胸怀大志才能做大事。

　　孔子对老子的话十分推崇，也更加敬重老子了。此后，孔子不止一次地到老子这里求教。

老子骑牛出行图

　　老子的名气非常大，很多国君都想请老子做官，但老子不为所动，仍然过着清苦无为的日子。在一次内乱战争中，图书文献被洗劫一空，老子看着被抢空的库房，心里十分难过，决定离开此地。

　　这一天，老子骑着青牛来到了函谷关，拜访函谷关的关令尹喜。传说，老子过函谷关之前，尹喜见有紫气从东而来，知道将有圣人过关。

　　果然老子骑着青牛而来。尹喜盛情款待老子，并请老子留下来，专心写书。老子被尹喜的真情感动了，就留下来了。

　　经过一段时间的构思、推敲，老子写出了5000言的哲学论著，这就是流传至今

　■ 尹喜　字文公，号文始先生。甘肃天水人，周代楚康王时任大夫。自幼究览古籍，能知前古而见未来。周昭王二十三年，眼见天下将乱，他便辞去大夫之职，请任函谷关令，以藏身下僚，寄迹微职，静心修道，或称"关尹"。

的《老子》，也称为《道德经》。不过现在一般认为，《老子》并非老子亲手所写，而是老子之后的学人编定于战国中期，但书中的思想基本上是属于老子的。

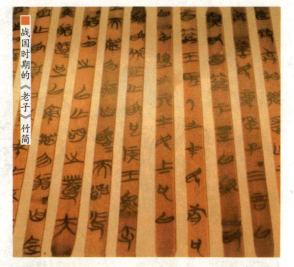
战国时期的《老子》竹简

《老子》一书在东汉后被奉为道教经典，称为《道德真经》，老子也因此而被奉为道教教主。在魏晋时期，被称为"三玄"之一。"三玄"是指《老子》《庄子》和《周易》这三部著作。据说老子写完这部书后，骑着青牛飘然离去，在游走中传道去了。

在《道德经》一书中，老子创立了堪称中国思想史上最早的"道"的理论。老子把"道"作为自己哲学思想的最高范畴，认为"道"这个物质实体是世界万物产生的总根源，是宇宙的母亲。

老子写《道德经》

■ 老子论道壁画

老子认为，"道"是早在天地未辟之先就存在着的一种浑然一体的物质实体，它虽然是目不见、耳不闻，无声无形的，但却是不能靠外力由自身而永远存在着，无所不至地永远运行着，成为产生天地万物的根源。

它原先没有什么名字，就起名为"道"，因为它无所不包，弥漫一切，又可以勉强把它叫作"大"。

"道"作为万物之母，是如何产生天地万物的呢？老子说，"道"最初产生出元气，因为元气是浑然一体的存在，所以叫作"一"。再由元气分化为两种互相敌对的阴阳二气，阴阳二气的对立而又统一产生出第三者冲气，冲气最后又产生出芸芸万物。

老子的"道"论，其积极意义表现在以下两方面：

一方面，老子否定了天帝的存在。自上古以来，

天帝 神话传说中天上的主神。在中国古代，关于天帝有很多种解释。比如：天帝就是帝俊，即商朝的守护神；东南西北中五方天帝；黄帝是中央天帝等。无论哪一种说法，天帝都是作为自然神存在。

人们一直认为宇宙间有一个最高的主宰，就是上帝，又叫作天帝。对这种观念，老子用"道"来进行破除。

天没有意志，也没有赏善罚恶和支配人类的能力。天不过是万物中的一物，是一种自然状态。如果说有天帝的存在，那在天帝之先就已有了一种更为根本的存在，它是构成自然界万物的最初的原始材料，老子就把他叫作"道"。

另一方面，老子突破了用具体实物来说明世界总根源的局限。在老子以前，也有些思想家从自然界中选取某些具体的实物来说明世界的构成。

如水、火、木、金、土，以及天、地、水、火、风、雷、山、泽等。而老子从纷繁复杂的物质世界中找出了"道"这个总根源，既说明了世界的多样性，即"道"生万物；又说明了世界的统一性，即万物最终复归于"道"。

这是老子高出于前人的地方。

当然，老子为了突出"道"作为天地万物总根源的特殊作用，又在第十四章把它描绘成"视之不见""听之不闻""搏之不得"的，是无形无

老子授经图

■ 老子的传世名著
《道德经》

群星闪烁的杰出人才

象的，玄远幽微，深不可测，有时干脆就把它叫作"无"。

这个"无"虽是无形、无象、无限、无名，而不是虚无，但容易给人造成"无"中生有，"有"又生出天下万物的错觉。这种理论上的疏忽，恐怕也是老子所始料不及的。

老子最突出的贡献是在辩证法思想方面。老子系统地观察了自然界和人类社会中的各种现象，从中发现任何事物内部都存在着正反两个方面的对立。

在自然界，大与小、多与少、上与下、远与近、轻与重、白与黑、寒与热、生与死、静与躁；在人类社会中，美与丑、善与恶、强与弱、祸与福、荣与辱、吉与凶、是与非、贵与贱、贫与富、治与乱、巧与拙、真与伪、公与私。这些都是相反相成、相互依存的现象，这些现象说明了事物矛盾的普遍性和客观性。

与此同时，老子认为事物矛盾着的两个方面是互相联系的，共处在一个对立的统一体中。比如，把有与无、难与易、长与短、音与声、前与后看作既互相对立，又互相依存的。

统一性 也就是同一性。矛盾的同一性是指矛盾着的对立面相互之间不可分割的联系，是对立面之间相互联结、相互吸引、相互渗透的倾向。同一性是指两种事物或多种事物能够共同存在，具有同样的性质。

在矛盾着的两个方面中，一方是不能离开另一方而独立存在的。老子把这一理论叫作"恒"，即是永恒的道理。事物正是在矛盾中不断向前发展的，而事物的矛盾又都是相反相成的，是以对立面作为自己存在的前提，同处在一个统一体中。这就是说，相反的东西是有统一性的。

老子还深刻地论述了"物极必反"的道理。任何事物矛盾的双方无不向它相反的方面转化，到了一定的时候就完全成为相反的东西。而向相反的方向转化，就是道的运动。正所谓"祸兮福之所倚，福兮祸之所伏"。

针对事物"物极必反"的规律，老子强调，为了防止事物这种急剧的转化，就必须去掉那些过分的、极端的措施。只有这样，才不致使事物走向另一个极端。为此，老子提倡"不争"，要用柔弱来胜刚强。老子还强调要达到某种积极的结果，先要从它的对立方面去做起。比如，要做一件困难的事情，就要先从容易的做起；要做一件大

老子论道壁画

事，就要先从细小的事情做起。因此，始终不贪图做大事，所以才能完成大事。

老子认为，对立统一规律对实践活动具有指导意义。比如，军事上的"欲擒故纵"，治理国家上的"无为而治""治大国若烹小鲜"，一个人认识事物上的"为学日益"等。

老子以"智者"的姿态建立了一套完整而庞大的哲学思想体系，达到了很高的理论思维水准。事实上，道家的哲学是我们永远也无法绕开的，直至今天，道家的哲学仍然是有吸引力、有生命力的哲学。

如果啜饮了道家哲学这支"生花妙笔清凉剂"，无疑会从领悟中得到自由，为生活增添无穷的乐趣。

群星闪烁的杰出人才

阅读链接

老子善于从大自然和实际生活中学习，并善于总结、提炼出有益的启示。

有一年春天，村里来了一个卖牡丹根苗的人，那人很会夸自己卖的牡丹，于是老子就买了一棵，可结果什么花也没开。少年老子仔细一瞧，买回来的根本不是牡丹，而是和牡丹表面有点相像的一种野生植物，老子知道这次上了当。

第二年春天，村里又来了一个卖牡丹根苗的。今年这个人很诚实，卖的是真牡丹。老子把这个意思用"信言不美，美言不信"8个字来形容。

儒家学派创始人孔子

孔子（前551—前479），姓孔名丘，字仲尼。生于东周时期鲁国陬邑，即今山东省曲阜市南辛镇。春秋末期的思想家和教育家，儒家思想的创始人。

孔子集华夏上古文化之大成，是当时社会上最博学的学者之一，被后世统治者尊为孔圣人、至圣先师、万世师表。

孔子和儒家思想对中国和世界尤其是对中国和朝鲜半岛、日本、越南等地区有深远的影响。全国各地都有孔庙祭祀孔子。

■ 儒家学派的创始人孔子画像

鲁国 周朝的同姓诸侯国之一。武王伐纣后，封其弟周公旦于曲阜，是为鲁公，即鲁侯。鲁国一向被认为是与周王室最亲且最有地位的诸侯国，是所有诸侯国中保留周礼最完整的"礼仪之邦"，鲁国的国史也是最完备的。正因于此，这片土地终能产生孔子这样的旷世奇才。

■ 孔子画像

孔子从小地位贫贱，所以干过很多杂活。他生在文化氛围浓厚、历史悠久的鲁国。由于鲁国曾是周公封地，保留着周朝的文化传统，所以他从小就受到传统文化的熏陶。

孔子聪敏好学，幼年就把小碗小盘之类作为祭器，做练习礼节的游戏；稍大后，对于周礼、音乐、射箭、赶车、识字、计算这"六艺"也都无所不学。通过勤奋学习，孔子掌握了大量的知识，并培养了自己的积极进取精神。

孔子由于后来在政治上的愿望无法实现，就通过授徒讲学来培养人才，来实现政治理想，结果却开辟出了一条私人讲学的道路。在20多岁时，孔子招收鲁国人曾点、颜无由、秦商、冉耕等弟子授业讲学，从此便开始了办私学的教书生涯。

孔子51岁时有机会从政，先后担任鲁国中都宰、司空，后来升任司寇。55岁时，国君让他代理宰相。孔子听到这个喜讯后非常高兴。

上任以后，孔子大刀阔斧地进行改革，推行礼制教化，他把扰乱国家统治秩序的贵族给处决了，在百姓之中树立了自己的威信。为了加强王权，他开始削弱三桓的势力，使鲁国渐渐地强盛起来。

孔子在鲁国卓有成效的改革，使鲁国强盛起来。相邻的齐国君臣看到这种形势，担心会威胁齐国的安全。于是，他们决定从国内挑选美女和骏马送给鲁国国君，目的是使他们迷恋声色，怠于政事，进而疏远孔子。

鲁定公和贵族大臣果然十分高兴地接受了这些礼物，天天歌舞升平，吃喝玩乐，国事朝政都抛到了九霄云外。孔子想劝谏国君，但国君躲在宫里不肯见他。他心知振兴鲁国是没什么希望了，便带着弟子失望地离开了鲁国，开始了周游列国的征途。

孔子先后到了卫国、曹国、宋国、郑国、陈国、蔡国等诸侯国，希望得到国君的任用，以便推行他的政治主张，可惜这些国君没有认识到孔子的价值。尽管道路坎坷，吃尽了苦头，但孔子仍然现出为实现理想而忘我的奋斗精神。

孔子经过了14年颠沛流离的周游列国的生活，深知自己在政治上已经很难有所作为了，于公元前484年68岁的时候，回到了久别的祖国鲁国。此后，他致

■ 孔子游列国地图

三桓 即指鲁国卿大夫孟氏、叔孙氏和季氏。鲁国的三桓起于鲁庄公时代。鲁庄公父亲鲁桓公有四子，嫡长子鲁庄公继承鲁国国君；庶长子庆父、庶次子叔牙、嫡次子季友皆按封建制度被鲁庄公封为卿，后代皆形成了大家族。由于三家皆出自鲁桓公之后，所以被人们称为"三桓"。

力于教育和整理文化典籍。

纵观孔子一生，孔子先是对于教育的内容进行了根本性变革。他把传统的"六艺"教育转化为"六经"教育，把道德教育提到教育的首要位置，德智一体而德为主导。

孔子读书画像

他以"学而优则仕"为教育目的，要把学生培养成有道德、有理想、有治国才干的贤人君。他对学生一视同仁，倡言"有教无类"，以人性的平等为教育的平等奠下了哲学的基础。

他积累并总结了丰富的教学经验，提出了一系列有关教育的原则和方法论，以及关于教师的理论等。

他所做的这一切，最后形成了儒家独具特色的教育思想体系，深刻影响并规定了中国古代教育的发展路向。即使是现代社会已经步入知识经济时代，孔子的教育思想仍有其不可磨灭的价值和意义。

孔子还总结以前从政的实践经验，形成了他的政治社会观，这就是"仁学"思想。仁学的核心是"爱人"。孔子把"仁"这一概念上升到哲学范畴。孔子的"仁"既是处理人与人之间关系的最高道德标准，又是决定社会生活的普遍原则。

学而优则仕 意思是学习学好了，就可以把这些知识应用到日常做事中。这句话强调把所学的、所修的东西应用到从政的实践之中，但是学无止境，从政可以更好地修身，也可以更好地推行仁道。一般理解为学习好了则做官。

"爱人"包括的面相当广泛。它要求统治阶级内部互相尊重，要贯彻一以贯之的忠恕之道。"忠"要求的是积极为人，"恕"要求的是推己及人。在统治阶级内部，人人都贯彻了忠恕之道，就能做到君主以礼来使用臣子，臣子用忠心来服侍君主，这样就可以消除统治阶级内部的矛盾。

　　仁者爱人还要求统治阶级能做到"举贤才"。孔子主张要不计较小错误，把优秀人才提拔起来，让优秀人才在邪恶人之上，这样就能使邪恶的人变得正直。孔子强调统治阶级只要选贤于众，就能使"不仁"的人难以立足，就可达到统治天下的目的。

　　仁者爱人的思想，强调人与人之间要有同情心，要相互关心、相互尊重。孔子肯定普通百姓也有自己的独立意志，所以应该重视一般人民。由此，孔子更进一步提出，要想真正得到人民的拥护，必须给人民一些实际好处，不能光把老百姓当作役使的对象，而是要爱护人力，合理地使用劳动力。

有教无类　意思是指，不因为贫富、贵贱、智愚、善恶等原因把一些人排除在教育对象之外，对谁都可以进行教育。孔子的这一观点，是针对西周时平民是很难进入官办学校学习提出的。

■ 孔子出游图

■ 孔子与弟子画像

孔子的仁者爱人既有对统治阶级的要求，也有对劳动人民的要求，这种要求是很高的。

孔子认为，要做到"爱人"是不容易的，必须充分发挥每个人的内心自觉才能办到，所以他强调要靠个人的主观努力。但每个人并不一定都能自觉地认识到这一点，有的人甚至还会受到私心、无限制膨胀的欲望的干扰，从而不能实现仁。

为此，孔子又提出一套实现仁的方法，主要的就是"克己复礼"，即要用道德规范来从内心约束自己的行为，要做到"非礼勿视，非礼勿听，非礼勿言，非礼勿动"。道德规范是外在的，所以要实现仁，主要还是靠内心自觉。这种思想虽有阶级性，但在中华民族历史发展中却起了积极作用。

严格说来，孔子不是一位哲学家，但他作为思想家，也有自己的方法论，这就是"中庸之道"。孔子承认，事物的变化转移是由于矛盾的存在，他看到事物都有"两端"。要处理好"两端"，孔子提出他的中庸思想。

所谓"中庸"，就是办事情要有一个适当的标准，要不偏不倚，无过无不及，这叫作"中"；这个标准是经常性的，这叫作"庸"，庸就是常。超过这个标准，就是"过"；没达到这个标准，就是"不及"。处理许多事情，都要合乎这个标准。

孔子的晚年，主要精力是放在教育和整理文化典籍方面。他一方面把《诗》《书》《礼》《乐》《易》《春秋》这些典籍作为教授弟子的教本；另一方面又用不少时间对这些典籍加以整理。他整理编排《诗》

鲁隐公（前722—前712），名息姑，鲁国第十三代国君。孔子所作之《春秋》起于鲁隐公元年，也就是公元前722年。由于春秋以鲁国国史为基础而编，故当时的国际大事都是以鲁国纪年来记录的。鲁隐公也因其为纪年年号常常被提及而出名。

189

■ 孔子与弟子蜡像

《书》，编订《礼》《乐》，解释《周易》，对历史文化的整理做出了贡献。

孔子在71岁这一年，根据鲁国的历史，按照时间先后顺序，编写了一部《春秋》，提纲挈领地记录了从鲁隐公元年至鲁哀公十四年共424年的天下大事。

在编写过程中，孔子把自己的主张渗透到字里行间，形成了一种写作风格，被后人称为"春秋笔法"。《春秋》，被称为"六经"。它不仅是中国儒家最基本的经典作品，而且也是世界上富有学术价值的古代文化瑰宝，它的整理和保存对研究中国古代的思想、政治、社会有着不可估量的作用。

正是由于孔子在文化上为中华民族立下如此不朽的丰功伟绩，就使他的名字和中华民族紧紧地联系到了一起。孔子的贡献，中华民族是永远也不会忘记的。"高山仰止，景行行止。"孔子是我们中华民族的光荣。

阅读链接

孔子曾经说："三军可夺帅也，匹夫不可夺志也。"匹夫即是普通百姓，他们也各有自己的意志，不能强迫他们放弃自己的意志。有一件事很能说明孔子对普通人的命运的关心。

一次，孔子的马棚不慎失了火，孔子刚好从朝廷回来，立即问伤人了没有，而不问伤马了没有。这里的"人"是马夫，地位很低，孔子关心他胜过关心自己的马，这体现了孔子对人的地位的重视。这在当时是很有进步意义的。

公羊高用问答体解说史事

公羊高，战国时齐国人。相传是子夏的弟子，也是中国古代的儒家典籍《春秋》三传之一《公羊传》的编撰者。他著的《公羊传》用问答体解说《春秋》所记史事，着重从政治而非历史学的角度，阐述这些记载的是非观，并把它看成孔子政治理想的充分体现，作为指导后世帝王行事的准则，对后代具有深刻的影响。

东汉何休依据胡母生所作《春秋公羊解诂》，集两汉公羊学之大成，进行了十分深入的阐述。北宋著录有徐彦所作《公羊传疏》。清人陈立著《春秋公羊义疏》，广搜诸家解说，保留了大批珍贵文献。

■ 公羊高画像

公羊高，是《春秋公羊传》作者。这是专门解释中国古代的儒家典籍《春秋》的一部典籍，其起讫年代与《春秋》一致，即公元前722年至前481年，其释史十分简略，而着重阐释《春秋》所谓的"微言大义"，用问答的方式解经。

该书系由孔子弟子子夏传给公羊高，公羊高子孙继续口耳相传，到汉景帝时始由公羊寿与胡母生(子都)写定。所以《公羊传》的作者，史学家班固《汉书·艺文志》笼统地称之为"公羊子"，唐初儒家学者颜师古说是公羊高，《四库全书总目》则署作汉公羊寿，说法不一。但比较起来把定稿人题为作者更合理一些。

《公羊传》约4.4万字，其中情节较为完整、算得上历史故事的有30多个。所记事实，有的与《左传》大同小异，有的详略不等，也有的为《左传》所无。它们给读者一个突出印象是语言更加通俗、叙写更为具体。

这是由于《公羊传》形成于战国后期，著之竹帛乃在汉初，一个相当长的时间内，师生授受以口耳相传为主。这样就使之带有口头讲述的特征，甚至夹杂一些民间传说的味道，而不同于《左传》语言之简劲峻洁，书面化，典雅化。

■汉景帝（前188—前141），名刘启，汉文帝刘恒长子。西汉第六位皇帝，在位16年，谥"孝景皇帝"，无庙号。刘启在位期间，削诸侯封地，平定七国之乱，巩固中央集权，勤俭治国，发展生产，他统治时期与其父汉文帝统治时期合称为"文景之治"。

群星闪烁的杰出人才

同时，《公羊传》引述历史故事，每一则都是先解经而后述事，和《左传》以记事为主并且往往不加判断的情况有所区别。

《公羊传》主要是宣扬儒家思想中拨乱反正大义灭亲，对乱臣贼子要无情镇压的一面，为强化中央专制集权和大一统服务。《公羊传》尤为今文经学派所推崇，是今文经学的重要典籍，历代今文经学家都常用它作为议论政治的工具。

《公羊传》书稿

它也是研究战国、秦、汉间儒家思想的重要资料。

作为儒家经典，《公羊传》备受历代统治者的推崇，长期成为封建统治阶级的教科书和科举取士的考试内容。在唐代被定为小经，在宋代被定为中经，并被列入"十三经"中。

阅读链接

关于《公羊传》的作者到底是谁，有三种说法。

司马迁在《儒林列传》中说："言《春秋》于齐、鲁自胡母生，于赵自董仲舒，公孙弘治《春秋》不如董仲舒，故汉兴至于五世之间，唯董仲舒名为明于《春秋》，其传公羊氏也。胡母生，齐人也，孝景时为博士，以老归教授，齐之言《春秋》者，多受胡母生，公孙弘亦颇受焉。"

在这三家中，尽管董仲舒是佼佼者，即他对公羊学的阐发比胡母生与公孙弘深刻，但始终只是公羊学中的一派，并非是公羊学的唯一宗师。特别是，东汉公羊学的最大代表何休，在其名著《公羊解诂》中，明确胡母生是公羊学宗师，而一个字都未提及董仲舒。

左丘明写历史绘声绘色

左丘明（约前502—前422），姓丘，名明，因其父任左史官，故称左丘明。曾任鲁太史。春秋末期鲁国人。春秋时史学家。

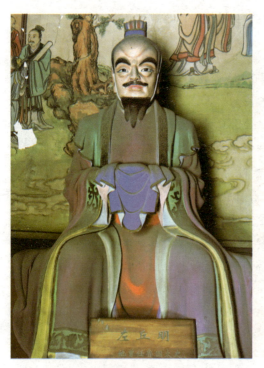

左丘明知识渊博，品德高尚，他双目失明，故后人亦称"盲左"。汉代太史司马迁称其为"鲁君子"。

左丘明是中国传统史学文化的创始人，他著有《左氏春秋》和《国语》两部史学巨著。这两本书记录了很多西周、春秋时期的重要历史故事，保存了具有很高价值的原始资料。

■ 中国传统史学创始人左丘明塑像

左丘明的记载最早见于《论语·公冶长》。对左丘明姓名有很多观点。一说复姓左丘，名明，一说单姓左，名丘明。还有观点认为他姓丘名明，因其世代为左史，所以人们尊其为左丘明。

左丘明与孔子同时代或在其前，又说他失明或无目，因此许多人认为他是一位瞽蒙。他知识渊博，品德高尚，深得世人尊敬和爱戴，孔子视其为君子，尊称其左丘明，谓之与其共好恶。据说山东省肥城是左丘明食邑。左丘明死后葬于肥城。

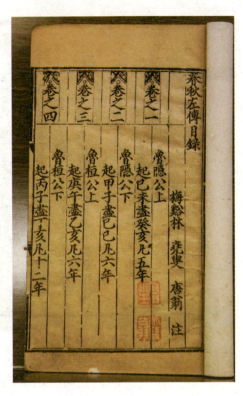

■《春秋左传》

《魏书·地形志》记载：富城有左丘明墓。清雍正三年（1725），为避孔子名讳，奉旨"丘"旁加"阝"改为邱氏，故左丘明之后改丘氏为邱氏，今肥城市石横东衡渔村邱氏皆为左丘明的后人。

左丘明任鲁国左史官，他在任时尽职尽责，德才兼备，为时人所崇拜。他也编修国史，日夜操劳，历时30余年，一部纵贯200余年、18万余字的《春秋左氏传》定稿。其价值不可估量，为历代史学家和文人所推崇。

《左传》原名为《左氏春秋》，汉代改称《春秋左氏传》，简称《左传》，是左丘明为解释孔子的《春秋》而作。

瞽蒙　乐官。古代乐官多为盲人，故称。《周礼·春官·乐师》中说："瞽蒙掌播鼗、柷、敔、埙、箫、管、弦、歌。"瞽蒙也指盲人。宋代王安石在《上执政书》中说："盖闻古者至治之世，自瞽蒙、昏聩、朱儒、蓬蒢、戚施之人，上所以使之，皆各尽其才。"

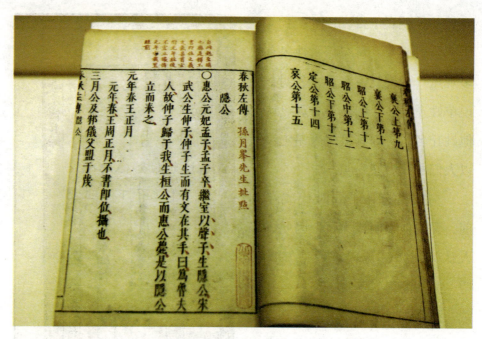

■ 《左传》书稿

以记事为主，兼载言论，叙述详明，文字生动简洁，全面反映了当时的社会历史面貌，既是重要的儒家经典，又是中国第一部完整的编年体史书，在文学上也有很高的成就。

《左传》是记录春秋时期社会状况的重要典籍。取材于王室档案、鲁史策书、诸侯国史等。记事基本以《春秋》所记鲁国十二公为次序，内容包括诸侯国之间的聘问、会盟、征伐、婚丧、篡弑等。

主要记录了周王室的衰微，诸侯争霸的历史，对各类礼仪规范、典章制度、社会风俗、民族关系、道德观念、天文地理、历法时令、古代文献、神话传说、歌谣言语均有记述和评论。

《左传》对后世的影响首先体现在历史学方面。《左传》是中国现存第一部叙事详细的编年体史书，是儒家"十三经"之一，并与《春秋公羊传》《春秋梁传》合称"春秋三传"。

　　它不仅发展了《春秋》的编年体，并引录保存了当时流行的一部分应用文，给后世应用写作的发展提供了借鉴。仅据宋人陈骙在《文则》中列举，就有命、誓、盟、祷、谏、让、书、对八种之多，实际还远不止此，后人认为檄文也源于《左传》。

　　《左传》在史学中的地位，被评论为继《尚书》《春秋》之后，开《史记》和《汉书》之先河的重要典籍。

　　《左传》虽是历史著作，但与《尚书》《春秋》有所不同，它"情韵并美，文采照耀"，是先秦时期最具文学色彩的历史散文。

　　它长于记述战争，又善于刻画人物，重视记录辞令。其声律兼有诗歌之美，言辞婉转，情理深入，描写入微，是中国最为优秀的史书之一。

十三经 是指在南宋形成的13部儒家经典。分别是《易经》《尚书》《诗经》《周礼》《仪礼》《礼记》《春秋左传》《春秋公羊传》《春秋穀梁传》《论语》《孝经》《尔雅》和《孟子》。

197

上古时期

古圣先贤

■ 古籍《尚书》

《尚书》

《左传》的情节结构主要是按时间顺序交代事情发生、发展和结果。但倒叙和预叙手法的运用，也是其叙事的重要特色。倒叙就是在叙事过程中回顾事件的起因，或者交代与事件有关的背景等。

如"宣公三年"先记载了郑穆公兰之死，然后回顾了他的出生和命名：其母梦见天使与之兰，怀孕而生穆公，故名之兰。《左传》中还有插叙和补叙，性质作用与倒叙类似。

这些叙述，常用一个"初"字领起。预叙即先叙出将要发生的事，或预见事件的结果。《左传》以第三人称作为叙事角度，作者以旁观者的立场叙述事件，发表评论，视角广阔灵活，几乎不受任何限制。

在个别段落中，作者也从事件中人物角度，来叙述正在发生事件及场景。

如"成公十六年"写鄢陵之战"楚子等巢车以望晋师"中阵地情况，完全是通过楚子和伯州犁对话展示出来的。

《左传》代表了先秦史学和文学的最高成就，是研究先秦历史和春秋时期历史的重要文献，对后世的史学产生了很大影响，特别是对确立编年体史书的地位起了很大作用。

由于它具有强烈的儒家思想倾向，强调等级秩序与宗法伦理，重视长幼尊卑之别，同时也表现出"民本"思想，因此也是研究先秦儒家思想的重要历史资料。

■ 左丘明塑像

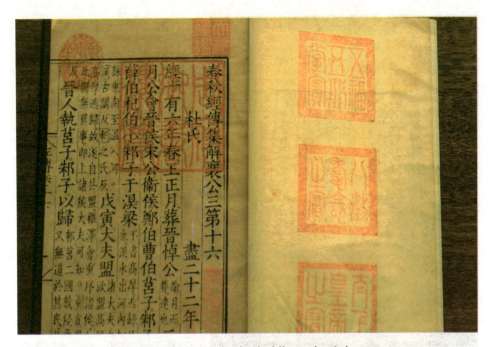

■ 春秋经传集解

《左传》受到学界重视是在魏晋时期，先后有东汉经学家服虔、西晋时期著名学者杜预为其作注解，以后成为研究《春秋》的重要典籍。

左丘明晚年时眼睛出了毛病，不得不辞官回乡，不久就双目失明了。强烈的历史使命感使他振作起来，将几十年来的所见所闻、各诸侯的要闻和君臣容易得失的话记述下来，汇集成著名的历史名著《国语》。《国语》与《左传》一起成为珠联璧合的历史

■ 齐桓公 （？—前643）姓姜，名小白。春秋时齐国国君。在位时期任用管仲改革，选贤任能，加强武备，发展生产，国力强盛。又多次会盟诸侯，成为中原霸主。桓公晚年昏庸，信用易牙、竖刁等小人，最终在内乱中饿死。

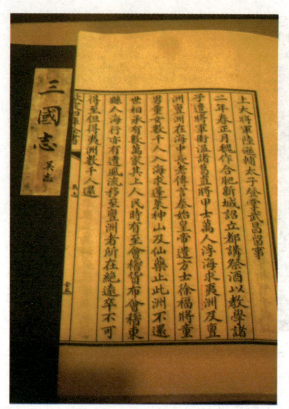

《三国志》书影

文化巨著。

《国语》是中国最早的一部国别史著作。全书21卷中，《晋语》9卷，《楚语》2卷，《齐语》只有1卷。《周语》从周穆王开始，属于西周早期。《郑语》只记载了齐桓公商讨东迁的史实，也还在春秋以前。

所以《国语》的内容不限于《春秋》，但确实记载了很多西周、春秋的重要事件。从传授渊源来看，可以认为是左丘明所作。出自《国语》的记录，是一种价值极高的原始史料，因此司马迁著《史记》时就从中吸取了很多史料。

《国语》在内容上有很强的伦理倾向，弘扬德的精神，尊崇礼的规范，认为"礼"是治国之本，而且非常突出忠君思想。

《国语》的政治观比较进步，反对专制和腐败，重视民意，重视人才，具有浓重的民本思想。《国语》记录了春秋时期的经济、财政、军事、兵法、外交、教育、法律、婚姻等各种内容，对研究先秦时期的历史非常重要。

从文学发展的角度来看，《国语》语言质朴，

崔鸿（478—525），字彦鸾，北魏时期著名史学家。历官尚书兵部郎中、司徒长史、给事黄门侍郎、散骑常侍、齐州大中正、度支尚书、青州刺史等。卒赠镇东将军。他的主要成就是著作了《十六国春秋》。

■ 陈寿 （233—297），字承祚。西晋史学家。历任著作郎、长平太守、治书侍御史等职。280年，晋灭东吴，结束了分裂局面。陈寿当时48岁，开始撰写《三国志》。

虽不及《左传》，但比《尚书》《春秋》等历史散文还有所发展和提高。在记言和虚构故事情节中，其缜密、生动、精练、真切的笔法，对后世进行文学创作有很好的借鉴意义。

此外，《国语》按照一定顺序分国排列，在内容上偏重于记述历史人物的言论，从而开创了以国分类的国别史体例，对后世产生了很大影响。

西晋史学家陈寿著的《三国志》、北魏著名史学家崔鸿的《十六国春秋》、清代史学家吴任臣的《十国春秋》，都是《国语》体例的发展。

阅读链接

左丘明深得后世尊敬。左丘明去世不久，人们即将他著述过的地方称作"左传精舍"，并代有修葺。汉初，肥城置县伊始，就在县城兴建"左传精舍"并立重修碑。

唐太宗李世民颁《左丘明等二十一人配享孔子庙诏》，封左丘明为"经师"，从祀文庙。

元代著名学者张起岩称左丘明为"盲于目而不盲目于心者"。明世宗朱厚熜追封左丘明为"先儒"，敕建墓门坊，并亲书"先儒之墓"。清礼部确认丘明之谪孙为世袭奉祀生，并赐祭田18亩。

墨家学派创始人墨子

墨子（前468—前376），名翟。生于春秋末战国初期宋国，即今河南省商丘；一说鲁国，即今山东省滕州。

战国时期著名的思想家和科学家，墨家学派的创始人。

他提出的"非攻""兼爱""尚同""天志"等观点，以兼爱为核心，以节用、尚贤为支点，受到了普通民众的欢迎，因而被称为"平民圣人"。而墨家思想也是中国古文化完整版的辩证唯物主义和辩证唯物论。

■ 墨家学派的创始人墨子画像

墨子出生在一个贫苦的居民家里，父亲是个远近闻名的巧木匠。母亲是个贤惠的农家女，由于住在山里面，上学很不方便，只好跟着父亲学认字。

墨子是一个乖巧的孩子，三四岁时就把父亲的工具当玩具玩，父亲担心那些斧子、凿子一类的东西会弄伤他，可是他却知道要小心。从来就没有出现过被斧凿误伤的事情。

墨翟稍大一点，他就模仿着父亲做器具。父亲做床几、户牖，他就为自己打个小几来置放物品。尽管他打造的小几只有几天就垮倒了，做的小几根本就不牢靠，这些丝毫都不影响他的兴致。

他还学纺织制造的手艺。他天性聪明，不管什么手艺，学两次就会了。

墨子在编织之余，打听到附近有一个传授武艺的高手，于是就去拜他为师，学习武艺。他年近20岁时，已经练得一身好功夫。此时，他已经是一个文武全才的勇士了。

墨子曾经学习过儒术，但因不满其烦琐的"礼"而另立新说。他在墨石山上开学馆聚徒讲学，成为儒家的主要反对派。慕名来投奔墨子学艺的人很多。

墨子学馆设有文武学馆：文馆是讲授他的墨家学说。他讲学以口传授，注重亲自动手实践。他在上面讲，弟子在下面专心做记录。武馆是墨子传授防身武艺和手工工艺的地方。

所以，他的弟子很多，经常有两三千人跟他学习，而且这些人最后都能成为文武兼备或有一技之长的人。

墨子一直致力于传播他的"非攻"思想。公输盘为楚国制造出了云梯这种器械后，将要用它来攻打宋国。

墨子听说此事，从鲁国出发，走了10天10夜到达郢都，拜见公输盘。

■ 古代攻城云梯

群星闪烁的杰出人才

云梯 古代的云梯，有的下面带有轮子，可以推动行驶，故也被称为"云梯车"，配备有防盾、绞车、抓钩等器具。有的带有滑轮升降设备。云梯的发明者一般认为是鲁班（公输盘）。现代指攀缘登高工具的一种，主要用于消防和抢险等。

公输盘问他有什么见教，墨子说："北方有个侮辱我的人，希望依靠您杀了他。"

公输盘听后不高兴。

墨子说："请允许我奉送给您10金。"

公输盘说："我讲道义坚决不杀人。"

墨子站起身来，又向公输盘拜了一拜，说："请允许我解释这件事：我在北方听说你造云梯，将用它攻打宋国。宋国有什么罪呢？楚国有多余的土地，人口却不足。现在牺牲不足的人口，掠夺有余的土地，不能认为是智慧。宋国没有罪却攻打它，不能说是仁。知道这些，不去争辩，不能称作忠。争辩却没有结果，不能算是强。你奉行道义，不去杀那一个人，却去杀害众多的百姓，不可说是明智之辈。"公输盘折服了。

墨子说："既然这样，为什么不停止呢？"

公输盘说："不行，我已经对楚王说了这件事。"

墨子说："为什么不向楚王引见我呢？"

公输盘说："行。"

墨子拜见楚王，说："现在这里有一个人，舍弃自己华丽的车子，却想偷邻居的车子；舍弃自己有花纹的丝绸衣服，却想偷邻居的粗布短衣；舍弃自己的美食佳肴，却想偷邻居的糟糠等粗劣食物。这是怎样的人呢？"

楚王说："这个人一定有偷窃的病了。"

墨子说："楚国的地方，方圆五千里；宋国的地方，方圆五百里，这就像彩车与破车相比。楚国有云梦大泽，犀、兕、麋鹿充满其中，长江、汉水中的鱼、鳖、鼋、鼍富甲天下；宋国却连野鸡、兔子、狐狸都没有，这就像美食佳肴与糟糠相比。楚国有巨松、梓树、楠、樟等名贵木材；宋国连棵大树都没有，这就像华丽的丝织品与粗布短衣相比。从这三方面的事情来看，我认为楚国进攻宋国，与有偷窃病的人是同一种类型。"

楚王说："虽是这样，但是公输盘给我制造了

禽滑釐 春秋时期魏国人，传说是墨子的首席弟子。他曾是儒门弟子，学于子夏，自转投墨子后，便一直潜心墨学。墨子在军事战略防御学等方面的卓越识见，大都是向禽滑釐讲述然后记录下来的。

■ 战国局势图

非攻 墨学的重要范畴，是墨子军事思想的集中体现，同时也包含着丰富的政治、哲学、科学、文化、伦理思想。非攻就是反对一切非正义的战争。但对防御战，墨子是支持的。

云梯，我一定攻下宋国。"于是，楚王召来了公输盘。

墨子解下衣带当作城墙，用木片作为防守的器械。公输盘多次用了攻城的巧妙战术，墨子多次都抵挡了他。公输盘的攻城器械用完了，墨子防守抵挡的器械还绰绰有余。

公输盘折服了，但嘴上却说："我知道用什么方法来对付你了，我不说。"

墨子也说："我亦知道你用什么办法对付我，我也不说。"

楚王问他们不说的原因。墨子说："公输盘的意思，不过是想要杀掉我。杀了我，宋国就没有人能防守，就可以攻取了。可是我的弟子禽滑釐等300人，已经拿着我防守抵挡的器械，在宋国城墙上等待楚国入侵了。即使杀了我，也不能杀尽宋国的守御者。"

最后，楚王决定不攻打宋国了。

墨子的著作《墨子》思想非常丰富，其中政治思想、伦理思想、哲学思想、逻辑思想和军事思想都比较突出，尤其是它的逻辑思想，是先秦逻辑思想史的奠基之作。

《墨子》的政治思想，主要反映在《尚贤》《尚同》《非攻》《节用》《节葬》《非乐》诸篇中。

■ 战国时期的青铜尖矛

墨子主张任人唯贤的用人原则，反对任人唯亲。他认为，做官的不能永远都是高贵的，老百姓也不能永远都是下贱的。他主张从天子到下面的各级官吏，都要选择天下的贤人来充当。墨家反对统治者发动的侵略战争，声援被侵略的国家，并为此而奔走呼号，勇敢地主持正义。

墨子蜡像

墨子对统治者过的骄奢淫逸的糜烂生活极为反感，主张对统治者要进行限制。对死人的葬礼，墨子主张节俭，反对铺张浪费。这些客观上反映了广大劳动人民的愿望和要求。

《墨子》的伦理思想，主要反映在《兼爱》《亲士》《修身》等篇

战国城墙复原图

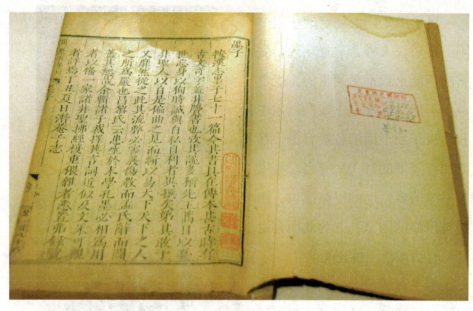

■ 墨家传世名著
《墨子》

群星闪烁的杰出人才

中。

墨子主张人们不分贵贱，都要互爱互利，这样社会上就不会出现以强凌弱、以贵欺贱、以智诈愚的现象。国君要爱护有功的贤臣，慈父要爱护孝顺的儿子。人们处在贫困的时候不要怨恨，处在富有的时候要讲究仁义。对活着的人要仁爱，对死去的人要哀痛，这样社会就会走向大同。

墨子的伦理思想虽然抹杀了阶级性，带有空想的色彩，但它却是广大劳动人民要求平等、反抗压迫、呼唤自由的心声。

《墨子》的哲学思想，主要反映在《非命》《贵义》《尚同》《天志》《明鬼》《墨经》诸篇中。墨家哲学思想的最大贡献是认识论。墨子主张把知识分为"闻知""说知""亲知"三类，"闻知"是传授的知识，"说知"是推理的知识，"亲知"是实践经验的知识。这就否定了唯心主义的先验论。

伦理 人与人以及人与自然的关系和处理这些关系的规则。从学术角度来看，人们往往把伦理看作是对道德标准的寻求。在春秋战国的百家争鸣时期，儒家、道家、墨家等不同学派，都赋予伦理以不同的内涵。

墨子还反对儒家鼓吹的"天命论",他不相信"天命"的存在,他提倡"尚力"。在"名""实"关系上,墨家认为"名"必须服从"实",没有"实"作为基础,"名"就是虚假的。这些思想都具有唯物主义的性质。

但是,墨子又相信天有意志,天能赏善罚恶,爱人憎人。他还论证了鬼神的客观存在,这就不免陷入了唯心主义的泥坑。这说明墨家的唯物论思想还有缺陷,还不彻底。

《墨子》的逻辑思想,主要反映在《经》(上下)、《经说》(上下)、《大取》、《小取》等篇中,这主要是后期墨家的思想。后期墨家提出了"辩""类""故"等一套完备的逻辑概念。

在《小取》篇中,墨子论述了辩论的作用,即辩论是要分析是非的区别,审查治乱的规律,弄清同异的所在,考察名实的道理,判别利害,解决疑似。他还

天命论 一种具有唯心主义倾向和宗教色彩的思想观念,其中包含人类最早的环境观。这种思想根源于古代生产力落后和认识能力低下。从大尺度的历史空间来看,天命论的环境观反映人与自然没有发生明显分裂和对抗,处在低水平统一的时代特征。

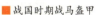
■ 战国时期战马盔甲

阐述了辩论的几种方式，对推理的研究也甚为精细。

墨学在后期建立了相当严谨完整的逻辑理论，在中国逻辑思想发展史上起了开创作用，具有较高的学术地位。直至今天，它仍是人们学习中国逻辑思想史的重要材料，给人以智慧的启迪。

《墨子》的军事思想，主要反映在《备城门》《备高临》《备梯》《备水》等篇中。

由于墨家学派主张"兼爱""非攻"，反对侵略战争，所以它的军事理论主要是积极的防御战术。这虽然不及兵家的军事思想全面深刻，但它却反映了广大劳动人民厌恶战争、渴望和平的心理愿望。

《墨子》一书所蕴含的思想极其丰富，在中国思想发展史上具有重要的学术地位。《墨子》思想代表了广大劳动人民的利益和要求，是劳动人民智慧的结晶。墨子也是历代墨家巨子的榜样。

群星闪烁的杰出人才

阅读链接

有一次，墨子到炎人国游说，他听说百姓中的人才比贵族中的人才还要多，就对国王说："大王可知官不是永远尊贵，民也不是永远下贱。官本是民变的。若没有民就没有官。可见，民有什么贱的呢？"

炎人国国王点头说："圣人说得对！那么以你的高见，我应该怎么办呢？"

墨子说："国家用人，应打破等级身份，任人唯贤，只要有才能，不要计较出身。"

后来，墨子应炎人国国王的要求，推荐弟子去炎人国为官，把炎人国治理得有条有理。

伟大的浪漫主义诗人屈原

屈原（前340—前278），名平，又自云名正则，号灵均。生于战国末期楚国丹阳，即今湖北省秭归县。中国历史上最伟大的浪漫主义诗人之一，也是中国已知最早的著名诗人，世界文化名人。

屈原写下许多不朽诗歌名篇，成为中国古代浪漫主义诗歌的奠基者，在楚国民歌的基础上创造了新的诗歌体裁楚辞。主要作品有《离骚》《九章》《九歌》《天问》等。在诗中抒发了自己炽热的爱国主义思想感情，表达了对楚国的热爱，体现了他对理想的不懈追求和为此九死不悔的精神。

■ 中国古代爱国诗人屈原画像

■屈原投江处石刻碑

屈原出生在楚国的一个贵族家庭，从小就胸怀大志，他学习非常刻苦，常常为了读一本书整夜不睡，慢慢地积累了丰厚的知识。当时楚国内忧外患，他决心为国为民贡献自己的一切，同时盼望楚王走改革图强的道路，成就统一天下的大业。

屈原25岁开始从政，希望楚怀王进行改革，壮大国力，但被大臣靳尚等人破坏了。楚怀王被秦国害死后，屈原又劝继位的楚顷襄王搜罗人才，远离小人，操练兵马，为国家和怀王报仇雪耻。

靳尚等人仇视屈原更反对这种说辞，就想方设法在楚顷襄王面前诋毁屈原。楚顷襄王听信谗言，最后把屈原放逐到湘南。

屈原在流放地，常一个人在汨罗江唱着伤心的诗歌。公元前278年农历五月初五那天，屈原得知秦国攻占楚国都城，悲愤欲绝。他不愿意随波逐流地活着，于是抱着一块大石头，跳到汨罗江自杀了。

附近的庄稼人听到这个消息，都划着小船去救屈原。可是一片江水，根本不见屈原的影子。大伙儿在汨罗江上捞了半天，也没有找到屈原的尸体，就把竹筒里的米饭撒了下去，希望江里的鱼儿吃了筒子里的米饭，就不会再吃屈原的尸体了。

后来，这种纪念屈原的活动渐渐成为一种风俗，

群星闪烁的杰出人才

靳尚 古战国楚臣。在正史中，王逸的《离骚经序》和司马迁的《史记·屈原列传》，都将靳尚评定为一个小人。靳尚屡次谗言屈原，致使屈原被流放。

汨罗江 是洞庭湖滨湖区的主要河流之一，因上古时半姓罗国位于此处而得名。战国末年，楚国诗人屈原因反对楚怀王和楚顷襄王的对外政策，被流放至汨罗江畔的玉笥山，在这里他写出了巨著《离骚》《天问》等。

人们又把盛着米饭的竹筒改为粽子，把划小船改为赛龙舟。现在的端午节，据说就是这样来的。

在流放期间，屈原为后世留下了许多不朽名篇。他在楚国方言的基础上，借鉴民族歌曲的表现方式，创造出了一种新的文学模式"楚辞"，并创作了许多伟大的诗篇。这些作品文字华丽，想象奇特，比喻新奇，内涵深刻，成为中国文学的起源之一。《离骚》是屈原的代表作，共300多句，计2400多字，是中国古代诗歌史上最长的一首浪漫主义的政治抒情诗。

《离骚》以叙事为脉络，分为五大章。第一章，诗人从家世和出生写起，回顾了有生以来的奋斗及其不幸遭遇；第二章，面对自己的失败，诗人进行了一番深刻的反思，经过反思，坚定了信念；第三章，诗人积极地重新求索，然而上下求索后却没有结果；第四章，诗人又陷入苦闷与徘徊之中；第五章，诗人虽然通过缜密思虑后决定西去，但憧憬的西去还是因为眷顾楚国而中途决然放弃，结果只能选择以死殉国。

全诗通篇是第一人称叙事的结构，情节分明，脉络清晰，而它的言志、抒情，都融入叙事过程之中，密切结合情节发展的具体阶段来进行，从而达到一种悲愤倾诉的强烈效果。

■ 屈原传世巨作《离骚》摩崖石刻

鲧禹治水 即大禹治水，是中国著名的上古时期的大洪水传说。三皇五帝时期，黄河泛滥，鲧、禹父子二人受命于尧、舜二帝，任崇伯和夏伯，负责治水。反映了古代劳动人民治理洪水的艰苦卓绝的斗争过程，他们所表现出来的那种执着的信念和前仆后继、不屈不挠的伟大斗争精神，至今依然闪烁着灿烂的光芒。

■ 屈原雕像及其《天问》石刻

《天问》是屈原根据神话、传说材料创作的诗篇，表现了作者的学术造诣及其历史观和自然观。全诗300多句，计1500多字，多为四言，兼有三言、五言、六言、七言，偶有八言，起伏跌宕，错落有致。全文自始至终以问句构成，对天、对地、对自然、对社会、对历史、对人生提出170多个问题，被誉为"千古万古至奇之作"。

《天问》的内容及其结构和层次，可以分为三大部分。第一部分是对自然结构提出问题，包括对宇宙起源、天体结构和日月星辰运行发问，接下来对大地结构和鲧禹治水、羿射十日等事件发问。

第二部分是对社会历史提出问题，包括对禹的婚姻、对夏代的历史发出一系列问题，接下来对商代历史提出一系列的问题，然后对周代历史直至春秋战国若干事件提出一系列问题。

屈原祠正殿

第三部分是尾声，内容主要是联系自己的遭遇，阐述屈原个人的感慨。这些问题的提出，体现出诗人的智慧。诗人凭借深沉的理性思考和热烈的情感，完成了一篇理性探索精神和文学情思相结合的经典诗作，也是中国古代朴素唯物主义著作。

《九歌》是屈原作品中最精的诗篇，代表了屈原艺术创作的最高成就。全诗包括《东皇太一》《云中君》《湘君》《湘夫人》《大司命》《少司命》《东君》《河伯》《山鬼》《国殇》《礼魂》共11章，是以娱神为目的的祭歌。

从《九歌》的内容和形式来看，似为已具雏形的赛神歌舞剧。它以楚国宗祖的功德和英雄业绩为诗，以山川神祇和自然风物为诗，以神话故事和历史传说为诗，淋漓尽致地抒发了诗人晚年放逐南楚沉湘之间忠君爱国、忧世伤时的愁苦心情。

《九歌》中的"余、吾、君、佳人、公子"等，它们都是歌舞剧唱词中的称谓。主唱身份主要有三种：一是扮神的巫觋，男巫扮阳神，女巫扮阴神；二是接神的巫觋，男巫迎阴神，女巫迎阳神；三是助祭的巫觋。

《九歌》的结构多以男巫女巫互相唱和的形式出现。其中有大量的男女相悦之词，他们在宗教仪式、人神关系的纱幕下，表演着人世间男女恋爱的活剧。

这种男女感情的抒写，是极其复杂曲折的。有时表现为求神不至的思慕之情，有时表现为待神不来的猜疑之情，有时表现为与神相会的欢快之情，有时表现为与神相别的悲痛与别后的哀思。

从诗歌意境上看，《九歌》所塑造的艺术形象，表面上是超人间的神，实质上是现实中人的神化，在人物感情的刻画和环境气氛的描述上，既活泼优美，又庄重典雅，颇有独到之处。

屈原是中国文学史上第一位伟大的爱国诗人，也是浪漫主义诗人的杰出代表。其主要表现是他将对理想的热烈追求融入了艺术的想象

屈原祠正门

■ 屈子祠内天问坛

和神奇的意境之中。如《离骚》写他御风而行，先叩天宫，帝阍闭门不纳；他又下求佚女，佚女恰巧不在那里；他去向宓妃求爱，宓妃却对他无礼；他欲求简狄和二姚，又苦于没有好的媒人去通消息。这种上天入地的幻想与追求反映了屈原在现实中对理想的苦苦探求。

此外，《九歌》《天问》等还采用大量神话和历史传说为素材，其想象之大胆、丰富，古今罕有。

在艺术形式上，屈原的作品在语言上采用了大量楚地方言，极富乡土气息。其方言土语大都经过提炼，辞藻华美，传神状貌，极富于表现力。

屈原的作品还以一系列比兴手法来表情达意。如他以鲜花、香草来比喻品行高洁的君子；以臭物、萧艾比喻奸佞或变节的小人；以佩带香草来象征诗人的

巫觋 巫师。古代称女巫为"巫"，男巫为"觋"，合称"巫觋"。后亦泛指以装神弄鬼替人祈祷为职业的巫师。人类刚刚有信仰时，还没有专门的执事人，当时的人大多都会施巫。随着民族的出现，信仰活动的增加，才出现了专门的巫。

屈原汉白玉雕

品德修养。

这种"香草美人"的比兴手法，使现实中的忠奸、美丑、善恶形成鲜明对照，产生了言简意赅、言有尽而意无穷的艺术效果。

除此之外，他所开创的新诗体楚辞，突破了《诗经》的表现形式，极大地丰富了诗歌的表现力，为中国古代的诗歌创作开辟了一片新天地。后人也因此将《楚辞》与《诗经》并称为"风""骚"。

"风""骚"是中国诗歌史上现实主义和浪漫主义两大优良传统的源头。同时，以屈原为代表的楚辞还影响到汉赋的形成。

群星闪烁的杰出人才

阅读链接

有一个经常在汨罗江打鱼的渔夫，有一天见到屈原，问道："您是楚国的大夫，怎么会弄到这个地步？"

屈原说："众人皆浊，唯我独清；众人皆醉，唯我独醒。所以我被赶到这儿了。"

渔夫反对屈原的说法。屈原解释道："我听人说，刚洗头的人总要把帽子弹弹，刚洗澡的人总是喜欢掸掸衣上的灰尘。我宁愿跳进江心，埋在鱼肚子里去，也不能拿自己干净的身子跳到污泥里，去染得一身脏。"

渔夫听了这番话，也说不出什么话来，更加佩服屈原了。

秦汉至隋唐是中国历史上的中古时期。董仲舒顺承先秦余绪，围绕天人关系等问题，及时解除了统治者的内心困扰。在此后，出现了刘邵人才论、郭象玄学、范缜灭神等一系列新的命题。

隋代王通诸教相融的主张，乃是统治者儒释道兼宗政策的产物，柳宗元关于天人关系的讨论，更成为唐代的一个中心议题。在中国思想史上，上述几位良知，足以构建中古时期的精神穹顶。

中古时期

思想大哲

大一统设计者董仲舒

董仲舒（前179—前104），生于汉代广川郡，即河北省景县广川镇大董古庄一个地主家庭。他是西汉一位与时俱进的思想家、儒学家，西汉时期著名的唯心主义哲学家和今文经学大师。

汉景帝时任博士，讲授《公羊春秋》。他把儒家的伦理思想概括为"三纲五常"，汉武帝采纳了董仲舒的建议，从此儒学开始成为官方哲学，并延续至今。

时至今日，仍有学者在研究他的思想体系及故里等方面的文化，他的著作汇集于《春秋繁露》一书。

■ 儒学家董仲舒画像

■ 汉武帝（前156—前87），名刘彻。是景帝刘启第十个儿子，其母是皇后王娡。汉朝第七位皇帝。是中国古代伟大的政治家、战略家、诗人、民族英雄。在位54年。建立了西汉王朝最辉煌的功业。谥号"孝武"，后葬于茂陵。

董仲舒从小学习就十分刻苦专心，发愤钻研儒家经典。尤其是对《春秋》的研究，相当深入地掌握了儒学思想的精髓，所以当时人称他为"汉代孔子"。

■ 董仲舒建言汉武帝

汉武帝刚即位，就命令群臣选出贤良之士，把他们召集起来，由他亲自考试，以皇帝名义提出问题，叫那些贤良对策。董仲舒就是汉武帝选出的贤良之一。

董仲舒在著名的《举贤良对策》中，提出其哲学体系的基本要点。他把自然的发展变化和上天的意志合为一体，把皇权统治与天的意志结合起来。他也对刑罚提出看法，又大肆宣扬了一番儒家思想。在此基础上，他又提出了自己的一系列主张，建议汉武帝用儒家的思想来教化万民。

汉武帝看到董仲舒的对策，感到十分惊奇，他也最终发现了最适合于自己的思想基础。于是他对董仲舒十分满意，也很欣赏。董仲舒也由此进入了一生中最重要的历程。

由于汉初以来崇尚"黄老之学"的"无为"政策，所以汉武帝想有所作为的方针政策还是有一定的

黄老之学 战国时的哲学、政治思想流派。因将传说中的黄帝和老子尊为创始人，故名。包括治身和养生与治国两个方面。黄老之学始于战国盛于西汉，假托黄帝和老子的思想，实为道家和法家思想结合，并兼采阴阳、儒、墨等诸家观点而成。

阻力的。因此，汉武帝特别就这个问题进行了第二次策问，要贤良们再对策。

董仲舒又写了一篇近2000字的对策，进一步阐述了自己的政治观点。字里行间，无处不充溢着儒家的思想。文中还花了大部分篇幅向汉武帝建议实行有为政策，更系统地提出了为君之道和治理天下的手段。

董仲舒还在头一次对策中建议汉武帝兴办太学，选派明师，宣传和发扬儒家思想学说。而且还建议改革吏制，让诸侯、郡守和其他高级官员每年选择两人推荐给皇帝，选得好的官员有赏，惩罚选择了坏人的官员。这样，天下的贤士都可被发现，授之以官发挥其才。

■ 董仲舒故里石刻碑

董仲舒的两次对策，逐渐深入而明确地提出了尊儒兴教，德刑并施的主张，赢得了汉武帝的充分信任。

不久以后，汉武帝又进行了第三次策问，主要是关于天人感应的问题。

这一次，董仲舒对策中，不但宣扬了天人感应，还进一步阐述了自己的主张。尤其独特的是他的百家尊儒术的观点，得到了汉武帝的认同。汉武帝由此施行的一系列措施，

■ 董仲舒故里

对当时的社会和历史的发展起了重大的作用。

汉武帝所做的这一切，其实都源于董仲舒所提供的思想基础。

董仲舒认为，"天"是有意志，有目的，能支配宇宙万物的最高主宰。"天"创造了自然和人类，同时也创造了一个握有最高权力的人，就是皇帝。"天"和人能感应相通。皇帝受命于"天"。

皇帝的意志就是"天"的意志的表现，皇帝按照"天"的意志来统治百姓。"天"常常用灾异符瑞来指导皇帝的行动。

自然界日月星辰的运行，四季的变化，国家的兴亡治乱，都是"天"的意志的表现。甚至人的模样也是"天"按照自己的模样来生成的。

他说"天"是父亲，地是母亲；"天"有四季，人有四肢；"天"有五行，人有五脏。就这样硬把"天"和人糅合在一起。

郡守 官名。郡的行政长官，始置于战国。秦统一后，实行郡、县两级地方行政区划制度，每郡置守，治理民政。汉景帝中元二年，即公元前148年，改称太守。

天人感应 中国古代神学术语。天人感应思想源于《尚书·洪范》，孔子作《春秋》言灾异述天道，到西汉时董仲舒据《公羊传》集天道灾异说之大成。认为天能干预人事，人亦能感应上天。

君权神授 是封建君主专制制度的一种政治理论。认为皇帝的权力是神给的，具有天然的合理性，皇帝代表神在人间行使权力，管理人民。据记载，在中国，夏代奴隶主已经开始假借宗教迷信进行统治。《尚书·召诰》说："有夏服（受）天命。"这是君权神授最早的记载。

董仲舒的这套"天人感应"的学说，把封建地主阶级的统治神化了，这就是君权神授论。

董仲舒以神化了的"天"作为核心思想，这种天，正是地上封建大一统的影子。所谓天的意志，实质上是地主阶级最高利益的代名词；天的权威不可侵犯，也就是说封建地主阶级利益高于一切。

董仲舒所编造的神学化天，在封建社会中曾长期被封建统治者所鼓吹和利用，一直产生着重要影响。

董仲舒还提出了"三纲五常"的道德观念，并用"阳尊阴卑"的理论，把封建的伦常关系绝对化、固定化。

"三纲"，指君为臣纲、父为子纲、夫为妻纲；"五常"是儒家历来所讲的5种不变的德行，即仁、义、礼、智、信，也就是孔子所说的"孝悌""忠恕"之道，是所谓"仁"的思想的发展。

董仲舒从孔孟所讲的君臣、父子、兄弟、夫妇和

■ 影响深远的儒家文化

朋友这5种伦理关系中选择了3种最主要的，把它们与调整这些关系的道德原则"仁、义、礼、智、信"结合起来，这就成了体现封建统治的整个社会关系，即"三纲五常"。

■董仲舒画像

这些关系是不变的，所以封建社会的统治秩序也是永久不变的。

董仲舒以"阳尊阴卑"理论作为"三纲五常"不变的根据，说"君臣、父子、夫妇之义，皆取诸阴阳之道。阴阳两个对立面，阳永远处于主导地位，阴永远处于从属地位，所以君对臣、父对子、夫对妻，及整个封建社会中统治和服从秩序，都像天地的阴阳一样，永远不可改变"。

"三纲五常"的伦理学说在2000多年的封建社会中，起着禁锢人民思想的消极作用，它与封建的神学思想结合在一起，形成了束缚人民的四大绳索，这就是神权、君权、父权和夫权。当然，对董仲舒的这种思想也不能简单地完全否定。

社会和谐安定是和平的基础，而家庭和谐是社会和谐的基础。从这个意义上讲，处理好了父子夫妻等关系，就可以保证社会和谐、家庭和谐。

此外，董仲舒有力地促成了汉代大一统文化的形成。汉代是中国历史上极为重要的一个朝代。一方面，中华民族的主体民族汉族是因汉朝而得名；另一方面，汉人的文化，在春秋战国和秦代文化的基础上，将华夏各地的文化加以综合、选择和吸纳，形成统一的汉文化，也就是中华民族的主体文化。

在这一主体文化之中，有齐学、鲁学、楚学、燕学、晋学和秦学等，而齐学在其中所占的地位是至关重要的。齐学的主要内容阴阳五行、黄老之学、方术之学、今文经学和谶纬神学，有的被汉文化直接吸收，有的被汉文化加以改造后利用。这个过程比较长，其核心工作则是将儒学齐学化，使齐学的主要内容与儒学结合到一起。而恰恰是董仲舒对齐学的大量吸收，完成了儒学的齐学化工作。

董仲舒搞出了一套微观宏观宇宙交相感应的可以预告未来的体系，这些交相感应包括阴与阳之间、左与右之间的相互关系，以及五行之间、五音之间、四季之间、五色之间、五味之间的相互关系，还包括命理学诸范畴之间的相互关系。

经董仲舒改造之后的齐化儒学，在中国传统思想文化中已确定了牢固的位置。

由于西汉时期，封建社会正处于蓬勃兴盛阶段，董仲舒创建的儒学思想体系，总体上说，基本符合时代的需要，对当时社会的发展起着某些促进作用。

董仲舒以后，儒学逐渐开始作为官方哲学的意识形态出现，它通过教育、选举等社会制度的推行，渗入到社会生活的各个层面，逐步开始了对中国长达2000多年的思想统治。

阅读链接

董仲舒为学异常勤奋，数十年如一日，《史》《汉》本传说他专心学业。据王充《论衡·儒增》记载："儒书言董仲舒读《春秋》，专精一思，志不在他，三年不窥园菜。"

真不愧是中国历史上第一个"两耳不闻窗外事，一心只读圣贤书"的学子！他游心于六艺，陶醉于胜境，对当时社会时尚、生活享受都漠不关心。他沉迷于圣经贤传之中，简直到了如痴如狂的地步。

功夫不负有心人，董仲舒学通五经，义兼百家，而且长于议论，善为文章。与那些浅薄之士相比，董仲舒实为"纯儒"。

司马相如赋才天纵

司马相如（约前179—前127），字长卿。生于西汉巴郡安汉县，今四川省南充市蓬安；一说生于四川成都。

司马相如是中国文化史文学史上杰出的代表，是西汉盛世汉武帝时期伟大的文学家、杰出的政治家，西汉大辞赋家，汉赋的奠基人。

其代表作品为《子虚赋》《上林赋》。鲁迅在《汉文学史纲要》中说："武帝时文人，赋莫若司马相如，文莫若司马迁。"作品辞藻富丽，结构宏大，使他成为汉赋的代表作家，后人称之为"赋圣"和"辞宗"。

■ 司马相如和卓文君

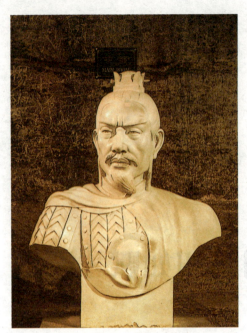

■ 梁孝王刘武　是西汉时期的贵族，与馆陶公主、汉景帝同为窦太后所出。刘武在位期间曾带兵抵御"七国之乱"中吴王刘濞的进攻，功劳极大，后又仗着母后疼宠和梁国土地广大准备争夺皇储之位。在位23年，谥号"孝"，故号梁孝王。葬于永城芒砀山。

司马相如在小时候，因为很佩服战国时期赵国的大臣蔺相如，就把名字改为司马相如。他很聪明，喜欢读书、练字和击剑，逐渐成长为一个文武全才的人。

相如一身本事，可就是一个功名也没有，家里用钱给他捐了个官，在汉景帝身边侍奉。但他并不喜欢这个官职。

一次，梁孝王刘武来见汉景帝，梁王手下有不少文人墨客，相如和他们很谈得来，于是就向景帝推说有病，辞掉了官职，跟着梁王回去了。他与那些文人们朝夕相处，就在此时，他为梁王写了一篇著名的《子虚赋》。

梁王去世以后，相如便回到家里，这时他的家已经很贫穷了，他又没有什么谋生的技能。因为他与临邛的县令关系很好，便去投奔了他。

临邛一个叫卓王孙的富户，听说县令家来了客人，便大摆宴席邀请县令与相如到他家做客，实际是为了巴结县令。

在县令的一再要求下，他只好去了。酒喝到一半的时候，县令说："听说相如很会弹琴，能不能弹上

蔺相如　战国时赵国上卿，今山西柳林孟门人，一说山西古县蔺子坪人，官至上卿，赵国宦官头目缪贤的家臣，战国时期著名的政治家、外交家。《史记·廉颇蔺相如列传》记载，他的生平最重要的事迹有完璧归赵、渑池之会与负荆请罪3个事件。

一曲助助兴呢？"相如推辞不过，便动手弹奏《凤求凰》琴曲。

卓王孙有个女儿，叫卓文君，刚刚死了丈夫，就搬回娘家来住。卓文君非常喜欢音乐，又听说司马相如人才出众，便在他弹琴的时候，在外面偷偷地看。谁知，卓文君一下就被相如的风采给迷住了，爱上了司马相如。

司马相如这时已经发现了卓文君在偷看自己，他也对文君产生了爱慕之心，便在琴声中暗藏爱意，向文君表白心意。

在酒宴之后，司马相如通过卓文君的侍婢向她转达心意，卓文君便于深夜逃出家门，与司马相如私奔，到了成都司马相如的老家。

当时司马相如家里真是徒有四壁，但两人决定用自己的双手来创造一切。为了谋生，他们还开了一家酒店，卓文君卖酒，相如酿酒，他们的日子过得有滋有味，他们的爱情成为千古佳话。

过了很久以后，汉景帝去世，汉武帝刘彻即位。刘彻有一次看到《子虚赋》非常喜欢，以为是古人之作，

《凤求凰》是一首古琴曲。以"凤求凰"为比兴，包含了热烈的求偶寓意，象征着男女主人公的理想、旨趣和知音的默契。全曲音调流畅，感情热烈奔放而又深挚缠绵，熔楚辞骚体的猗诡绵邈和汉代民歌的清新明快于一炉。即使是后人伪托之作，亦并不因此而减弱其艺术价值。

■卓文君 西汉临邛，即今四川省邛崃市人，汉代才女。精通音律。与汉代著名文人司马相如的一段爱情佳话至今还被人津津乐道。也有不少佳作流传后世。代表作品《白头吟》

叹息自己不能和作者同时代。当得知此赋为司马相如所作时，刘彻惊喜之余马上召司马相如进京。

司马相如向武帝表示说："《子虚赋》写的只是诸侯王打猎的事，算不了什么，请允许我再作一篇天子打猎的赋。"

于是，司马相写了一篇内容上与《子虚赋》相接的《上林赋》，而且文字辞藻也都更华美壮丽。

此赋以维护国家统一、反对帝王奢侈为主旨，歌颂了统一大帝国无可比拟的声威，又对最高统治者有所讽谏，开创了汉代大赋的一个基本主题。此赋一出，司马相如被刘彻封为郎。

■ 汉武帝刘彻画像

■ 司马相如和卓文君石刻

群星闪烁的杰出人才

汉代竹简

　　汉代最重要的文学样式是赋，而司马相如是公认的汉赋代表作家和赋论大师，也是一位文学大师和美学大家。司马相如文思萧散，控引天地，错综古今。他的才华，在《子虚赋》和《上林赋》中表现得淋漓尽致。

　　《子虚赋》通过楚国的子虚先生讲述随齐王出猎，齐王问及楚国，极力铺排楚国之广大丰饶，以致云梦不过是其后花园之小小一角。乌有先生不服，便以齐之大海名山、异方殊类，傲视子虚。总的来看都是张扬大国风采、帝王气象。

　　《上林赋》作为司马相如最重要的代表作，是文学史上第一篇全面体现汉赋特色的大赋。此赋以夸耀的笔调描写了汉天子上林苑的壮丽及汉天子游猎的盛大规模，歌颂了统一王朝的声威和气势。在写作上，它充分体现了汉大赋铺张夸饰的特点，规模宏大，叙述细腻。

　　《子虚赋》与《上林赋》构成姊妹篇，都是汉代文学正式确立的标志性作品。鲁迅先生在《汉文学史纲要》中指出：

群星闪烁的杰出人才

■ 西汉人弹奏乐器蜡像

盖汉兴好楚声，武帝左右亲信，如朱买臣等，多以楚辞进，而相如独变其体，益以玮奇之意，饰以绮丽之辞，句之短长，亦不拘成法，与当时甚不同。

这就概括了司马相如在文体创新方面的非凡成就。正是这种成就，使司马相如成为当之无愧的汉赋奠基人。

司马相如还写过《司马相如上书谏猎》《长门赋》等，都是文采华茂，意境高远的上乘之作。

此外，司马相如也是汉代很有成就的散文名家，其散文流传至今的有《谕巴蜀檄》《难蜀父老》《谏猎疏》《封禅文》等。

虽然有部分著作在历史上起了一些消极作用，但从整体上看，在语言的运用和形式的发展等方面，司马相如对汉代辞赋和散文做出了重要的贡献。

上林苑 是汉武帝刘彻于公元前138年在秦代的一个旧苑址上扩建而成的宫苑，规模宏伟，宫室众多，有多种功能和游乐内容。今已无存。上林苑亦是当时汉武帝尚武之地，在此处有皇帝的亲兵御林军，并由后来的大将军卫青统领。

2000多年来，司马相如在文学史上一直享有崇高的声望，产生了深远的影响。

两汉作家，绝大多数对他十分佩服，其中最有代表性的是伟大的历史学家司马迁。在整个《史记》中，专为文学家立的传只有两篇：一篇是《屈原贾生列传》，另一篇就是《司马相如列传》，仅此即可看出司马相如在司马迁心目中的重要地位。

在《司马相如列传》中，司马迁全文收录了他的3篇赋、4篇散文，以致《司马相如列传》的篇幅大约相当于《贾生列传》的6倍。这就表明，司马迁认为司马相如的文学成就是超过贾谊的。

司马相如被班固、刘勰称为"辞宗"，被王应麟、王世贞等后世学者称为"赋圣"。同时，司马相如与卓文君不拘封建礼教的束缚，追求自由、幸福的爱情婚姻的果敢行为，远在公元前就演绎了自由恋爱的爱情经典，被誉为"世界十大经典爱情之首"，闻名中外。

阅读链接

据《史记》记载，司马相如"少时好读书，学击剑，故其亲名之曰犬子"。也就是说"犬子"其实是他的乳名，或者名字。"犬子"之称，只是司马相如的父母为了小儿好养活特意选的一个低贱的字词，以远离鬼魅。

司马相如长大后自己改了名字，"犬子"才成了小名。随着司马相如的成名，"犬子"也不断为人所知。因为司马相如的巨大影响，人们谦称自家儿郎，便纷纷用上了"犬子"一词，并传至今日，成为中国人民日常用语之不自觉习惯。

曹植辞采华茂赋洛神

曹植（192—232），字子建。因封陈王，故世称陈思王。生于沛国谯，即今安徽省亳州市。曹操之子，曹丕之弟。

三国曹魏著名文学家，建安文学代表人物和集大成者。有《白马篇》《飞龙篇》《洛神赋》，其中《洛神赋》为最。

后人因他文学上的造诣而将他与曹操、曹丕合称为"三曹"，南朝宋文学家谢灵运更有"天下才有一石，曹子建独占八斗"的评价。

■建安文学集大成者曹植塑像

曹植自幼颖慧，10岁余便诵读诗、文、辞赋数十万言，出言为论，落笔成文，深得曹操的宠爱。曹操曾经认为曹植在诸子中"最可定大事"，几次想要立他为世子。然而曹植行为放任，不拘礼法，屡犯法禁，引起曹操的震怒，而他的兄长曹丕则颇能矫情自饰，终于在立储斗争中渐占上风。

曹操病逝后，曹丕继魏王位，不久又称帝，即魏文帝。曹植的生活从此发生了变化。他从一个过着优游宴乐生活的贵族王子，变成处处受限制和打击的对象。

曹丕病逝后，曹叡继位，即魏明帝。曹叡对他仍然严加防范和限制，处境并没有根本好转。曹植在文、明两帝时曾被迁封过多次，最后于232年在封地陈郡逝世。

曹植生前自编过作品选集《前录》78篇。去世后，魏明帝曹叡曾为之集录著作百余篇，《隋书·经籍志》著录有集30卷，又《列女传颂》1卷、《画赞》5卷。原集至北宋末散佚。今存南宋嘉定六年刻本《曹子建集》10卷，辑录诗、赋、文共206篇。明代所刻的《陈思王集》，大概据南宋本稍加厘定而成。

235

思想大哲

■ 曹操 （155—220），字孟德，一名吉利，小字阿瞒，沛国谯人。东汉末年著名政治家、军事家、文学家、书法家。一生以汉朝大将军、丞相的名义征讨四方割据政权，为统一中国北方做出重大贡献。其诗作具有创新精神，开启并繁荣了建安文学。鲁迅评价其为"改造文章的祖师"。

■ "三曹"塑像

清代的《曹集铨评》和《曹集考异》，又对各篇细加校订，并增补了不少佚文散句，为较全、较精的两个本子。此外，还有近代的《曹子建诗注》和《曹植诗笺》，以及现在的《曹植集校注》。

诗歌是曹植文学活动的主要领域。前期与后期内容上有很大的差异，前期诗歌可分为两大类：一类反映他贵族王子的优游生活，一类则反映他"生乎乱、长乎军"的时代感受。

后期的诗歌，主要抒发他在压制之下时而愤慨时而哀怨的心情，表现他不甘被弃置，希冀用世立功的愿望。

今存曹植比较完整的诗歌有80余首。曹植在诗歌艺术上有很多创新发展。特别是在五言诗的创作上

建安文学 建安年间文学领袖都是曹家人物，即曹操、曹植和曹丕，故称这时期的文学为建安文学。建安文学新局面的开创者是杰出的政治家、军事家和诗人曹操。建安文学时期的作品慷慨激昂，豪爽磊落，清新自然，被后世称之为"建安风骨"。

贡献尤大。汉乐府古辞多以叙事为主，至《古诗十九首》，抒情成分才在作品中占重要地位。

曹植发展了这种趋向，把抒情和叙事有机地结合起来，使五言诗既能描写复杂的事态变化，又能表达曲折的心理感受，大大丰富了它的艺术功能。

曹植还是建安文学之集大成者，对于后世的影响很大。在两晋南北朝时期，他被推尊到文章典范的地位。南朝大诗人谢灵运更是赞许有加："天下才共一石，子建独得八斗，我得一斗，天下共分一斗。"成语"才高八斗"便是由此得来。

王士禛曾经论汉魏以来2000年间诗家堪称"仙才"者，说只有曹植、李白、苏轼三人。

曹植不仅在诗歌创作方面有着杰出的成就，其赋继承了两汉以来抒情小赋的传统。

同时又吸收了楚辞的浪漫主义的精神，为辞赋的发展开辟了一个新的境界。在这方面的代表就是《洛神赋》。

《洛神赋》原名《感鄄赋》《感甄赋》，"甄"通"鄄"，是曹植的浪漫主义名篇。作者以浪漫主义的手法，通过梦幻的境界，描写人神之间的真挚爱情，但终因"人神殊道"无从结合而惆怅分离。

■ 苏轼（1037—1101），字子瞻，号东坡居士。眉州眉山人。北宋文学家、书画家。天资极高，诗文书画皆精。与欧阳修并称"欧苏"，为"唐宋八大家"之一；与黄庭坚并称"苏黄"；与辛弃疾并称"苏辛"；与黄庭坚、米芾、蔡襄并称"宋四家"。著有《苏东坡全集》和《东坡乐府》等。

群星闪烁的杰出人才

或以为假托洛神，寄心文帝，抒发衷情不能相通的政治苦闷。全赋多方着墨，极力描绘洛神之美，生动传神。格调凄艳哀伤，辞采华茂。

《洛神赋》具有突出的艺术特点：

一是想象丰富。曹植想象从京城洛阳启程，东归封地鄄城。途中，他在洛川之边，停车饮马，在阳林漫步之时，看到了洛神宓妃。

洛神的体态摇曳飘忽像惊飞的大雁，婉曲轻柔像是水中的游龙，鲜美、华丽较秋菊、茂松有过之，姣如朝霞，纯洁如芙蓉，风华绝代。

随后他对她产生爱慕之情，托水波以传意，寄玉佩以定情。然她的神圣高洁使他不敢造次。洛神终

■ 顾恺之《洛神赋图》局部

被他的真情所感动，与之相见，倾之以情。但终因人神殊途，结合无望，与之惜别。想象绚烂，浪漫凄婉之情淡而不化，令人感叹，惆怅*丝丝*。

二是辞藻华丽而不浮躁，清新之气四逸，令人神爽。通篇讲究排偶，对仗，音律，语言整饬、凝练、生动、优美。取材及构思，汉赋中无出其右。

三是传神的描写刻画，兼之与比喻、烘托共用，错综变化巧妙得宜，给人一种浩而不烦、美而不惊之感，使人感到就如在看一幅绝妙丹青，个中人物有血有肉，而不会使人产生一种虚无之感。

比如，在对洛神的体型、五官、姿态等描写时，给人传递出洛神的沉鱼之貌、落雁之容。同时，又有"清水出芙蓉，天然去雕饰"的清新高洁。

■ 王献之 （344—386），字子敬。王羲之第七子。生于会稽。书法家、诗人。书法众体皆精，尤以行草著名，敢于创新，不为其父所囿，为魏晋以来的今楷、今草做出了卓越贡献，在书法史上被誉为"小圣"，与其父并称为"二王"。

再如，在对洛神与之会面时神态的描写刻画，使人感到斯人浮现于眼前，风姿绰约。

而对于洛神与其分手时的描写"屏翳收风，川后静波，冯夷鸣鼓，女娲清歌"。

爱情之真挚、纯洁。一切都是这样的美好，以致离别之后，人去心留，情思不断，洛神的倩影和相遇相知时的情景历历在目，浪漫而苦涩，心神为之不宁徘徊于洛水之间不忍离去。

对《洛神赋》的思想、艺术成就前人都曾予以极高的评价，最明显的是常把它与屈原的《九歌》和宋玉的《神女》诸赋相提并论。

其实，曹植此赋兼二者而有之，它既有《湘君》《湘夫人》那种浓厚的抒情成分，同时又具宋玉诸赋对女性美的精妙刻画。

曹植在诗歌和辞赋创作方面有杰出成就，其赋继承两汉以来抒情小赋的传统，又吸收楚辞的浪漫主义精神，为辞赋的发展开辟了一个新的境界。

《洛神赋》为曹植辞赋中杰出作品。作者以浪漫主义的手法，通过梦幻的境界，描写人神之间的真挚爱情，但终因"人神殊道"无从结合而惆怅分离。

此外，它的情节完整，手法多变和形式隽永等，又为以前的作品所不及。因此它在历史上有着非常广泛和深远的影响。

晋代大书法家王献之和大画家顾恺之，都曾将《洛神赋》的神采风貌形诸楮墨，为书苑和画坛增添了不可多得的精品。

到了南宋和元明时期，一些剧作家又将其搬上了舞台，汪道昆的《陈思王悲生洛水》就是其中比较著名的一出。

至于历代作家以此为题材，见咏于诗词歌赋者，则更是多得难以数计。可见曹植《洛神赋》的艺术魅力，是经久不衰的。

洛神赋　黄初三年余朝京师还　济洛川古人有言斯水之　神名曰宓妃感宋玉对王　神女之　遂作斯赋其辞曰　余从京域言归东藩背伊　阙越轘辕经通谷凌景山

■《洛神赋》书法

阅读链接

曹丕曹植本是亲兄弟。曹植少年时就很聪明，能出口成章。曹丕当了皇帝以后，怕曹植威胁自己的地位，想迫害曹植。有一次让曹植在七步之内做成一首诗，否则就把他处死。

曹植应声而起，没走到七步就做好一首诗："煮豆持作羹，漉漉以为汁。萁在釜下燃，豆在釜中泣。本自同根生，相煎何太急？"

曹植用豆与萁暗指曹丕与自己是亲兄弟，应该是骨肉情深，真诚相知，但现在却是骨肉相残，表达了内心的悲愤。相传曹丕听了面有惭色。

隐居的田园诗人陶渊明

陶渊明（约376—427），字元亮，自号"五柳先生"，晚年更名"潜"，卒后友人私谥"靖节"，世称"靖节先生"。生于东晋时浔阳柴桑，即今江西省九江市。东晋末期南朝宋初期伟大的诗人、辞赋家和散文家。

田园生活是他进行文学创作的主要题材，相关作品有《归去来兮辞》《归园田居》及《桃花源记》等。诗文作品深受后世文人骚客推崇。

■ 田园诗人鼻祖陶渊明画像

■《归去来兮辞》
画作

  陶渊明出生于一个没落的仕宦之家。曾祖陶侃是东晋开国元勋，祖父做过太守，父亲早死，母亲是东晋名士孟嘉的女儿。由于父亲早逝，陶渊明从少年时代就处于生活贫困之中。

  他从29岁开始奔波仕途，曾几次出仕，但他与世俗是那样格格不入，在混迹于官场时，总充满悔恨的心情。于是，与官场永诀，以躬耕终老。

  陶渊明在归田后的20多年间，是他在创作上最丰富的时期。他的性情与田园的自然契合，使其所作诗篇大放异彩。

  在陶渊明的所有关于田园生活的作品中，《归去来兮辞》《归园田居》及《桃花源记》是最为著名的。这些诗文，集中地反映了陶渊明的思想价值和艺术成就。

  《归去来兮辞》是陶渊明的一篇散文，代表了山

仕宦 即给皇帝当仆人，做官的意思。古代文人对当官的一种谦虚称法。如"学而优则仕"等。也指官员。在文学作品中，常常被引申为仕途，即官场。

水田园诗派的最高成就。

归去来兮！田园将芜胡不归？既自以心为形役，奚惆怅而独悲？悟已往之不谏，知来者之可追。实迷途其未远，觉今是而昨非。舟遥遥以轻飏，风飘飘而吹衣。问征夫以前路，恨晨光之熹微。

乃瞻衡宇，载欣载奔。僮仆欢迎，稚子候门。三径就荒，松菊犹存。携幼入室，有酒盈樽。引壶觞以自酌，眄庭柯以怡颜。倚南窗以寄傲，审容膝之易安。园日涉以成趣，门虽设而常关。策扶老以流憩，时矫首而遐观。云无心以出岫，鸟倦飞而知还。景翳翳以将入，抚孤松而盘桓……

《归去来兮辞》通过对田园生活的赞美，抒写作

归隐 回家隐居，回到民间或是故乡隐居。如归隐故园。宋苏轼《次韵子由送千之侄》："白发未成归隐计，青衫傥有济时心。"鲁迅《且介亭杂文二集·隐士》："登仕，是啖饭之道，归隐，也是啖饭之道。"

244

■ 有关陶渊明故事的水墨画

者脱离官场的无限喜悦，归隐田园的无限乐趣，表达了对大自然和隐居生活的向往和热爱。

描写与抒情、议论相结合，时而写景，时而抒情，有景，有情，有理，有趣；寓情于景，情真意切，富有情趣；文字洗练，笔调清新，音节谐美，富于音乐美，结构严谨周密。

欧阳修对《归去来兮辞》推崇备至，他认为，本文虽然采用了楚辞的体式，但作者却能不受楚辞中怨愤、悲伤情调的影响，而表现出一种淡远潇洒的独特风格。

《归园田居》共5首，描写了诗人归隐后的生活和感受，抒发了作者辞官归隐后的愉快心情和乡居乐趣，从而表现了他对田园生活的热爱，表现出劳动者的喜悦。

同时又隐含了他对官场黑暗腐败生活的厌恶之感，表现了作者不愿同流合污，为保持完整的人格和高尚的情操而甘愿忍受田间生活的艰辛和困苦。

在诗人的笔下，田园是与浊流纵横的官场相对立的理想洞天，寻常的农家景象无不是现出迷人的诗情画意。作者其实写的归园田居是自己理想的故居。

全诗以抒情为基调，兼有农村景物的描绘，且以"羁鸟""池鱼"自喻，充分表现了诗人热爱自由淳朴的乡村生活、蔑视丑恶的官场生活的情怀。

情景交融，语言朴实无华，对仗亦十分自然，读者不仅能从诗中看到乡村的田园、房舍、榆柳、桃李，听到狗吠和鸡啼，而且能看到一位洒脱诗人对着这宁静的田园景物，在吟唱"久在樊笼里，复得返自然"的心声。

《桃花源记》不是诗，而是一篇美文，是陶渊明田园作品的代表作之一：

晋太元中，武陵人捕鱼为业。缘溪行，忘路之远近。忽逢桃花林，夹岸数百步，中无杂树，芳草鲜美，落英缤纷。渔人甚异之。复前行，欲穷其林。

林尽水源，便得一山，山有小口，仿佛若有光。便舍船，从口入。初极狭，才通人。复行数十步，豁然开朗。土地平旷，屋舍俨然，有良田美池桑竹之属。阡陌交通，鸡犬相闻。其中往来种作，男女衣着，悉如外人。黄发垂髫并怡然自乐。

见渔人，乃大惊，问所从来。具答之。便要还家，设酒

杀鸡作食。村中闻有此人，咸来问讯。自云先世避秦时乱，率妻子邑人来此绝境，不复出焉，遂与外人间隔。问今是何世，乃不知有汉，无论魏晋。此人一一为具言，所闻皆叹惋。余人各复延至其家，皆出酒食。停数日，辞去。此中人语云："不足为外人道也。"

既出，得其船，便扶向路，处处志之。及郡下，诣太守，说如此。太守即遣人随其往，寻向所志，遂迷不复得路。

南阳刘子骥，高尚士也，闻之，欣然亲往。未果，寻病终。后遂无问津者。

《桃花源记》艺术构思精巧，借武陵渔人行踪这一线索，把现实和理想境界联系起来。采用虚写、实写相结合手法，也是本篇一个特点。"桃花源"是个虚构的理想社会，是黑暗社会的鲜明对照，是作者及广大劳动人民所向往的一种理想社会，它体现了人们的追求与向往，反映出人们对现实的不满与反抗，具有一定的积极意义。

■《桃花源记》画作

"桃花源"真正的价值在于当初是陶渊明心灵酿出的一杯美酒，而今天也应该是我们心灵和精神当中的一种寄托所在。

　　对陶渊明的诗文，尤其是他的田园诗，李白、杜甫、白居易、苏轼、陆游等大诗人都曾高度评价。元朝、明朝和清朝，直至现代，沿袭了前人对陶渊明的崇高评价。

　　清代国学大师王国维在《文学小言》中说：

　　三代以下之诗人，无过于屈子、渊明、子美、子瞻者。此四子者若无文学之天才，其人格亦自足千古。

　　陶渊明的诗文，重在抒情和言志。他的语言，看似质朴，实则奇丽。在平淡醇美的诗句中，蕴含着炽热的感情和浓郁的生活气息。他的不朽诗文和伟大人品，影响了后世文人的思想和创作，他为中国田园诗歌的发展和繁荣，做出了不可估量的贡献。

阅读链接

　　陶渊明做彭泽县令时，有一天，郡里派了一名督邮到彭泽视察。陶渊明正在他的内室里作诗，一听小吏报说督邮来了，十分扫兴，只好勉强放下诗卷去见督邮。

　　小吏见他身上穿的还是便服，就提醒他换件衣服再去。陶渊明向来看不惯那些倚官仗势、作威作福的督邮，一听小吏说还要穿起官服行拜见礼，更受不了这种屈辱。

　　他叹了口气说："我可不愿为了这五斗米官俸，去向那号小人打躬作揖！"说着，他也不去见督邮，索性辞职不干回老家了。

浪漫主义诗人李白

　　李白（701—762），字太白，号青莲居士。陇西成纪，即今甘肃天水人。唐代诗人，有"诗仙""诗侠""酒仙""谪仙人"等称呼，是继屈原之后又一伟大的浪漫主义诗人。李白创造了古代积极浪漫主义诗歌高峰，为唐诗的繁荣与发展打开了新局面，批判继承前人传统并形成独特风格。歌行体和七绝达到后人难以企及的高度，开创了中国古典诗歌的黄金时代。

　　存世诗文千余篇，代表作有《蜀道难》《将进酒》等诗篇，有《李太白集》传世。

■ 李白画像

■ 李白蜡像

李白出生于盛唐时期。25岁时就开始了广泛漫游，直到742年，因道士吴筠的推荐，李白被召至长安，供奉翰林，文章风采名震天下。后因不能容于权贵，在京仅3年，就弃官而去，仍然继续他那飘荡四方的流浪生活。

"安史之乱"发生的第二年，即756年，李白感愤时艰，曾参加了永王李璘的幕府。后来永王与唐肃宗发生了争夺帝位的斗争，兵败之后，李白受牵连，流放夜郎，即今贵州境内。晚年漂泊东南一带，不久即病逝。

关于李白的死有很多种说法，皮日休在《李翰林诗》中说他是"醉致疾亡"，就是喝酒引发疾病而死，《旧唐书》说是单纯的喝酒猝死，也有说是醉酒入湖中捉月溺死，入湖捉月说古已有之且广为流传。

正如许多伟大的作家一样，在李白的全部作品中，也包含着浪漫主义和现实主义两方面的因素，但就他的主导倾向而言，他却是一个积极浪漫主义的大师。作为一个浪漫主义者，他虽然也接受了《诗经》现实主义的影响，但对他影响更深的却是《楚辞》中屈原的作品。

李白和屈原有相似的政治理想和不幸遭遇，同样有着不满现实的反抗精神，也有着可以媲美的高贵品

皮日休 字袭美，一字逸少，尝居鹿门山，自号鹿门子，又号间气布衣、醉吟先生。晚唐文学家、散文家，与陆龟蒙齐名，世称"皮陆"。诗文有奇朴二态，且多为同情民间疾苦之作。《新唐书·艺文志》录有《皮日休集》等多部。

质和艺术天才。以这些共同的特点为基础，他必然会走上屈原所开辟的积极浪漫主义的道路，并根据他自己的生活实践和艺术实践对它有所丰富和发展。

李白继承并发展了屈原的传统，他把自己"安社稷""济苍生"的政治理想和道家愤世嫉俗的精神以及游侠思想中反抗强暴、救弱扶倾的精神结合起来，对祖国表示了热爱；对被压迫被损害的人民表示了真挚的同情；对封建制度所孵育出来的黑暗现象表示了深刻的憎恨和愤怒；对统治阶级中的权贵们表示了强烈的反抗和蔑视。他的积极浪漫主义精神确比屈原具有更广阔的内容。

李白也继承了屈原的浪漫主义的表现手法，并使之发展，特别是汲取了民间诗歌中的夸张手法，在创造性的运用中加以提高，使这一表现手法日臻完美。在描写对象上，他所接触到的题材也比屈原更为广

安史之乱 安指安禄山，史指史思明，安史之乱是指他们起兵反对唐代的一次叛乱。时间是755年至762年。其原因是多方面的，是各种社会矛盾的集中反映。这是中国历史上的一次重要事件，是唐代由盛而衰的转折点。

■李白与杜甫饮酒蜡像

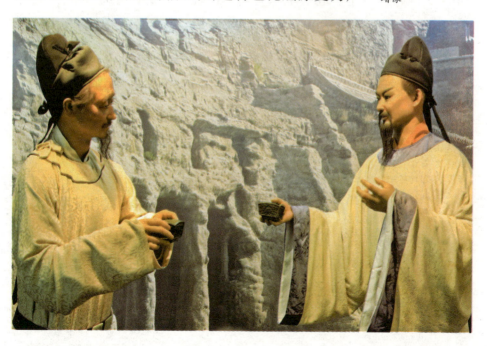

群星闪烁的杰出人才

■ 李白纪念馆内的拱门

天姥山 浙江省新昌县境内的一座普通山脉。天姥山得名来自"王母"，是新昌一邑之主山，由拔云尖、细尖、大尖等群山组成，是一片连绵起伏、气势磅礴的群峰。天姥山在古代知识分子心目中是一座备受敬仰的高峰。

阔，因之，他对于浪漫主义手法的运用范围，也就更加广泛。

李白一生创作了大量的诗歌作品，流传至今的有900多首，涉及的古典诗歌的题材非常广泛，而且在不少题材上都有名作出现。主要有《蜀道难》《行路难》《望庐山瀑布》《梦游天姥吟留别》等。

其中的《梦游天姥吟留别》又名《别东鲁诸公》，是一首记梦诗，也是游仙诗。诗写梦游名山，着意奇特，构思缜密，意境雄伟。感慨深沉激烈，变化惝恍莫测于虚无缥缈的描述中，寄寓着生活现实。虽离奇，但不做作。

内容丰富曲折，形象辉煌流丽，富有浪漫主义色彩。形式上杂言相间，兼用骚体，不受律束，体制解放。这首诗是用来留别的，要告诉留在鲁东的朋友，自己为什么要到天姥山去求仙访道。这一段是全诗的主旨所在，在短短的几句诗里，表现了诗人的内心矛盾，迸发出诗人强烈的感情。

他认为，如同这场梦游一样，世间行乐，总是乐极悲来，古来万事，总是如流水那样转瞬即逝，还是骑着白鹿到名山去寻仙访道的好。

这种对人生的伤感情绪和逃避现实的态度，表现了李白思想当中消极的一面。但是，一句"安能摧眉折腰事权贵，使我不得开心颜！"可以看出诗人的思想主要方面是积极的，富有反抗精神的。

《梦游天姥吟留别》在构思和表现手法方面，完全突破了一般送别、留别诗的惜别伤离的老套，而是借留别来表明自己不事权贵的政治态度。

在叙述的时候，又没有采取平铺直叙的办法，而是围绕着一场游仙的梦幻来构思的，直到最后才落到不事权贵的主旨上。这样的构思，给诗人幻想的驰骋开拓了广阔的领域，显示了诗人非凡的才能。

■ 唐代诗人李白衣冠冢

《梦游天姥吟留别》句法的变化极富于创造性。虽然以七言为基调，但是还交错地运用了四言、五言、六言和九言的句子。这样灵活多样的句法用在一首诗里，却不觉得生拼硬凑，而是浑然一体。

从李白所有诗作的整体艺术成就上来讲，他的乐府、歌行及绝句成就为最高。他的歌行完全打破诗歌创作的固有格式，空无依傍，笔法多端，达到了任随性之而变幻莫测、摇曳多姿的神奇境界。他的绝句自然明快，飘逸潇洒，能以简洁明快的语言表达出无尽的情思。

李白的诗雄奇飘逸，艺术成就极高，多彩绚丽，俊逸清新，富有浪漫主义激情，达到了思想内容与艺术形式的完美统一。他不仅在抒写"自我"和寻仙、梦游等易于表达浪漫主义的题材上得以展示，同时在反映战争以及描写日常生活和自然景色的主题上也常常采取这种手法，以驰骋他"想落天外"的想象力。

李白被贺知章称为"谪仙人"，其诗大多为描写山水和抒发内心的情感为主。他的诗具有"笔落惊风雨，诗成泣鬼神"的艺术魅力，这也是他的诗歌中最鲜明的艺术特色。李白的诗富于自我表现的主观抒情色彩十分浓烈，感情的表达具有一种排山倒海、一泻千里的气

李白纪念馆正门

李白雕塑

势。李白诗中常将想象、夸张、比喻、拟人等手法综合运用，从而造成神奇异彩、瑰丽动人的意境，这就是李白的浪漫主义诗作给人以豪迈奔放、飘逸若仙的原因所在。

李白的诗歌对后代产生了极为深远的影响。中唐的韩愈、孟郊、李贺，宋代的苏轼、陆游、辛弃疾，明清的高启、杨慎、龚自珍等著名诗人，都受到李白诗歌的巨大影响。

阅读链接

唐代宰相杨国忠，嫉恨李白之才，总想设法奚落李白一番。一日，杨国忠想出一个办法，就约李白对三步句。李白刚一进门，杨国忠便道："两猿截木山中，问猴儿如何对锯？""锯"与"句"谐音，"猴儿"暗指李白。

李白听了，微微一笑，说："宰相起步，三步内对不上，算我输。"

杨国忠刚跨出一步，李白指着杨国忠的脚喊道："一马隐身泥里，快看怎样出蹄？""蹄"谐"题"，"一马"暗指杨国忠。杨国忠想占便宜，反而被李白羞辱了一番。

改革思想家柳宗元

柳宗元（773—819），字子厚，世称柳河东、河东先生、柳柳州、柳愚溪。生于唐代河东郡，即今山西省永济县。

是中国著名的杰出诗人、哲学家、儒学家乃至成就卓著的政治家，"唐宋八大家"之一。

著名作品有《永州八记》等600多篇文章，经过后人辑为30卷，名为《柳河东集》。代表作有《溪居》《江雪》《渔翁》等，在中国文化史上，其诗、文成就均极为杰出，可谓一时难分轩轾。

■ 唐宋八大家之一柳宗元画像

■ 刘禹锡（772—842），字梦得。祖籍洛阳。唐朝著名的文学家、哲学家，唐代中晚期著名诗人，有"诗豪"之称。政治上主张革新，是王叔文派政治革新活动的中心人物之一。后来永贞革新失败被贬为朗州司马，即今湖南省常德市。

柳宗元是个"神童"型的天才，史书称其小时候"精敏绝伦"，"为文章，卓伟精致"。20岁时与刘禹锡为同科进士，官授校书郎。

柳宗元在30岁时，他与刘禹锡等结识王叔文。王叔文等人看他是个奇才，把他提升为礼部员外郎，并准备大加重用。不久，王叔文革新失败，柳宗元也因为和王叔文的关系而被贬为邵州刺史。在去上任的半路上，又再次被贬为永州司马。后迁柳州刺史。

与此同时，刘禹锡和其他六人也都受到类似处分，这就是历史上的"二王八司马事件"。

永州地区当时甚为荒僻，是个人烟稀少令人可怕的地方。柳宗元被贬后，政敌们仍不肯放过他。造谣诽谤，人身攻击，把他丑化成"怪民"，而且好几年后，也还骂声不绝。

由此可见保守派恨他的程度。永州之贬，一贬就是10年。819年，柳宗元在柳州病逝。

在永州的10年，是柳宗元人生一大转折，是他继续坚持斗争的10年。在这里，他广泛研究古往今来关

王叔文（753—806），生于唐越州山阴，即今绍兴。唐代著名政治改革家。顺宗即位后，任命王叔文为翰林学士，实行改革。改革针对当时弊政，以打击宦官势力为主要目的。改革历时百日，后因俱文珍等人发动政变，幽禁顺宗，拥立太子李纯，以失败告终。

天子 天之嫡长子。在中国古代时期，封建君主认为王权为神所授，其命源天。对封建社会最高统治者的称呼。自称其权力出于神授，是秉承天意治理天下，故称帝王为"天子"，也自称为"朕"。朕代表皇帝的说法，出自于秦国丞相李斯。他对秦始皇说："臣等昧死上尊号，王为泰皇。命为制，令为诏，天子自称曰朕。"

■ 柳宗元画像

于哲学、政治、历史、文学等方面的一些重大问题，撰文著书，《封建论》《非〈国语〉》《天照》《六道论》等著名作品，大多是在永州完成的。

柳宗元在文学上创造了光辉的业绩，在诗歌、辞赋、散文、游记、寓言、小说、杂文以及文学理论诸方面，都做出了突出的贡献。

他一生留下了有600多篇诗文作品，其诗多抒写抑郁悲愤、思乡怀友之情，幽峭峻郁，自成一格。骈文有近百篇，散文论说性强，笔锋犀利，讽刺辛辣。游记写景状物，多所寄托。哲学著作有《天说》《天对》《封建论》等。柳宗元的作品由唐代刘禹锡保存下来，并编成集。有《柳河东集》《柳宗元集》。

除对文学做出的巨大成就而外，柳宗元又是一位著名的思想家。一个积极投身于政治革新的人，推崇"古文"运动，必然是一个思想家。

柳宗元的哲学论著有《非〈国语〉》《贞符》《时令论》《断刑论》《天说》《天对》等。在这些论著中，柳宗元对汉代的大儒董仲舒鼓吹的天子受命之说持否定的态度，把董仲舒这样的人斥为"淫巫瞽史"，并指责他欺骗惑乱了后代。

柳宗元反对天符、天命、

天道诸说，批判神学，强调人事，用"人"来代替"神"，这在1000多年前神学迷信思想占统治地位的封建社会中，是十分难能可贵的。

柳宗元还把对神学的批判变成对政治的批判，用朴素唯物主义观点解说天和人的关系，对唯心主义天命论进行批判。他的哲学思想，是同当时社会生产力的发展、自然科学所达到的水平相适应的。

他把古代朴素唯物主义无神论思想发展到了一个新的高度，是中唐时代杰出的思想家。

柳宗元所写的一些关于社会政治的理论论著，是他的政治思想的具体反映，也是他参与政治斗争的一种手段。

《封建论》是柳宗元最著名的政治论文。针对分封制和郡县制两种制度之争，柳宗元认为整个社会历史是一个自然发展的过程，有其不以人们的意志为转移的客观发展的必然趋势。分封制暴露出种种严重弊端，而新的郡县制能克服分封制弊端，有优越性和进步性，因而极力支持郡县制。

柳宗元作品《永州八记》

柳宗元衣冠冢

对秦始皇的评价，也反映出柳宗元政治思想的进步性。

《六逆论》《晋问》等政论文，主张任人唯贤，反对世袭特权，甚至认为天子在用人问题上有了错误，也应改正。他重视农战的思想也比较突出，重视劝农耕，修水利，以利民、安民。柳宗元推崇儒学，但不主宗一家。

他的不少言论，往往从折中调和的立场，来对儒、法、释、道等各家学说作调和的解说，这是他思想异于其他思想家之处。

在教育方面，柳宗元认为天下万物的生长，都有自身的发展规律。因此必须顺应自然规律，否则不仅徒劳无益，还会造成损害。

柳宗元认为育人和种树的道理是一样的，育人同样要顺应人的发展规律，而不能凭着主观愿望和情感恣意干预和灌输。他赞赏韩愈的《师说》之论，也钦佩韩愈不顾流俗、勇于为师的精神，对当时社会上层士大夫耻于相互学习的风气感到痛心。

他说："举世不师，故道益离。"但他在师道观上又有自己的见解和实施方式。他写下了《师友箴》《答韦中立论师道书》《答严厚舆秀才论为师道书》等文章，阐述了自己的师道观。其核心观点就是相互学习，相互为师。

柳宗元充分肯定教师的作用。他认为无师便无以明白真理，要明白真理必从师。但是，他对韩愈不顾世俗嘲骂而"抗颜为师"的做法，他表示自己没有勇气这样做，但他又不是完全放弃为师，而是去为师之名，行为师之实。柳宗元谢绝结成正式师生关系的名分，不敢受拜师之礼。但对来向他请教问道者，他无不尽其所知给予解答，诚恳地指导后学者，确有为师之实。

■ 柳宗元祠

柳宗元祠内的石鼓

　　他提出相互学习、相互为师的主张，即师生之间应和朋友之间一样，相互交流、切磋、帮助，在学术研讨上是平等的，而不是单纯的教导与被教导的关系。柳宗元的这一观点是传统师道观中有很大影响的一种学说，尤其是在高层次的教学活动中，更有借鉴意义。

阅读链接

　　柳宗元被贬官到永州，那里是丘陵地区，城外有着大片大片的荒地。看到百姓艰苦贫困的生活，柳宗元下决心改善这样的面貌。

　　他以父母官的身份，号召、组织乡间的闲散劳力，开荒垦地，种树种菜，鼓励发展生产。有了足够的土地才能生产出足够的粮食和蔬菜，人民的生活才能走出饥饿和贫穷。

　　在柳宗元的努力下，柳州可耕种土地面积大增。仅大云寺一处开出的荒地就种下了竹子3万竿，种菜百畦。他为改造一方水土，立下了不灭的功勋。

从五代十国至元代是中国历史上的近古时期。五代十国政权屡变，儒学受到冲击。陈抟虽然在这种情况下隐遁山林，但他汇黄老及儒、释、道于一流，对宋代理学产生了较大影响。

宋代理学是儒学的一种历史形态，周敦颐、朱熹重释儒学后形成的理学，是对儒学的复兴。元代许衡的理学传播，促进了当时多元一体的文化格局。

通儒大师

欧阳修以文章继往开来

欧阳修（1007—1072），字永叔，号醉翁，晚年又号"六一居士"；因谥号"文忠"，世称为"欧阳文忠公"。生于北宋吉州永丰，即今江西吉安永丰。北宋时期的政治家、文学家和史学家。北宋古文运动的代表。"唐宋八大家"之一。

后人将其与韩愈、柳宗元和苏轼合称"千古文章四大家"。代表作品有《醉翁亭记》和《秋声赋》等。

■ 唐宋八大家之一欧阳修画像

■ 范仲淹（989—1052），字希文，世称"范文正公"。北宋著名的政治家、思想家、军事家和文学家。他为政清廉，体恤民情，刚直不阿，力主改革，屡遭奸佞诬谤，数度被贬。谥文正，封楚国公、魏国公。有《范文正公全集》传世。

欧阳修4岁的时候，父亲病死，母亲带着他到叔父那里生活。欧阳修的母亲一心想让儿子读书，可是家里穷，买不起纸笔。她看到屋前的池塘边长着草，就用草秆在泥地上写字，教欧阳修认字。

幼小的欧阳修在母亲的教育下，很早就爱上了读书。他10岁时，经常到附近藏书多的人家去借书读，有时候还把借来的书抄录下来。

欧阳修长大以后到东京参加进士考试，连考三场，连中第一。他在20多岁时，文学上的声誉就已经很大了。他为官后支持范仲淹改革，曾因此被宋仁宗贬谪到滁州，即今安徽省滁州市。但宋仁宗鉴于他的文才，后来又把他调回京城。

作为北宋文坛的领袖、宋代散文的奠基人，欧阳修的文学成就是多方面的。

欧阳修在文学创作上的成就，以散文为最高。他一生写了500余篇散文，各体兼备，有政论文、史论文、

进士　中国古代科举制度中，通过最后一级朝廷考试的人称为进士。是古代科举殿试及第者的称呼。意思是可以进授爵位的人。隋炀帝大业年间始置进士科目。唐代也设此科，凡应试者称为举进士，中试者都称为进士。元、明、清时期，贡士经殿试后，及第者皆赐出身称进士。

■ 宋仁宗（1010—1063），初名受益，立皇太子时被宋真宗赐名赵祯。北宋第四代皇帝。在位41年。谥号"体天法道极功全德神文圣武睿哲明孝皇帝"。在位时内忧外困，虽一度推行"庆历新政"，但未克全功。其陵墓为永昭陵。

醉翁亭記

歐陽修

環滁皆山也。其西南諸峰，林壑尤美，望之蔚然而深秀者，琅琊也。山行六七里，漸聞水聲潺潺而瀉出於兩峰之間者，釀泉也。峰回路轉，有亭翼然臨於泉上者，醉翁亭也。太守自謂也。太守與客來飲於此，飲少輒醉，而年又最高，故自號曰醉翁也。醉翁之意不在酒，在乎山水之間也。山水之樂，得之心而寓之酒也。若夫日出而林霏開，雲歸而巖穴暝，晦明變化者，山間之朝暮也。野芳發而幽香，佳木秀而繁陰，風霜高潔，水落而石出者，山間之四時也。朝而往，暮而歸，四時之景不同，而樂亦無窮也。至於負者歌於途，行者休於樹，前者呼，後者應，傴僂提攜，往來而不絕者，滁人遊也。臨溪而漁，溪深而魚肥，釀泉為酒，泉香而酒洌，山肴野蔌，雜然而前陳者，太守宴也。宴酣之樂，非絲非竹，射者中，弈者勝，觥籌交錯，起坐而喧嘩者，眾賓歡也。已而夕陽在山，人影散亂，太守歸而賓客從也。樹林陰翳，鳴聲上下，遊人去而禽鳥樂也。然而禽鳥知山林之樂，而不知人之樂；人知從太守遊而樂，而不知太守之樂其樂也。太守也。太守謂誰？廬陵歐陽修也。

民國六年文石山書

其内容多是悼念亡友，追怀往事，情深意挚，极为动人；他的《丰乐亭记》《醉翁亭记》诸作，徐徐写来，委婉曲折，言辞优美，风格清新。

不论是讽世刺政，还是悼亡忆旧，乃至登临游览之作，无不充分体现出欧阳修那种从容宽厚、真率自然的艺术个性。

欧阳修还开了宋代笔记文创作的先声。他的笔记文，有《归田录》《笔说》和《试笔》等，文章不拘一格，写得生动活泼，富有情趣，并常能描摹细节，刻画人物。其中，《归田录》记述了朝廷遗事、职官制度、社会风习和士大夫的趣事逸闻，介绍自己的写作经验，都很有价值。

欧阳修在诗歌创作方面也卓有成就。他的诗在艺术上主要受韩愈影响。《菱溪大石》《石篆》和《紫石屏歌》等作品，模仿韩愈想象奇特的诗风。

其他一部分诗作沉郁顿挫，笔墨淋漓，将叙事、议论、抒情结为一体，风格接近杜甫，如《重读〈徂徕集〉》《送杜岐公致仕》。另一部分作品雄奇变幻，气势豪放，却近于李白，如《庐山高赠同年刘中允归南康》。

欧阳修的多数作品，主要学习韩愈"以文为诗"，即议论化、散文化的特点。虽然他以自然流畅的诗歌语言，避免了韩愈的险怪艰涩之弊，但仍有一些诗说理过多，缺乏生动的形象。有的古体诗因此显得诗味不浓，但部分近体诗却比兴兼用，情景相生，意味隽永。

在内容上，欧阳修的诗有一部分反映人民的疾苦，揭露社会的黑暗，具有一定的社会意义。例如，在《答杨子静祈雨长句》中，描写了"军国赋敛急星火"，"然而民室常虚空"的社会现实；在《食糟民》中，揭露了官吏"日饮官酒诚可乐"，而百姓"釜无糜粥度冬春"的不合理现象。

欧阳修写诗的目的，是为了规劝统治阶级修明政治，维护封建秩序。他还在诗中议论时事，抨击腐败政治，如《奉答子华学士安抚江南见寄之作》。

笔记文 是一种随笔记录的文体，笔记文包括史料笔记、考据笔记和笔记小说。宋代的笔记文以史料笔记一类最为发达。内容较为切实，不乏第一手材料。往往记事与考辨间杂，如北宋沈括的《梦溪笔谈》即二者并著。

■ 欧阳修蜡像

"花间" 此指花间派，是晚唐五代词派。温庭筠、韦庄是其代表作家。内容不外歌咏旅愁闺怨、合欢离恨，多局限于男女燕婉之私，格调不高，在思想上无甚可取。但其文字富艳精工，艺术成就较高，对后世影响较大。

其他如《明妃曲和王介甫作》《再和明妃曲》，表现了诗人对妇女命运的同情，对昏庸误国的统治者的谴责。

欧阳修写的更多的是借景抒情的文章作品，或清新秀丽，或平淡有味，多抒发诗人的生活感受。如《黄溪夜泊》中的"万树苍烟三峡暗，满川明月一猿哀"，《春日西湖寄谢法曹歌》中的"雪消门外千山绿，花发江边二月晴"，《画眉鸟》"百啭千声随意移，山花红紫树高低；始知锁向金笼听，不及林间自在啼"等。

欧阳修写的诗歌风格是多样的。他提出诗"穷者而后工"的论点，发展了杜甫、白居易的诗歌理论，为宋诗的发展指明了方向，对当时和后世的诗歌创作产生了很大的影响。

欧阳修在宋初的词坛上同样占有一席重要的位置。他创作了很多词，内容大都与"花间"相近，主要内容仍是恋情相思、离情别绪、酣饮醉歌、惜春赏

■ 欧阳修《丰乐亭记》

花之类，并善于以清新疏淡的笔触写景。《采桑子》十三首，描绘颍州西湖的自然之美，写得恬静、澄澈，富有情韵，宛如一幅幅淡雅的山水画。

由于作者对事物体察入微，看似随意写出，却是无限传神，没有炉火纯青的功夫，是不能达到这种艺术境界的。他偏重抒情的词，写得婉曲缠绵，情深语近。

例如《踏莎行》中上下阕的最后两句"离愁渐远渐无穷，迢迢不断如春水"，"平芜尽处是春山，行人更在春山外"，通过春水春山，从思妇眼中写征人，情意深远，含蓄蕴藉，给人以新颖别致的感觉，感情亦非常深挚。

他还有一些词，虽然颓唐叹老、牢骚不平，却直抒胸臆，表现出襟怀豪逸和乐观的一面。

此外，欧阳修打破了赋体严格的格律形式，写了一些文赋，他的著名的《秋声赋》运用各种比喻，把无形的秋声描摹得非常生动形

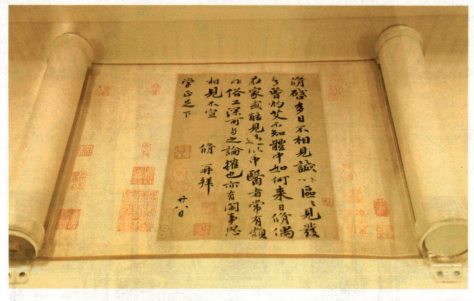

■ 欧阳修书法

象，使人仿佛可闻。

这篇赋变唐代赋体以来的律体、散体形式，对于赋的发展具有一定的开拓意义，与苏轼的《赤壁赋》相媲美，千载传诵。

欧阳修是杰出的应用文大家，他不仅应用文写作颇有建树，而且对应用文理论贡献也很大。欧阳修是从文体形式、实用性质两方面来明确应用文概念的，他已把应用文当作独立的文章体裁，并构筑了应用文理论的大体框架。

欧阳修认为，应用文的特点一是为了应用，二是为了传于后世，三是简洁质朴，四是得体。此外，他对公文的贡献也很大。据后人统计，他写有公文1000篇，公文理论也很系统。当时他虽未明确上行文、平行文、下行文的概念，但为行文方向分类打下了基础。

欧阳修还荐拔和指导了王安石、曾巩、苏洵、苏

王安石（1021—1086），字介甫，号半山，谥文，封荆国公，世人又称王荆公。北宋抚州临川，今临川区邓家巷人。北宋丞相、新党领袖。中国历史上杰出的政治家、思想家、学者、诗人、文学家、改革家。"他是唐宋八大家"之一。著作有《王临川集》等。

轼、苏辙等散文家，对他们的散文创作产生过很大的影响。比如苏轼就最出色地继承和发展了欧阳修所开创的一代文风。

欧阳修在中国文学史上有重要的地位。他继承了韩愈古文运动的精神，大力倡导诗文革新运动，改革了唐末到宋初的形式主义文风和诗风，取得了显著成绩。由于他在政治上的地位和散文创作上的巨大成就，使他在宋代的地位有似于唐代的韩愈。正如苏轼在《居士集叙》中说"天下翕然师尊之"。

作为宋代诗文革新运动的领袖人物，北宋以及南宋后很多文人都很称赞他的散文的平易风格。他的文论和创作实绩，对当时以及后代都有很大影响。

阅读链接

欧阳修积极提倡改革文风。京城考试时，他认为这正是选拔人才、改革文风的好机会。在阅卷时，发现华而不实的文章一概不录取，但对那些有真才实学的人则大加赞赏。

一次，他发现有位考生名字竟与自己名字相同，就在批语后附加一句："司马相如蔺相如名相如，实不相如"。

这位考生接卷后立即对答："长孙无忌魏无忌人无忌我亦无忌"。

欧阳修看后拍手称绝，补录了这位考生。欧阳修促进了选拔人才的实用性，文人也都学着写内容真实的文章了。

婉约派词人李清照

李清照（1084—1155），号易安居士。山东省济南人。宋代女词人，婉约词派代表，有"千古第一才女"之称。历史上与济南历城人辛弃疾并称"济南二安"。

她的词作善用白描手法，自辟途径、语言清丽。论词提出"别是一家"之说。

李清照的代表作品有《声声慢·寻寻觅觅》和《一剪梅·红藕香残玉簟秋》等。今有后人《李清照集校注》。

■ 李清照画像

■ 李清照故居

李清照出生于一个爱好文学艺术的士大夫家庭。她幼年大部分时间是在风景如画、人文荟萃的家乡历城度过的。大约在她五六岁时，因父亲李格非做了京官，她便也随父母迁居东京汴梁。那时候，北宋统治阶级享乐成风，东京表面上仍极繁荣。

李清照作为一个士大夫阶层的大家闺秀，她不仅可以划着小船，嬉戏于藕花深处，而且还可以跟着家人到东京街头观赏奇巧的花灯和繁华的街景。这一切，陶冶了她的性情，丰富了她的精神生活。18岁时与赵明诚结婚。婚后，两人一同研究金石书画，过着幸福美好的生活。

1127年，北方女真族攻破了汴京，宋徽宗、宋钦宗父子被俘，高宗南逃。她与赵明诚避乱江南。后来赵明诚病死，她独自漂流在杭州、越州、金华一带，在凄苦孤寂中度过了晚年。

士大夫 旧时指官吏或较有声望、地位的知识分子。在中世纪，通过竞争性考试选拔官吏的人事体制为中国所独有，因而形成了一个特殊的士大夫阶层，即专门为做官而读书考试的知识分子阶层。这个阶层是中国社会特有的产物，是知识分子与官僚相结合的产物，是两者的胶着体。

目睹国破家亡，清照"虽处忧患穷困而志不屈"，在"寻寻觅觅、冷冷清清"的晚年，她殚精竭虑，编撰《金石录》，完成丈夫未竟之功。

因此可说李清照的作品是和愁字分不开的，从开始的情愁，到家破人亡的家愁，再到江山沦陷的国愁。这纷繁的愁绪令她一步步地迈上了文学圣殿。

李清照的词风以婉约为主，屹然为一大宗，人称"婉约词宗"。她的词艺术特色包括以下几方面：

首先，词之言情，贵得其真。李清照因以女性本位写自我爱情悲欢和亲历的家国巨变而获得空前成功的第一人。她的前期恋情词如《一剪梅》《凤凰台上忆吹箫》等，满怀至情，连篇痴语，自然率真最能体现女性纯诚细腻的灵性。

后期写愁的伤乱词，如《武陵春》《声声慢》《永遇乐》《孤雁儿》等篇，字字血泪，声声呜咽，

赵明诚（1081—1129）字德甫，密州诸城，即今山东省诸城市人，宋徽宗崇宁年间宰相赵挺之的第三子。著名金石学家、文物收藏鉴赏大家及古文字研究家。赵明诚21岁尚在太学读书时，娶李清照。1129年病逝于建康（今南京）。

■ 李清照作品集

一派凄楚，动魄惊心，全是发自肺腑的心声，来不得半点雕琢矫饰。

■ 李清照画像

这些融合着家国之变、时代沧桑的悲慨之曲，来自情挚意浓的词人，植根于真实生活感受，是李清照坎坷生涯、悲剧人生、灾难时代的映现。

其次，熔炼家常语。李清照遣词造句，生动自然，创造了以率真为主要特色的文学语言。如"生怕离怀别苦，多少事，欲说还休"，仿佛毫不经意，冲口而出，但仔细体味，却含意多层，十分精细。

再次，善用白描法。李清照以长于白描手法创造动人的意境。如"帘卷西风，人比黄花瘦""不如向帘儿底下，听人笑语"均以直白之语，写深浓之情，有场景，有人物，有衬映。

最后，讲求韵律美。李清照论词很重视声律，所谓歌辞分五音六律、清浊轻重，她的创作实践了自己

韵律 即是平仄和押韵规范。诗词创作要重视艺术性，并重几个方面，其中之一就是"韵律"，要讲究字词的搭配、音调的和谐，在这些方面，古人有许多精辟的论述，常见有《诗品》《词品》《曲品》等。

江南 在历史上江南是一个文教发达、美丽富庶的地区，它反映了古代人民对美好生活的向往，是人们心目中的世外桃源。从古至今"江南"一直是个不断变化、富有伸缩性的地域概念。江南，意为长江之南面。在古代，江南往往代表着繁荣发达的文化教育和美丽富庶的水乡景象，区域大致为长江中下游南岸的地区。

■ 位于济南的李清照纪念堂

的理论。这是由词作为一种乐诗特质决定的。李清照还善以寻常语度人音律，平淡入调殊难，奇妙而谐律，更是出神入化。

就让我们看看《声声慢·寻寻觅觅》，来感受一下这位婉约派女词人的内心世界。

《声声慢·寻寻觅觅》一题作"秋情"，词中写主人公闺中生活的淡淡哀愁。词人经历了国家危亡，故乡沦陷，丈夫病逝，金石书画全部散佚，自己流落到江南，饱经离乱，所以这里的愁是深愁，浓愁，无尽的愁。

寻寻觅觅，冷冷清清，凄凄惨惨戚戚。乍暖还寒时候，最难将息。三杯两盏淡酒，怎敌他晚来风急？雁过也，正伤心，却是旧

时相识。

满地黄花堆积，憔悴损，如今有谁堪摘？守着窗儿，独自怎生得黑？梧桐更兼细雨，到黄昏，点点滴滴。这次第，怎一个愁字了得！

李清照铜像

上阕透过十月小阳春的冷暖无常，转写为忧愁伤神伤身。下阕描写菊花的枯槁憔悴，愁损容颜，正是李清照不幸遭遇的现实写照。

李清照作为中国古代文学史上少有的女作家，其作品中所体现的爱国思想，具有积极的社会意义。李清照还开创了女作家爱国主义创作的先河，为后世留下了一个女性爱国的光辉典范，特别是对现代女性文学的创作产生了重大影响。

阅读链接

一年重阳节，李清照作《醉花阴·薄雾浓云愁永昼》寄给丈夫："薄雾浓云愁永昼，瑞脑销金兽。佳节又重阳，玉枕纱橱，半夜凉初透。东篱把酒黄昏后，有暗香盈袖。莫道不销魂，帘卷西风，人比黄花瘦。"

赵明诚看后叹赏不已，又不甘下风，就闭门谢客三日三夜，写出五十阕词。他把李清照的这首词也杂入其间，请友人陆德夫品评。

陆德夫把玩再三，说："只三句绝佳。"赵问："是哪三句？"陆答："莫道不销魂，帘卷西风，人比黄花瘦。"赵明诚简直无语了！

集理学大成者朱熹

朱熹（1130—1200），字元晦、仲晦，号晦翁、云谷老人、沧州病叟等，世称"朱子"。生于宋代南剑州尤溪，即今福建省尤溪县。谥号"文"，爵位徽国公。他在为政期间，申敕令，惩奸吏，治绩显赫。

南宋著名的理学家、思想家、哲学家、教育家、诗人，闽学派的代表人物。他继承了北宋程颢、程颐的理学，完成了理气一元论的体系，是宋代理学的集大成者。

■宋代理学的集大成者朱熹画像

朱熹从小就博览群书，广读辞章，出入释、道，对各种学问有着极为广泛的兴趣。18岁中进士，曾担任过秘阁修撰等职。

从24岁起，他受学于程颐的三传弟子李侗，开始真正走上理学的发展道路。他继承周敦颐、程颐、程颢等人的思想，兼采释、道各家思想，集理学之大成，构建起了一个规模庞杂而又不失缜密精致的思想体系。

■ 程颐画像

朱熹哲学的核心范畴是"理"，或称"道""太极"。朱熹所谓的理，有几方面都有互相联系的含义：

首先，理是先于自然现象和社会现象的形而上者。他认为理比气更根本，逻辑上理先于气；同时，气有变化的能动性，理不能离开气。他认为万物各有其理，而万物之理终归一，这就是"太极"。其次，理是事物的规律。还有，理是伦理道德的基本准则。

朱熹又称理为太

■ 朱熹传世墨宝

秘阁修撰 宋代官名。1116年置为贴职。所谓贴职，宋代凡以其他官兼领诸阁学士等职名及三馆职名者，就称为贴职。秘阁修撰用以待任馆阁资历深者，多由直龙图阁迁任。

■ 朱熹祠堂正厅

程颐（1033—1107），字正叔。为程颢之胞弟。北宋洛阳伊川人，人称伊川先生。北宋理学家和教育家。与其胞兄程颢共创"洛学"，为理学奠定了基础。与其兄程颢不但学术思想相同，而且教育思想基本一致，合称"二程"。

极，"太极只是一个理字"，是天地万物之理的总体，即总万理的那个理。太极既包括万物之理，万物便可分别体现整个太极。这便是人人有一太极，物物有一太极。每一个人和物都以抽象的理作为它存在的根据，每一个人和物都具有完整的理，即"理一"。

在朱熹哲学体系中，仅次于理的第二个范畴是"气"。它是形而下者，是有情、有状、有迹的；它具有凝聚、造作等特性。它是铸成万物的质料。

朱熹认为，天下万物都是理和质料相统一的产物。理和气的关系有主有次。理生气并寓于气中，理为主，为先，是第一性的，气为客，为后，是属于第二性的。

朱熹主张理依气而生物，并从气展开了一分为二、动静不息的生物运动，这便是一气分作二气，动的是阳，静的是阴，又分作五气即金、木、水、火、土，散为万物。

朱熹认为，一分为二是从气分化为物过程中的重要运动形态。他探讨了事物的成因，把运动和静止看成是一个无限连续的过程。时空的无限性又说明了动静的无限性，动静又是不可分的。这表现了朱熹思想的辩证法观点。

朱熹还认为动静不但相对待、相排斥，并且相互统一。朱熹还论述了运动的相对稳定和显著变动这两种形态，他称之为"变"与"化"。他认为渐化中渗透着顿变，顿变中渗透着渐化。渐化积累，达到顿变。

朱熹用《大学》"致知在格物"的命题，探讨认识领域中的理论问题。在认识来源问题上，朱熹既讲人生而有知的先验论，也不否认见闻之知。他强调穷

形而下　形而上的东西是抽象的，既是指哲学方法，又是指思维活动。形而下则是指具体的东西或器物。人的认识和认识的积累与提高，有形而上与形而下之分。形而上是对具体客体的抽象和超越，也可以叫哲学；形而下是以具体的客体为基础的研究，也可以叫科学。

■ 朱熹讲学蜡像

理离不得格物，即格物才能穷其理。

朱熹探讨了知行关系。他认为知先行后，行重知轻。从知识来源上说，知在先；从社会效果上看，行为重。而且知行互发，"知之愈明，则行之愈笃；行之愈笃，则知之益明"。

在人性论上，朱熹发挥了张载和程颐的天地之性与气质之性的观点，认为天地之性或天命之性专指理言，是至善的、完美无缺的；气质之性则以理与气杂而言，有善有不善，两者统一在人身上，缺一则做人做事不得要领。

与天命之性和气质之性有联系的，还有"道心、人心"的理论。朱熹认为，"道心"出于天理或性命之正，本来便禀受得仁义礼智之心，发而为恻隐、羞恶、是非、辞让，则为善。"人心"出于形气之私，

《楚辞》 又称"楚词"，是战国时代的伟大诗人屈原创造的一种诗体。作品运用楚地的文学样式、方言声韵，叙写楚地的山川人物、历史风情，具有浓厚的地方特色。汉代时，刘向把屈原的作品及宋玉等人"承袭屈赋"的作品编辑成集，名为《楚辞》。

■ 朱熹蜡像

■ 朱熹纪念祠堂

是指饥食渴饮之类。如此看来，即使是圣人也不能无人心。不过圣人不以人心为主，而以道心为主。

　　他认为，道心与人心的关系既矛盾又联结，道心需要通过人心来安顿；道心与人心还有主从关系，人心须听命于道心。

　　朱熹从心性说出发，探讨了天理人欲问题。他以为人心有私欲，所以危殆；道心是天理，所以精微。因此朱熹提出了"遏人欲而存天理"的主张。朱熹承认人们正当的物质生活欲望，反对佛教笼统地倡导无欲，他反对超过延续生存条件的物质欲望。

　　朱熹的哲学体系中含有艺术美的理论。他认为美是给人以美感的形式和道德善的统一。基于美是外在形式的美和内在道德的善相统一的观点，朱熹探讨了文与质、文与道的问题。认为文与质、文与道的和谐

儒家 又称儒学、儒家学说，或儒教，是中国古代最有影响的学派。作为华夏固有价值系统的一种表现的儒家，并非通常意义上的学术或学派，它是中华法系的法理基础，对中国以及东方文明发生过重大影响并持续至今的意识形态，儒家思想是东亚地区的基本文化信仰。

统一才是完美的。

朱熹还多次谈到乐的问题。他把乐与礼联系起来，贯穿了他把乐纳入礼以维护统治秩序的理学根本精神。

朱熹对文、道关系的解决，在哲学思辨的深度上超过了前人。他对《诗经》与《楚辞》的研究，也经常表现出敏锐的审美洞察力。

朱熹是理学集大成者，中国封建时代儒家的主要代表人物之一。

在当时的历史条件下，朱熹利用他所掌握的丰富的自然科学知识和社会科学知识，对哲学上的许多问题，如理气、一多、知行、理欲及一分为二等都提出了自己的看法，一直是封建统治阶级的官方哲学，标志着封建社会意识形态的更趋完备。并为后人留下了可供探讨的新问题，他的哲学思想是中国封建社会唯心主义发展的最高峰。

有人曾把朱熹比为"中国的黑格尔""中国的康德"，虽然不一定恰当，但朱熹哲学思想的成就和影响确实是不可低估的。

阅读链接

有一次，朱熹去看望女儿。女儿事前不知道父亲要来，就只能做一些葱汤、麦饭招待父亲。因为食物粗淡，女儿心中深深的不安。

朱熹从女儿的脸色上看了出来，却不动声色，而且吃得津津有味。吃完饭，他即景抒怀，写了一首感情真挚、风趣盎然的诗："葱汤麦饭两相宜，葱补丹田麦疗饥。莫谓此中滋味薄，前村还有未炊时。"

朱熹的诗使女儿不仅减轻了心中的愧疚不安，而且受到了节俭朴素和同情贫贱的教育，还学到了一些养生知识。

哲学巨人

　　明清两代是中国历史上的近世时期。在此时期，君主专制制度的加强和资本主义的萌芽，在思想领域引起强烈反响，其代表人物就是王守仁、黄宗羲、顾炎武和王夫之。

　　他们目睹了明朝的灭亡，感受了社会的动乱和危机，这就促使他们进行反思和批判。在主客观因素的影响下，思想巨星苦心孤诣，将传统儒学发展到了一个新的阶段。

罗贯中始作章回体小说

罗贯中（约1330—约1400），名本，字贯中，号湖海散人。山西太原人，一说山东东平人，也有说浙江杭州或江西吉安人。元末明初著名小说家。中国章回小说的鼻祖。

他一生著作颇丰，其代表作《三国演义》是中国"四大名著"之一。它的出现，标志着中国古代小说从"话本"阶段向长篇章回体过渡的完成，揭开了中国小说发展历史崭新的一页。

罗贯中塑像

■ 关羽（约160年或162—220），字云长，山西运城人。东汉末年的名将。刘备起兵时，关羽跟随刘备，忠贞不贰，深受刘备信任。关羽乘势北伐曹魏，威震华夏。关羽去世后，逐渐被神化，被民间尊为"关公"；历代朝廷多有褒封，崇为"武圣"，与"文圣"孔子齐名。

罗贯中小的时候，父亲经常给他讲古代英雄人物的故事，有秦始皇统一天下，有卫青、霍去病打击匈奴，讲得最多的则是三国时的英雄关羽、赵云、张飞和诸葛亮等，这些人物在罗贯中的脑海里留下了深刻的印象。

罗贯中长大后，为了增长知识和阅历，他离开家乡，到了大江南北。无论他走到哪里，都能听到许多三国时期的故事，而且大家说的都不一样，这使罗贯中非常糊涂。

他找来一本陈寿写的《三国志》，耐心地读起来，从中他了解到三国人物的实际情况。但民间有关三国的传说却是十分精彩。罗贯中经过了长时间的摸索，决定写一部关于三国故事的书。

为了写好三国故事，罗贯中拜访了许多文学家和诗人，向他们请教有关三国的一些问题。他还搜集整理了大量民间传说和故事，这些都为他以后写《三国演义》打下了基础。他还特别注意向老人们请教。

经过3年的搜集整理，罗贯中已经拥有很多资料

霍去病（前140—前117），河东郡平阳县，今山西临汾西南人。他是西汉武帝时期的杰出军事家，是名将卫青的外甥，任大司马骠骑将军。好骑射，善于长途奔袭。多次率军与匈奴交战，也留下了登狼居胥山筑坛祭天以告成功的佳话。

群星闪烁的杰出人才

桃园三结义画像

了。他决定开始写《三国演义》，但又开始发愁了，不知道用什么方式写。最后他采用一种前人没有用过的"章回体"方式来进行写作。历经数十载，一部巨著《三国演义》终于完成了。

《三国演义》全称《三国志通俗演义》，是罗贯中在民间传说和民间艺人创作的话本、戏曲的基础上，依据陈寿写的《三国志》和裴松之注的正史材料，加上他自己的才学和经验写成的。《三国演义》成书之后，又经后人多次增删、整理，现在最流行的是清朝康熙年间毛宗岗修改的本子。

《三国演义》讲的历史故事，从东汉末年的184年黄巾起义开始，到280年司马氏统一中国为止，描写近100年的历史故事。

不但揭露了封建帝王阶级对农民起义的残酷镇压，而且揭露了他们之间各种政治、军事和外交的激烈斗争。同时，也反映了当时人民遭受的种种苦难，以及他们反对分裂，要求统一的愿望。

几乎所有的《三国演义》的读者都有这样一个共识，即尊刘贬曹。就是尊崇蜀汉政权的刘备，贬低曹魏政权的曹操。

其实，在《三国演义》中，罗贯中对于刘备，并非简单地因为刘备姓刘，而是由于刘备集团一开始就提出"上报国家，下安黎庶"的口号，为恢复汉家的一统天下而不屈奋斗，不懈努力，被宋元以来具有民族思想的广大群众所追慕。

罗贯中对于曹操，认为他不仅不忠于刘氏王朝，是"奸雄"的典型，而且常常屠戮百姓，摧残人才，在这方面，作品对其恶德劣行的描写大多于史有据，并非有意"歪曲"。

而对曹操统一北方的巨大功绩，对他在讨董卓、擒吕布、扫袁术、灭袁绍、击乌桓等重大战役中所表现的非凡胆略和智谋，罗贯中都作了肯定性的描写，并没有随意贬低。

■ 《三国演义》故事画像

乌桓 是中国古代民族之一。亦作乌丸。乌桓族原与鲜卑同为东胡部落。其族属和语言系属有突厥、蒙古、通古斯诸说，未有定论。公元前3世纪末，匈奴破东胡后，迁至乌桓山，遂以山名为族号，大约活动于今西拉木伦河两岸及归喇里河西南地区。

■《三国演义》插图

同时其他如赤壁鏖兵、夷陵之战等，都写得有声有色，书中展示了曹操任人唯才、礼贤下士、诗人情怀和远大志向，比较全面地呈现了曹操复杂的人物性情和思想政治品质。也讴歌了曹魏集团的一大批文臣武将的忠义、智慧、男儿气概等，所赞美的人和事并不比刘备那边的少。

罗贯中之所以这样写，其实是写作的需要。因为作者要更好地表现小说里的矛盾冲突，势必要选出两个对立面，使读者感到善恶分明，立场明确，有更深刻的印象。

有对立面，才能显示主人公的种种才华。而中国的读者大多喜欢这样的模式，弱小的慢慢地变强大，读者的心就愈发兴奋。这是写作的一贯模式。

此外，罗贯中因为抓住了"忠义"这个词，抓住了读者的心，才有了这样写的意向，甚至我们可以这么说，罗贯中只是在写小说，罗贯中并没有表立场。

"尊刘贬曹"只是尊仁义道德等美好的人性美德，贬的是奸逆残暴等丑恶，并不是通常理解的政治倾向性上的"尊刘贬曹"。由此可见，"尊刘贬曹"其实只是读者自己的个人倾向。

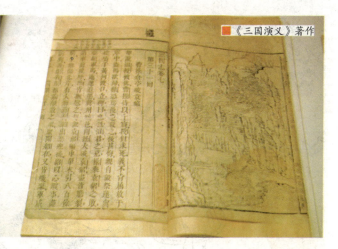

■《三国演义》著作

除了对人性进行道德意义上的评判之外，《三国演义》提供了不少战争经验和各种军事科学知识，对战争的描写是很出色的。

比如写官渡之战，先介绍两军力量的对比。袁绍兵多粮足，拥军70万。而曹操兵少粮缺，只有7万人。但是战争胜败不但决定于客观军事力量的强弱，而且还决定于主观指挥是否正确。于是，继而再攻，各个击破。

相反，袁绍自恃强大，没有利用兵多粮足的优势、结果大败而归。根本原因是指挥不当。这是一次以少胜多的典型战例。其他如赤壁鏖兵、夷陵之战等，都写得有声有色，雄伟壮阔，引人入胜。同时，也为后人提供了丰富的战略战术经验和教训。后来，很多军事将领把《三国演义》当作军事教科书来学习、运用。

在《三国演义》中，有关政治、外交、思想、道德等方面的内容，也是极为丰富的。读者从中也将获益匪浅。

就文学影响而言，《三国演义》开创了历史小说的先河。自罗贯中把三国历史写成小说以来，文人纷纷效法，各取中国历史一段，写成各种历史小说。于是，在中国文学史上，历史小说便蔚然成为一大文学潮流。

《三国演义》剧情插图

火烧博望坡

群星闪烁的杰出人才

　　明代比较有名的历史小说，就有《东周列国志》《杨家将演义》《说唐》《精忠传》等。直到现在，中国几千年的历史，都已写成了各种历史小说。近几年出版的《五千年演义》等，无不是罗贯中历史演义的继承和发展。

　　《三国演义》为如何写作历史小说，提供了"七分事实，三分虚构"的基本经验。

　　《三国演义》中的历史事件和人物，大都是真实的。黄巾起义、董卓之乱、官渡之战、赤壁之战等，在历史上，真有其事。汉末天下大乱，群雄并起，董卓、曹操、袁绍、刘表、刘备、孙权以及关羽、张飞、诸葛亮等，在历史上，也确有其人。这就是"七分事实"。

　　历史小说的创作，在涉及历史之时，原则上要符合历史的真实，不可杜撰或捏造。否则，就不是历史小说了。但另一方面，《三国演义》又不等于三国历史，它毕竟是一部小说。所以，其中不少内容和情节是作者虚构的，夸张的。不但历史上不存在"吴国太佛寺看新郎""献密计黄盖受刑"和"七星坛诸葛亮祭风"等事件，而且，就是对历史人物如刘备、曹操、诸葛亮、关羽和张飞等，也不是从《三国志》里照搬到《三国演义》中来。而是作者依据对人性的道德评判思想给予加工改造。有的加以美化、神化，有的加以丑化。《三国演义》中的这些人物，已是艺术典型。这就是"三分虚构"。

　　《三国演义》的构思宏伟严密，情节曲折变化而又脉络分明。它

诸葛亮画像

既以人物为中心，又描写出战争双方的战术战略。书中一些战争场面，如"三英战吕布""赵云七进七出""赤壁大战""火烧连营"等场面，让人感到惊心动魄、扣人心弦。

《三国演义》塑造了许多鲜明的人物形象。如神机妙算的诸葛亮、狡猾奸诈的曹操、鲁莽的张飞、重义气的关羽、少年老成的周瑜等都栩栩如生，至今他们的形象还生动地留在人们心中。

《三国演义》开创了中国章回体小说新纪元，为中国以历史题材为题的文学作品铺开了道路。其内容成为百姓们茶余饭后的精彩故事，影响民俗文化，其中有些内容可用来教育后代。

总之，《三国演义》是一部艺术性很高的作品。但它也有种种不足。如否定农民起义的错误立场，封建迷信，等等。然而它毕竟是一部伟大的文学名著，罗贯中也因此获得了在中国文学史上的重要地位。

阅读链接

施耐庵在写《水浒传》时，他每写出一回，先交给罗贯中阅读，并虚心听取意见。罗贯中也总是坦诚相待，反复斟酌其中的章节，仔细推敲文字，向施耐庵提出修改和补充见解。

当施耐庵遇到写不下去的故事情节时，便找到罗贯中一起商讨。当时在外人看来，罗贯中只是施耐庵患难与共的家人，而实际上，他们是推心置腹的益友。

在《水浒传》创作的整个过程中，罗贯中付出了辛勤的劳动，给予施耐庵巨大的支持和帮助。

吴承恩托神魔鬼怪言志

吴承恩（1501—1582），字汝忠，号射阳山人。生于淮安府山阳县，即今江苏省淮安市楚州区。明代杰出的小说家。

在吴承恩一生创作的大量作品中，成就最突出的当属中国"四大名著"之一的《西游记》，书中创造的神怪世界，在中外享有很高的声誉。《西游记》的出现，开辟了神魔长篇章回小说的新门类。

■《西游记》的作者吴承恩画像

■ 唐太宗画像

吴承恩出生于一个小商人家庭，祖上曾做过小官，到他父亲吴锐时，家道已中落，只能靠做些小本生意维持生活。少年吴承恩天资聪颖、机智善辩，据说他读书一目十行，过目不忘，还写得一手好文章。

吴承恩少时还有一个不同于其他孩子的特点，就是他特别喜欢神仙鬼怪、狐妖猴精一类的故事。他经常瞒着父母看一些《玄怪录》之类的野史小说。这些经历对他创作《西游记》有着不可低估的影响。

步入青年时代的吴承恩，科场一再失意，这位誉满乡里的才子，因此经受了很大的精神压力和社会压力。他变得狂放不羁，轻世傲物，对科举制度产生了明显的不满情绪。

1550年，吴承恩被淮安府呈为贡生，但进京选官又空手而归。他后来曾做过两年小官，最后罢官回到淮安。经过深思熟虑，他选择了写作，这是他早就有的愿望，现在终于可以实现了。

《西游记》所写的唐僧取经故事，是由玄奘的经历演绎而成的。627年，唐太宗主政时的和尚玄奘不顾禁令，偷越国境，费时17载，经历百余国，只身一人前往天竺，即印度取回佛经657部。

野史 一般被认为是指古代私家编撰的史书，与官修的史书不同的另一种史书，是与"正史"相对而言的。正史的史料更可靠，更权威也更可信，但由于封建的正统观念及其他种种原因，也删去了一些本该记入正史的事情。这些事情，便成了野史。

玄奘向其弟子辩机口述西行见闻，并由辩机整理写成《大唐西域记》。为了宣传佛教并颂扬师父的业绩，弟子们不免夸大其词，并插入一些带有神话色彩的故事，如狮子王劫女为子、西女国生男不举、迦湿罗国"灭坏佛法"等。此后取经故事即在社会上广泛流传，愈传愈离奇。

在《独异志》《大唐新语》等唐人笔记中，取经故事已带有浓厚的神奇色彩。到了南宋的说经话本《大唐三藏取经诗话》中，又把各种神话与取经故事串联起来，出现了猴行者的形象。

猴行者原是"花果山紫云洞八万四千铜头铁额猕猴王"，化身为白衣秀士，来护送三藏。他神通广大、足智多谋，一路杀白虎精、伏九馗龙、降深沙神，使取经事业得以"功德圆满"。这是取经故事的中心人物由玄奘逐渐变为猴王的开端。

猴行者的形象源于中国古代的志怪小说及《吴越春秋》《搜神记》《补江总白猿传》等书中的白猿成精作怪的故事。而《古岳渎经》中的淮涡水怪无支祁的"神变奋迅"和叛逆性格同取经传

志怪小说 是中国古典小说形式之一，以记叙神异鬼怪故事传说为主体内容，产生和流行于魏晋南北朝。志怪，就是记录怪异，主要指魏晋时代产生的一种以记述神仙鬼怪为内容的小说，也可包括汉代的同类作品。

说中的猴王尤为接近。

书中的深沙神则是《西游记》中沙僧的前身，但还没有出现猪八戒。由宋至明，取经故事也经常出现在戏曲舞台上。

宋元南戏有《陈光蕊江流和尚》，金院本有《唐三藏》，元代有《唐三藏西天取经》杂剧，元末明初有《二郎神锁齐天大圣》和《西游记》杂剧。也就是说，在吴承恩创作《西游记》以前，取经故事已经以各种形式在社会上广为流传。

吴承恩就是以当时广泛流行的唐僧取经的故事作为主题，参照中国古代其他神话故事和他在现实中搜集到的"神怪"故事，运用天才的想象力，将它们创造性地组合，终于完成了中国神话巨著《西游记》。

《西游记》全书分为三大部分。前七回是全书的引子部分，一边安排孙悟空出场，交代清楚其出身、

南戏 北宋末至元末明初在南方最早兴起的戏曲剧种，中国戏剧的最早成熟形式之一。南戏有多种异名，南方称之为戏文，明清间亦称为传奇。其音乐南曲则是一种重要的戏曲声腔系统，为其后的许多声腔剧种的兴起和发展，提供了丰富的营养，在中国戏曲艺术发展史上，具有重要意义。

298

群星闪烁的杰出人才

■ 《西游记》中唐僧师徒的雕塑

■ 吴承恩故居

师承、能耐、性情；一边通过孙悟空在天、地、冥、水四境界穿越，描绘四境界风貌，建立一个三维四境界立体思维活动空间。

八至十二回写的是唐僧出世、唐太宗入冥故事，交代了去西天取经缘由。十三至一百回写孙悟空、猪八戒、沙悟净、小白龙保护唐僧西天取经，历经九九八十一难，到达西天，取得真经，修成了正果。

《西游记》向人们展示了一个绚丽多彩的神魔世界，人们无不在作者丰富大胆的艺术想象面前惊叹不已。然而，任何一部文学作品都是一定社会生活的反映，作为神魔小说杰出代表的《西游记》亦不例外。

正如鲁迅先生在《中国小说史略》中指出，《西游记》"讽刺揶揄则取当时世态，加以铺张

神魔小说 鲁迅在《中国小说史略》中首次提出"神魔小说"的概念，该类小说在明清时期较为兴盛。其语言风格不拘一格，想象力丰富，背景或为虚幻或为海外某地假托，综合宗教、神话等民间喜闻乐见的形式，因此至今广为传诵。

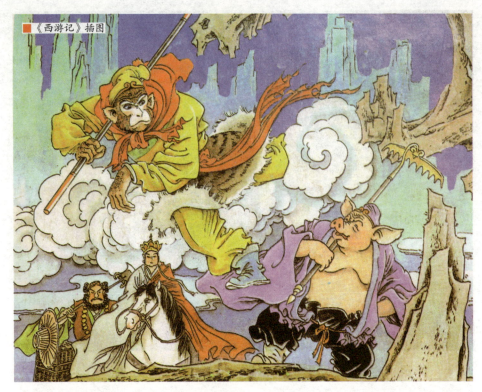

描写"。又说，"作者禀性，'复善谐剧'，故虽述变幻恍惚之事，亦每杂解颐之言，使神魔皆有人情，精魅亦通世故。"的确如此。

通过《西游记》中虚幻的神魔世界，我们处处可以看到现实社会的投影。而作者对封建社会最高统治者的态度也颇可玩味，在《西游记》中，简直找不出一个称职的皇帝；至于昏聩无能的玉皇大帝、宠信妖怪的车迟国国王、要将小儿心肝当药引子的比丘国国王，则不是昏君就是暴君。

玉皇大帝手下十万天兵天将，竟然抵不过孙猴子一条金箍棒，而让真正的贤才去当不入流的马夫，其统治之昏暗、虚弱，不言而喻。

如来佛祖所创佛教，僧人自然不能以钱财所迷，可是佛祖竟然默许手下人收取贿赂。而《西游记》一路上妖魔鬼怪，多与神佛有瓜葛，如青牛精是太上老君坐骑，金银角大王是太上老君的童子，狮驼岭三魔王均与文殊、普贤菩萨甚至如来佛祖有关系。这反映封建社会官官相护的黑暗情景。

对于这些形象的刻画，即使是信手拈来，也无不具有很强的现实意义。《西游记》不仅具有较深刻的思想内容，艺术上也取得了很高的成就。

《西游记》以丰富奇特的艺术想象、生动曲折的故事情节，栩栩如生的人物形象，幽默诙谐的语言，构筑了一座独具特色的《西游记》艺术宫殿。

《西游记》在艺术上的最大成就，是成功地创造了孙悟空这个不朽的艺术形象。

孙悟空是《西游记》中第一主人公，是个非常了不起的英雄。他有无穷的本领，天不怕地不怕，具有不屈的反抗精神。

他有着人性、神性和猴性三重特点。大英雄的不凡气度，对师父师弟有情有义。也有爱听恭维话的缺点，机智勇敢又诙谐好闹，是为人性；毛脸雷公嘴，山大王则是猴性；而七十二变，一个跟头十万八千里，则是神性。

孙悟空最大的特点就是敢于战斗。他与至高至尊的玉皇大帝敢斗，从而叫响了"齐天大圣"的美名；与妖魔鬼怪敢斗，火眼金睛绝不放过一个妖魔，如意

美猴王

■《西游记》插图

金箍棒下绝决不对妖魔留情；与一切困难敢斗，决不退却低头。这就是孙悟空，一个光彩夺目的神话英雄。

大闹天宫的桀骜不驯，与西天取经相比似乎改变许多，其实悟空的个性仍然没有变，比如在骗取妖怪的两件宝物，让玉帝派人装天，威胁道："若不从，即上灵霄宝殿动起刀兵。"

在得知妖怪是观世音菩萨所派，咒她"活该一世无夫"，对如来佛祖更是以"妖精的外甥称呼"。孙悟空，这么一个不"听话"，不为强势所屈服的硬汉子，跃然纸上。

《西游记》自问世以来，在中国及世界各地广为流传，被翻译成多种语言。《西游记》是从高丽末期开始传入韩国的。

如今，韩国的《西游记》研究虽不能算是活跃，但也始终没有间断过，不但有关于《西游记》的学术研究成果，而且韩国人对《西游记》的翻译出版也怀有极大的兴趣。在日本也出现了以孙悟空为主角的文艺作品。

《西游记》不仅传入亚洲国家，在欧美亦产生广泛的影响。欧美一些重要的百科全书，如《英国大百

如来佛 即释迦牟尼，原名乔达摩·悉达多。古印度释迦族人，生于古印度迦毗罗卫国，佛教创始人。他成佛后被称为释迦牟尼，尊称为佛陀。在民间信仰中信徒也常称呼为佛祖。在佛教中记载着农历的四月初八是佛教释迦牟尼佛的诞辰日。

科全书》在评介《西游记》时写道：

> 十六世纪中国作家吴承恩的作品《西游记》，即众所周知
> 地被译为《猴》的这部书，是中国一部最珍贵的神奇小说。

《美国大百科全书》写道：

> 在十六世纪中国出现的描写僧人取经故事的《西游
> 记》，被译为《猴》，是一部具有丰富内容和光辉思想的神
> 话小说。

吴承恩写的《西游记》第一回《猴王出世》，被选进了人教版语文五年级下学期第二十一课中。《三打白骨精》被选为苏教版六年级第八课。还有，《花果山拥立美猴王》入选沪教版语文六年级下学期课中。《孙悟空棒打白骨精》也入选沪教版语文六年级下学期课中。《火焰山宝扇灭火焰》选入沪教版语文六年级下学期课中。

阅读链接

新野的猴戏历史悠久，源远流长。在这里做过县令的吴承恩也对这猴戏无比钟爱，而且入耳入脑，了如指掌。

《西游记》中大量地运用了新野的方言，如新野人称"饺子"为"扁食"，称动物"不安静"为"骨冗"等，此类方言在《西游记》中比比皆是，足见吴承恩对新野的民间习俗了解之深。

也许，因为有了他对新野猴戏细致入微的观察，有了新野猴戏中活灵活现的猴子情态，才有了神话力作《西游记》中招人喜爱的猴王形象。

清学开山始祖顾炎武

顾炎武（1613—1682），本名继坤，改名绛，字忠清；南都败后，改炎武，字宁人，号亭林，自署蒋山佣。苏州府昆山人。顾炎武被称作清朝"开国儒师""清学开山"始祖，是著名经学家、史地学家、音韵学家。他与黄宗羲、王夫之并称为"明末清初三大儒"。

他学问渊博，于国家典制、郡邑掌故、天文仪象、河漕、兵农及经史百家、音韵训诂之学，都有研究。晚年治经重考据，注意经世致用，开清代汉学风气。被誉为"清学开山始祖"。

■ 清学开山始祖顾炎武画像

顾炎武的家庭是江苏有名的四大富户之一，又是世代相传的书香门第。从他的高祖到他的父辈，祖孙五代都做过明朝的大官。顾炎武的养母王氏也出生在官宦人家，是一位有学识的妇女。

顾炎武从小学习非常勤奋，3岁时，王氏就亲自教他读当时的儿童教育课本《小学》，还给他讲古代英雄的故事。10岁开始跟随祖父学孙子、吴子的兵法著作和《左传》《国语》《战国策》《史记》《资治通鉴》等书，14岁就考中了秀才。

■ 顾炎武画像

后来，他参加了明末有名的文学团体复社。从此，他的视野开阔了，开始关心国计民生的大事。

明朝灭亡以后，顾炎武接受了福王的招聘到南京担任兵部司务。可是，还不到一年，福王政权也灭亡了。顾炎武满怀亡国之恨，回到家乡组织义军抗清。

不久，清兵攻占了昆山，顾炎武率义军奋战了4个昼夜，因为力量悬殊终于失败了。后来，顾炎武被清朝政府关进了监狱。多亏他的好朋友设法把他搭救出来。

顾炎武在家里难以立足，只好背井离乡，开始了长期的旅居生涯。以游为隐之后，顾炎武专心著述。

福王（1607—1646），即南明弘光帝朱由崧。明神宗孙、福王朱常洵长子。昏庸腐朽，追逐声色，任用非人，置国事于不问。清兵南下占南京时，福王和官员们作鸟兽散。福王被抓住押回南京时，百姓夹道唾骂，可见这个政权已受人民的唾弃。

群星闪烁的杰出人才

史局 即史馆。官署名。北齐始置。清置国史馆撰述国史，另于每帝死亡，新君继位后置实录馆编修前帝政令，事毕即撤。

君权 皇帝的权力。奴隶制、封建制国家通常实行君主专制制，皇帝拥有无限权力，凭借庞大的官僚机构统治人民。实行立宪制的资本主义国家，仍保留民主，但君权受到宪法的限制，这是资产阶级同封建势力妥协的结果。

🟧 顾炎武故居正门

对于清朝科举应试、清朝开办史局的征聘，甚至邀其南归，他都予以拒绝。

因此，他著述甚丰，据说他写的书稿，堆积得有自己身体那么高了。今天可以见到的近50种400多卷。其中《日知录》32卷，他一生为学所得，大都荟萃其中，有极高的学术价值。

在《日知录》中，最为可贵的是他所表现的有价值的民主思想和强烈的民族意识。顾炎武将神圣不可侵犯的君权，大胆地列入了自己的讨论研究范围。

在《日知录》卷24《君》中，他广泛征引历代载籍，以论证"君"并非封建帝王的专称。在古代，君为"上下之通称"，不唯天子可称君，就是人臣、诸侯、卿大夫，乃至府主、家主、父、舅等皆可称君。这样的论证，简直近乎在嘲弄封建帝王了。

在论君的基础上，顾炎武进而提出了反对"独治"，实行"众治"的主张。他认为：人君对于天下，不能搞"独治"，如果搞"独治"，则刑罚严

苟；搞"众治"则大不相同。顾炎武虽然没有否定君主制，但他对君权的大胆怀疑，并进而提出了"众治""以天下之权，寄天下之人"等主张，是十分难能可贵的。

强烈的民族意识和爱国思想，也是顾炎武在《日知录》中反复阐述的"华裔之防"。这其实反映了他的社会政治思想。

在《日知录》中，顾炎武还对宋明理学、王阳明的心学，进行了猛烈的批判。在《日知录》中的《夫子之言性与天道》中，他指出：理学家们，言心言性，"以明心见性之空言，代修己治人之实学"，他认为这整日空谈，不习六艺之文，不考百王之典，不综当代之务，才引起了国家民族的危机，造成了明朝的灭亡。其危害之大，后果之严重，是极为痛心的。

顾炎武从政治上批判了心学的危害之外，还从哲学上指出心学的错误。他否定心的全能，但不否定人

心学 心学作为儒学的一门学派，最早可推溯自孟子，而北宋程颢开其端，南宋陆九渊则大启其门径，而与朱熹的理学分庭抗礼。至明朝，由王阳明首度提出"心学"两字，并提出心学的宗旨在于"致良知"。至此，心学开始有清晰而独立的学术脉络。

们主观意识的能动作用。

他强调"经世致用""引古筹今"，学习要为现实服务，人们要从外界的具体事物中去探求真理，而不能只从自己的头脑中寻求答案。

他认为，应该把天道性命等抽象的论述，还原于日常的经验之中，不要清谈妙悟，而要把着眼点放到探讨与国计民生有关的一些实际问题上，做些实实在在的事。

顾炎武还是一个唯物主义的思想家。他认为宇宙是物质构成的，强调要从具体的事物中探求真理，反对主观空想。他积极主张改革政治经济。

顾炎武不但是杰出学者，而且也是著名诗人。他诗歌根底深厚，于古人兼学并蓄，尤得力于杜诗。诗的内容大都是眷怀君国，感慨沧桑。诗风沉郁悲壮，慷慨苍凉，绝无敷衍应酬之作。所作众体兼备，七律尤为杜甫以后屈指可数的作者。其诗辑有《亭林诗文集》。

除此以外，顾炎武在音韵学、考据学、训诂学、历史学、文学等方面，都有独到的见解和丰富的著述。

顾炎武45岁离家出走，在外面整整漂泊了25年。到了晚年，他定居在陕西华阴县，但仍然经常来往于河南、山西、陕西一带讲学。1682年，顾炎武旅经山西曲沃时不幸患病，不久与世长辞。

顾炎武为学以经世致用的鲜明旨趣，朴实归纳的考据方法，创辟

■ **杜诗** 这里指杜甫的诗歌。作为唐代伟大的现实主义诗人，杜甫一生写下了1000多首诗，其中著名的有《三吏》《三别》《兵车行》《茅屋为秋风所破歌》《丽人行》《春望》等，深刻地反映了当时的社会现实，对后人产生了深远的影响。

路径的探索精神，以及他在众多学术领域的成就，宣告了晚明空疏学风的终结，开启了一代朴实学风的先路，给予清代学者以极为有益的影响。同时，顾炎武的道德学问、治学精神、思想方法，对后世都产生了深远的影响。

后世学者，发扬其治学精神，继承他的治学方法，沿着他开辟的路径走下去，取得了清代学术文化多方面的成果。

此外，顾炎武还注意到了人心所潜在力量对社会面貌的重大影响，注意到了端正人们精神面貌在变乱世为治世过程中的重要地位，这一切也给后世以有益的启示。

阅读链接

顾炎武晚年时，年轻的康熙皇帝为了把汉族地主中的学者名流笼络起来，下令让各地荐举著名学者。

那时候，顾炎武已经是学术界的领袖人物了，荐举他的人当然很多，可是都被他拒绝了。

不久之后，大学士熊赐履主修明史，又写信聘请顾炎武。顾炎武派他在北京的学生去对熊赐履说："刀和绳都在这里，难道你非要逼死我不行吗？"

从此，再也没有人敢打顾炎武的主意了。

蒲松龄抒发孤愤著聊斋

■ 蒲松龄塑像

蒲松龄（1640—1715），字留仙，一字剑臣，别号柳泉居士，世称聊斋先生，自称异史氏。生于山东省淄博市淄川区洪山镇蒲家庄。

蒲松龄的短篇小说集《聊斋志异》，被世人称为"孤愤之书"，郭沫若曾评价说："写鬼写妖高人一等，刺贪刺虐入骨三分。"老舍也评价过蒲氏"鬼狐有性格，笑骂成文章"。蒲松龄也被称为"世界短篇小说之王"。

蒲松龄自幼聪慧好学，19岁时连中县、府、道三个第一，以后却连试不第。他只做过半年县衙幕僚，其余的生活主要是读书、教书、著书。当时封建文化教养、塾师职位，使他的思想比较保守，直到71岁时才成岁贡生，还要请求县令挂匾。

■《聊斋志异》故事插图

由于蒲松龄穷愁潦倒的一生，使他对科举制度的腐朽、封建仕途的黑暗有了深刻的认识。他一生除一度游幕苏北外，大部分活动不出于淄邑和济南之间。

但他接触和交游的人物却非常广泛，他的秀才出身以及出外做幕僚和塾师的生活，使他接触了大量的统治阶级人物，他长期居住农村和家境的贫困又使他与下层人民保持密切的联系。

因此，他对封建社会的种种人物，上自官僚缙

岁贡生 明清的时候，每年或两三年从各府、州、县学中选送生员升入国子监就读，成为岁贡。如此录用的读书人便是"岁贡生"，意为保送生。明清两代，贡生有不同的称呼：明代有岁贡、选贡、恩贡和纳贡；清代有恩贡、拔贡、副贡、岁贡、优贡和例贡。

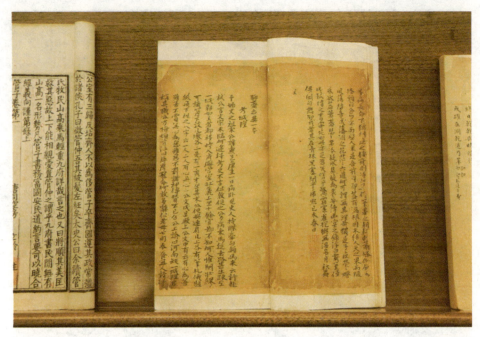

群星闪烁的杰出人才

■《聊斋志异》的
各种版本

俚曲　通俗的歌
曲。也叫"俗
曲"。蒲松龄的
出生地淄川是明
清俗曲重要流布
地区之一。蒲松
龄集一生完成
了15部俚曲的创
作。无论是在文
学方面，还是在
音乐方面，这些
俚曲均具有极高
的价值。聊斋俚
曲曲目有《耍孩
儿》《玉娥郎》
《粉红莲》《叠断
桥》等。

绅、举子名士，下至农夫村妇、婢妾娼妓，以及蠹役
悍仆、恶棍酒徒、僧道术士等的生活方式、精神面貌
和命运遭际，无不具有细致的观察和深刻的了解。这
种丰富的生活阅历和上述的进步思想，为他的创作奠
定了深厚的生活基础。

蒲松龄才华横溢，兴趣广泛，在创作上做过多方
面的尝试、探索，著述颇多。诗、词、骈、散、杂
论、婚丧嫁娶应时应景文字，无所不写。计有文400
余篇，诗900余首，词100余阕，杂著数种，戏3出，
通俗俚曲15部。而使他垂名于世的，则是一部文言文
短篇小说集《聊斋志异》，其中收短篇491篇。

从思想内容上看，《聊斋志异》反映了中国封建
社会后期一位正直的农村中下层知识分子对现实的体
察、感受以及他的是非观和审美情趣。在暴露社会黑
暗，鞭挞丑恶现象，或是在昭示现实中人的美好品

格、情操和理想方面，都达到了新的历史高度。

首先，揭露了官府黑暗，官贪吏虐，豪绅为富不仁的现实，展示了封建社会末期政治的腐败，国家机器衰朽的景象。如《席方平》《促织》《梦狼》《红玉》诸篇，有的直指朝廷和皇帝，触及重大的政治问题，表现出了作者对现实的深刻认识。

其次，对科举弊端的批判，其中多数篇章揭露了考官的昏庸和考试舞弊风。如《贾奉雉》《司文郎》等，嬉笑怒骂，妙趣横生，辛辣至极，有些篇章揭露了科举制度对读书人的毒害。如《王子安》《叶生》等，虽格调不同，或显示其可笑可鄙，或显示其可怜可悲，但都开掘甚深。

最后，赞美纯真的爱情，讴歌美好的心灵。书中描写爱情、婚姻、家庭生活的篇什最多，而其中最使读者感兴趣的是那些人间男子与狐鬼花妖之女相亲近，相爱恋，相婚配的故事。

那些狐鬼花妖幻化的少女，虽性格各异，但大都秀外慧中，善良无私，不图富贵，不慕权贵，以才德取人，爱其所当爱者，且历经患

313

近世时期

哲学巨人

《聊斋志异》插图

难灾祸而不渝。

　　她们来去自如、随心所欲，而且没有封建礼教戒规所造成的拘泥、矫情、虚伪、死气沉沉等弱点，这与本书中所写的现实社会的妇女迥异，与作者所信奉的道德观念大相径庭。

　　从艺术成就上看，《聊斋志异》代表着中国文言短篇小说的最高成就。它博采中国历代文言短篇小说以及史传文学艺术精华，运用了浪漫主义的创作方法，造奇设幻，描绘鬼狐世界，从而形成了独特的艺术特色。

　　首先，蒲松龄对志怪传统和传奇笔法，既有继承又有超越。《聊斋志异》虽然也写花妖狐魅的怪异题材，但为的是曲折反映社会现实，抒发自己内心"孤愤"，在内容的深度广度上，都超过了以往的志怪、传奇。除了对唐代传奇情节的曲折、叙写委婉、文辞华丽等特点的继承，又有对其的超越，具体表现为从故事体到人物体，注重塑造形象；善用环境、心理等多种手法刻画人物，具有明显的诗化倾向。

　　其次，情节离奇曲折，富于变化。《聊斋志异》每叙一事，力避平铺

314

群星闪烁的杰出人才

■《聊斋志异》故事插画

■ 《聊斋志异》故事插画

直叙，尽量做到有起伏、有变化、有高潮、有余韵，一步一折，变化无穷；故事情节力避平淡无奇，尽量做到奇幻多姿，迷离惝恍，奇中有曲，曲中有奇。

曲是情节的复杂性，奇是情节的虚幻性，曲而不失自然，奇而不离真实，这是《聊斋志异》艺术力量之所在。如《促织》《王桂庵》《西湖主》《葛巾》《胭脂》等等，都写得奇峰迭起，变幻无穷，极尽腾挪跌宕之能事。

最后，善用多种手法塑造个性鲜明的人物形象。蒲松龄所写鬼狐花妖，一方面赋予它们以人的社会性，另一方面又保持它们某种自然性，写得狐有狐形，鬼有鬼态，从而显得生趣盎然。这不仅使人物性格特点突出，而且使读者有鲜明的形象感受。

文言文 是中国古代的一种书面语言，主要包括以先秦时期的口语为基础而形成的书面语。文言文是相对白话文而言的，其特征是以文字为基础来写作，注重典故、骈骊对仗、音律工整且不使用标点，包含策、诗、词、曲、八股、骈文古文等多种文体。

蒲松龄刻画人物时，或通过人物的音容笑貌和内心活动，或通过生动、准确的细节，往往寥寥数笔，便能形神兼备。例如小翠的顽皮、小谢的调皮、青凤的庄重、孙子楚的痴情，无不生动真实，给人留下深刻的印象。

蒲松龄还善用环境描写映衬人物。比如《婴宁》，处处用优美的自然环境来衬托人物：村外的"丛花杂讨"，门前的丝柳垂荫，墙内的"桃杏、修竹"，堂前的夹道红花，窗下的海棠繁叶，庭中的豆棚瓜架，使得人物与环境十分和谐，相得益彰。

此外，蒲松龄在语言的运用上，达到了炉火纯青的地步，它使文言语汇产生活力，生动活泼地表现了现实生活。

他不仅运用文言文的简练、典雅、精粹，同时还吸收了民间文学和群众口语乃至方言的精华，熔铸了小说特有的语言风格，从而塑造了具有鲜明个性的人物形象。

《聊斋志异》故事插图

《聊斋志异》一问世就风行天下，翻刻本竞相问世，相继出现了注释本、评点本，成为小说中的畅销书。

特别是清代前半叶，出现了数目惊人的志怪小说。其中影响较大的有王士祯的《池北偶谈》、纪晓岚的《阅微草堂笔记》、袁枚的《子不语》《新齐谐》等，这些小说都是走的《搜神记》和

《聊斋志异》的"志怪"的路子。

　　《聊斋志异》开始外传东方国家的时间为18世纪下半叶，开始外传西方国家的时间为19世纪中期，而以传入日本的时间为最早。

　　《聊斋志异》青柯亭刊本刊后的第十八年，即1784年，就由海船运到日本，日本江户时代文学就

■《聊斋志异》故事插图

受到了《聊斋志异》的影响，进入明治时期，在日本便出现了《聊斋志异》的翻译、改编和再创作等作品。自18世纪迄今，《聊斋志异》外文译本共有20多个语种。在中国古典文学作品中，《聊斋志异》是拥有外文翻译语种最多的一部小说。事实证明，许多外国人对《聊斋志异》的熟悉程度不亚于中国人。

阅读链接

　　蒲松龄曾在毕际友家做塾师。一日，毕际友邀请达官显贵来家赴宴，请蒲松龄作陪。蒲松龄从外面走进来时，在座各位看到他衣衫褴褛、其貌不扬，他们的傲慢、鄙夷之情溢于言表。

　　蒲松龄见状，并未吱声。酒过三巡，众食客吟诗作赋以助酒兴。轮到蒲松龄时，蒲松龄以"针"为题作诗一首："远看像条银，近看一根针。腚上只长一个眼，只认衣服不认人。"

　　众人听罢，一笑二想三脸红，愧疚之色写于脸上。

诗风奇肆的龚自珍

龚自珍（1792—1841），字璱人，号定盒，曾字尔玉，更名易简，字伯定，再更名为巩祚。生于清代浙江仁和，即今浙江省杭州。清朝期著名思想家、文学家。他主张革除弊政，抵制外国侵略。

他的许多诗既是抒情，又是议论，把现实的现象，提到社会历史的高度，提出问题，抒发感慨，表示态度和愿望。

龚自珍所写《己亥杂诗》315首，是他思想的精华，其诗风瑰丽奇肆，被柳亚子誉为"三百年来第一流"。

著有《定庵文集》，留存文章300余篇，诗词近800首，今人辑为《龚自珍全集》。

龚自珍画像

龚自珍出生在一个世族书香和五代官宦的家庭。祖父和父亲除了任官，还有著述。母亲是著名的文学家段玉裁的女儿，也会写诗作文。这样的家庭环境为龚自珍的成才，提供了得天独厚的条件。

他12岁时，拜一位人品端正、学识渊博的宋先生为师，学习四书五经，学问精进。27岁中举人，可是后来屡试不中。30岁时，在清内阁的国史馆中任中书，这使他有机会翻看国家的大量藏书。

龚自珍曾经跟随父亲调任，奔走南北，既看到了统治集团的内幕，又接触了社会，促使他关心世情民隐。他从挽救清王朝危机出发，疾呼要打破"万马齐喑"的局面，极力主张"变法图强"。为此，他大胆地提出一些改革弊政的方法。

龚自珍全力支持林则徐禁止鸦片烟的运动。当林则徐奉旨往广东禁烟时，龚自珍闻讯高兴无比，挥笔写了一篇《送钦差大臣侯官林公序》，名为送行，实

■ 龚自珍在禁烟动议中的雕像

内阁 明、清最高官署名。内阁是在明朝永乐时期建立的。在最初的时候只是秘书性质的机构，但很快到宣德时期权力开始上升。清末仿行君主立宪制，设责任内阁，以旧内阁与军机处合并为最高国务机关。北洋军阀时期改称国务院，习惯上仍称内阁，其成员称阁。

则鼓励林则徐加强战备，克敌取胜。

当林则徐在虎门销烟的消息传来时，欲辞官南下的龚自珍于是写下这样的诗句：

故人横海拜将军，侧立南天未蒇勋。

我有阴符三百字，蜡丸难寄惜雄文。

诗中抒发了他坚决支持禁烟并渴望亲临前线的战斗豪情。

1841年春，龚自珍执教于江苏丹阳云阳书院。夏末，他曾写信给江苏巡抚，准备辞去教职，赴上海参加反抗外国侵略的战斗。但他突患急病暴卒于丹阳，年仅50岁。

《己亥杂诗》是龚自珍创作的一组诗集。己亥即1839年。这一年他48岁，因厌恶仕途，辞官离京返杭，后因迎接眷属，又往返一次。在往返京杭的途中，共写了300多首七绝，写了平生出处、著述、交游等，题材极为广泛。

综观《己亥杂诗》全篇，这些诗紧紧围绕现实政治这一中心，或批判现实，或寄托感慨，思想深邃，寄慨遥远，具有喻世、醒世和警世的进步作用，为有清一代罕见，乃新清代诗坛之面目。

古体诗 一般又叫古风，这是依照古诗的做法写的，形式比较自由，不受格律的束缚。从诗句的字数看，有所谓四言诗、五言诗和七言诗。四言是4个字一句，五言是5个字一句，七言是7个字一句。唐代以后，四言诗很少见了，所以通常只分五言、七言两类。

首先，《己亥杂诗》实现了政论、抒情和艺术的统一。他的许多诗既是抒情，又是议论，但不涉及事实，议论亦不具体，而只是把现实的普遍现象，提到社会历史的高度，只提出问题，抒发感慨，表示自己的态度和愿望。他以政论作诗，但并不抽象议论，也不散文化。

其次，《己亥杂诗》充满丰富奇异的想象。在龚自珍的诗中，"月怒""花影怒""太行怒""太行飞""爪怒""灵气怒"等等，习见的景物变得虎虎有生气，动人耳目，唤起不寻常的想象。

再次，《己亥杂诗》形式多样，风格多样。诗人自觉地运用古典诗歌多种传统形式，但写得多的还是五七言"古体诗"和七言的"近体诗"，而以七言绝句为大宗。他的古体诗，五言凝练，七言奔放；近体

■ 龚自珍手迹

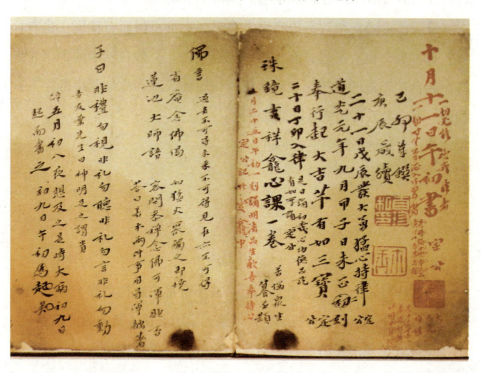

诗，七言律诗含蓄稳当，绝句则通脱自然。复杂深刻的思想内容，多种多样的语言形式，是他的诗风多样化的基础。

最后，《己亥杂诗》语言清奇多彩，不拘一格。有瑰丽，也有朴实；有古奥，也有平易；有生僻，也有通俗。一般自然清丽，沉着老练。龚自珍先进的思想是他许多优秀诗篇的灵魂。比如其中的第五首和第一百二十五首，就足以见其诗风。

《己亥杂诗》的第五首写道：

> 浩荡离愁白日斜，吟鞭东指即天涯。
> 落红不是无情物，化作春泥更护花。

这首诗写诗人离京的感受。但这首小诗将政治抱负和个人志向融为一体，将抒情和议论有机结合，形象地表达了诗人复杂的情感。

龚自珍在《书汤海秋诗集后》中论诗时曾说"诗与人为一，人外无诗，诗外无人"，这首诗的创作就是最好的证明。

《己亥杂诗》的第一百二十五首写道：

> 九州生气恃风雷，万马齐喑究可哀。
> 我劝天公重抖擞，不拘一格降人才。

这是一首出色的政治诗。全诗层次清晰：一写万马齐喑，朝野噤声的死气沉沉的现实社会；二写要改变这种沉闷、腐朽的现状，就必须依靠风雷激荡般的巨大力量；三写力量来源于人才，力主破格荐用人才，只有这样，中国才有希望。

在艺术手法上，诗人选用"九州""风雷""万马""天公"这样的具有壮伟特征的主观意象，寓意深刻，气势磅礴。"风雷"比喻新兴的社会力量，比喻尖锐猛烈的改革。具有从大处着眼，整体着眼，大气磅礴，雄浑深邃的艺术境界。

"万马齐喑"比喻在腐朽、残酷的反动统治下，思想被禁锢，人才被扼杀，到处是昏沉、庸俗、愚昧，一片死寂、令人窒息的现实状况。

"我劝天公重抖擞，不拘一格降人才"是广为传诵的名句。

323

■ 龚自珍雕像

龚自珍书法

群星闪烁的杰出人才

在这首诗中，诗人用奇特的想象表现了他热烈的希望，他期待着优秀杰出人物的涌现，期待着改革大势形成新的"风雷"、新的生机，一扫笼罩九州的沉闷和迟滞的局面，既揭露矛盾、批判现实，更憧憬未来、充满理想。它独辟蹊境，别开生面，呼唤着变革，呼唤着未来。

龚自珍在诗歌的思想内容和艺术形式这两个方面都进行了大胆的革新，为清诗的解放做出了巨大的贡献，他的诗正是他一生的写照。

而龚自珍的深度，则又更加超过前人，绝对显示出清诗自己的独特面目，从而使清代诗歌解放达到了顶峰，别开生面地开创了诗的一个新的历史时代。

阅读链接

有一天，龚自珍走到镇江的南郊，他看见一群人正在这里向雨神祈求降雨。一位老者握笔凝思，准备写祈雨的文章。老者一见龚自珍，立即请他出一篇妙文，原来这老者是龚自珍的老朋友。

龚自珍也不加推辞，大笔一挥就写下了著名的诗篇："九州生气恃风雷，万马齐暗究可哀。我劝天公重抖擞，不拘一格降人才。"

龚自珍知道，祈雨是无用的，即使降了雨也只能解决一时的问题，国家的根本问题是人才问题。没有人才，国家就永远不会太平和富强。

科学鼻祖

科学精英与求索发现

科学鼻祖

　　春秋战国是中国历史上的上古时期。

　　在这一时期，水利和中医学方面取得了领先世界的成就。李冰设计建造的都江堰，开创了中国古代水利史新纪元，被誉为"世界水利文化的鼻祖"。扁鹊创造的望、闻、问、切四诊法，完全符合现代科学中的辨证施治方法和理论。

　　李冰和扁鹊所取得的成就，不仅为中国古代科学做出了贡献，同时也代表了上古之人对真实自然的求索与认知。他们的积极探索与大胆实践精神，将永远鼓舞着后人。

功追大禹的水工李冰

　　李冰，生卒年不详，今山西省运城人。战国时期杰出的水利工程家，对天文地理也有研究。秦昭襄王末年任蜀郡太守，他与其儿子一同设计和主持兴建了中国早期的灌溉工程都江堰。

　　李冰修建的都江堰水利工程，不仅在中国水利史上，而且在世界水利史上均占有光辉的一页。它悠久的历史举世闻名，它设计之完备令人惊叹。

　　后世为纪念李冰父子，在都江堰修有"二王庙"。都江堰也成为著名的风景名胜。

■ 主持修建都江堰的李冰画像

公元前316年，秦国吞并蜀国。那时的蜀国，年年非涝即旱，有"泽国""赤盆"之称。秦为了将蜀地建成重要的基地，决定彻底治理岷江水患，同时派精通治水的李冰任蜀郡太守。

李冰做蜀郡太守的时间没有明文记载，大约在公元前277年至前250年之间。他最初到蜀郡时，亲眼看到岷江给当地带来的严重灾难。岷江发源于成都平原北部的岷山，沿江两岸山高谷深，水流湍急。

■ 李冰蜡像

岷江到灌县附近，进入一马平川，水势浩大，往往冲决堤岸，泛滥成灾，而从上游挟带来的大量泥沙也容易淤积在这里，抬高河床，加剧水患。特别是在灌县城西南面，有一座玉垒山，阻碍江水东流，每年夏秋洪水季节，常造成东旱西涝。

李冰到任不久，便开始着手进行大规模的治水工作。他和他的儿子二郎沿岷江进行实地考察，了解水情、地势等情况，制订了治理岷江的规划方案，并开始实施。

修建"宝瓶口"：李冰父子邀集了许多有治水经验的农民，对地形和水情做了实地勘察，决心凿穿玉垒山引水。由于当时还未发明火药，李冰便以火烧石，再浇冷水，使岩石爆裂，终于在玉垒山凿出了一

太守 原为战国时代郡守的尊称。西汉景帝时，郡守改称太守，为一郡最高行政长官。历代沿置不改。南北朝时，新增州渐多。郡之辖境缩小，郡守权为州刺史所夺，州郡区别不大，至隋初遂存州废郡，以州刺史代郡守之任。此后太守不再是正式官名，仅用作刺史或知府的别称。明清则专称知府。

个宽20米、高40米、长80米的山口。因其形状酷似瓶口，故取名"宝瓶口"，把开凿玉垒山分离的石堆叫"离堆"。

李冰之所以要修宝瓶口，是因为只有打通玉垒山，使岷江水能够畅通流向东边，才可以减少西边江水的流量，使西边的江水不再泛滥，同时也能解除东边地区的干旱，使滔滔江水流入旱区，灌溉那里的良田。

这是治水患的关键环节，也是都江堰工程的第一步。修建"分水鱼嘴"：宝瓶口引水工程完成后，虽然起到了分流和灌溉的作用，但因江东地势较高，江水难以流入宝瓶口。为了使岷江水能够顺利东流且保持一定的流量，并充分发挥宝瓶口的分洪和灌溉作用，李冰在开凿完宝瓶口以后，又决定在岷江中修筑分水堰，将江水分为两支，一支顺江而下；另一支被迫流入宝瓶口。由于分水堰前端的形状好像一条鱼的头部，所以被称为"鱼嘴"。

鱼嘴的建成将上游奔流的江水一分为二：西边称为外江，沿岷江河床顺流而下；东边称为内江，它流入宝瓶口。由于内江窄而深，外

群星闪烁的杰出人才

■李冰父子修都江堰蜡像

江宽而浅，这样枯水季节水位较低，则60%的江水流入河床低的内江，保证了成都平原的生产生活用水。

而当洪水来临，由于水位较高，于是大部分江水从江面较宽的外江排走，这种自动分配内外江水量的设计就是所谓的"四六分水"。

修建"飞沙堰"：为了进一步控制流入宝瓶口的水量，起到分洪和减灾的作用，防止灌溉区的水量忽大忽小、不能保持稳定的情况，李冰又在鱼嘴分水堤的尾部，靠着宝瓶口的地方，修建了分洪用的平水槽和"飞沙堰"溢洪道，以保证内江无灾害。溢洪道前修有弯道，江水形成环流，江水超过堰顶时洪水中夹带的泥石便流入到外江，这样便不会淤塞内江和宝瓶口水道，故取名"飞沙堰"。

飞沙堰采用竹笼装卵石的办法堆筑，堰顶做到比较合适的高度，起到一种调节水量的作用。当内江水位过高的时候，洪水就经由平水槽漫过飞沙堰流入外江，使得进入宝瓶口的水量不致太大，保障内江灌溉区免遭水灾。

同时，漫过飞沙堰流入外江的水流产生了漩涡，由于离心作用，泥沙甚至是巨石都会被抛过飞沙堰，

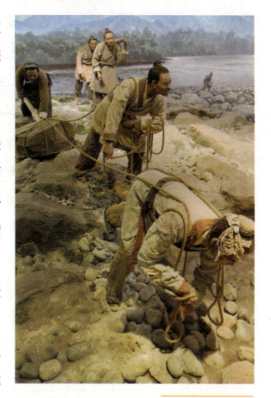

■ 修建都江堰场景

溢洪道 是水库等水利建筑物的防洪设备，多筑在水坝的一侧，像一个大槽，当水库里水位超过安全限度时，水就从溢洪道向下游流出，防止水坝被毁坏。包括进水渠、控制段、泄槽和出水渠。

因此还可以有效地减少泥沙在宝瓶口周围的沉积。

为了观测和控制内江水量，李冰又雕刻了3个石桩人像，放于水中，以"枯水不淹足，洪水不过肩"来确定水位。还凿制石马置于江心，以此作为每年最小水量时淘滩的标准。

李冰克服重重困难建成的都江堰，之所以能够历经2000多年依然发挥重要作用，关键在于后世制定了合理有效的岁修制度。古代竹笼结构的堰体在岷江急流冲击之下并不稳固，而且内江河道尽管有排沙机制但仍不能避免淤积。因此需要定期对都江堰进行整修，以使其有效运作。

汉灵帝时设置"都水掾"和"都水长"负责维护堰首工程。蜀汉时，诸葛亮设堰官，并"征丁千百人

岁修制度 这里指每年有计划地对都江堰古建筑工程进行的维修和养护工作。岷江的洪水很猛烈，隔若干年会有一次特大的洪流兴风作浪，那时的枢纽建构就会大伤元气。因此，隔一段时间进行一次全面检修十分必要。

群星闪烁的杰出人才

主护"。此后各朝，以堰首所在地的县令为主管。

宋朝时，制定了施行至今的岁修制度，即在每年冬春枯水、农闲时断流岁修的制度，称为"穿淘"。岁修时修整堰体，深淘河道。淘滩深度以挖到埋设在滩底的石马为准，堰体高度以与对岸岩壁上刻的水标相齐为准。

明代以后，使用卧铁代替石马作为淘滩深度的标志，现存3根3米多长的卧铁，位于宝瓶口的左岸边，分别铸造于明万历年间、清同治年间和1927年。

李冰在任蜀郡太守期间，还对蜀地其他经济建设做出了贡献。李冰在今宜宾、乐山境开凿滩险，疏通航道，修建了今崇庆县西河、邛崃南河、石亭江、绵远河等灌溉和航运工程。这一切均说明李冰是一位颇

煮盐 是指用深腹容器煮沸取自海边滩涂下或盐井里的卤水并加凝固物来结晶成盐。商周时期已见。长期的生产实践，使沿海人民逐渐摸索出与各地地理、气候条件相适应的煮盐办法。

■ 修建都江堰场面

有建树的水利工程专家。

李冰还成功地开广都盐井，即现在的成都双流盐井。在此之前，蜀地盐开采处于非常原始的状态，多依赖于天然咸泉、咸石。李冰创造凿井汲卤煮盐法，结束了巴蜀盐业生产的原始状况。这也是中国史籍所载最早的凿井煮盐的记录。

李冰还在成都修了石牛门的市桥、南渡流的万里桥、郫江西的永平桥等7座桥，这些便民设施，极大地改善了当地人的生活。

李冰所做的这一切，尤其是都江堰水利工程，对蜀地社会产生了深远的影响。都江堰的修成，不仅解决了岷江泛滥成灾的问题，而且从内江下来的水还可以灌溉10多个县，灌溉面积达20多万公顷。从此，成都平原成为"沃野千里"的富庶之地，获得"天府之国"的美称。

李冰为蜀地的发展做出了不可磨灭的贡献，人们永远怀念他。明代阮朝东撰的《新作蜀守李公祠碑》说："禹之泽在天下，冰之泽在蜀。蜀人思冰，不异于思禹也。"2000多年来，四川人民把李冰尊为"川主"。

群星闪烁的杰出人才

阅读链接

都江堰水利工程是世界水利史上的创举，是人类征服自然的一次胜利，也是科学对迷信的一次胜利。

《史记·河渠书·正义》引《括地志》讲述了这样一个故事：李冰担任蜀守后，为了破除迷信陋习，以自己女儿与江神为婚为由，亲自端着酒杯来到江神祠前敬酒，并厉声斥责江神胡作非为。随即，李冰化为苍牛与江神相斗，终于杀死江神而取得胜利。

李冰治水斗江神的故事流传很广，直至后代都江堰地区的人民还保留着饮酒斗牛的风俗。

战国时期水利专家郑国

郑国，生卒年不详，战国时期韩国人，水利家，韩国水工。

公元前247年，郑国受秦王委托修建从仲山引泾水向西到瓠口作为渠口。他在施工中表现出杰出的智慧和才能。渠成后，大大增强了秦国实力，为秦统一六国奠定了基础。

郑国渠开历代引泾灌溉之先河，是中国古代著名的大型水利工程。

■ 战国时期水利家郑国蜡像

■ 郦道元（约470—527），字善长，今河北省涿州人。北朝北魏地理学家、散文家。他博览奇书，幼时曾随父亲到山东访求水道，后又游历秦岭、淮河以北等广大地区，撰写《水经注》40卷。这既是一部内容丰富多彩的地理著作，也是一部优美的山水散文集。

战国末期，秦国崛起，东进中原，占领了周王室的旧地荥阳，陈兵于韩国边境，韩国危在旦夕。

韩醒惠王设"疲秦之计"，想诱使秦国将人力财力用于大兴水利，以解燃眉之急，于是派遣国内水利专家郑国赶赴秦国让秦王修建水利工程。

郑国到了秦国后，立即向秦王嬴政献上一条"富国强兵"之策。

郑国对秦王说："水害与水利本为一体，有水害需当治理，无水害可兴办水利。堵和疏的办法，固然得之于治理水害，但是，同样可以用于修堤筑堤渠，引水浇灌。秦国无水患可治，却可大兴水利。关中沃野千里，只是雨水太少。关中东部是渭洛二水入河处，三水交汇，地下水位高，一经蒸晒，地面出现盐碱，百里茫茫，寸草不生。如果能修一条长渠，引泾水灌溉，干旱自然解决。"

当时，秦国关中正遇到连年干旱，军用的粮草供应不足，秦兵无法继续东进，秦王正为粮草而苦恼，郑国献上的策略正中秦王之意。

于是，秦王接受了郑国的提议，不惜耗费巨大的资财，选精壮劳力，投入引泾工程。接着，郑国怀着非常复杂的心情开始主持修筑这项巨大的水利工程。他暗自决定，不管将来形势如何，一定要搞好这项工程。他发明创造的"横绝"技术，使渠道跨过冶峪河、清河等大小河流，能把常流量拦入渠中，并增加了水源。

同时，他还利用横向环流解决了粗沙入渠，堵塞渠道的问题，表明他拥有较高的河流水文知识。

据现代测量，郑国渠平均坡降为0.64%，这反映出了他具有很高的测量技术水平。郑国是中国古代卓越的水利科学家，其科学技术成就得到后世的一致公认，后人们有"郑国千秋业，百世功在农"的诗句称颂他！

■ 秦王嬴政

这条渠道的经行地区，经北魏地理学家郦道元考证，在《水经注·沮水》记载：

渠首上承泾水于中山西邸瓠口，……渠渎东径宜秋城北，又东径中山南，……又东径舍车宫南绝冶谷水。郑渠故渎又东径巀薛山南、池阳县故城北，又东绝清水，又东径北原下，浊水注焉，自浊水以上，今无人。……又东历原径曲梁城北，又东径太上陵南原下，北屈径原东，与沮水合。……沮循郑渠，东径当道城南，……又东径莲芍县

荥阳 位于河南省中北部，郑州西15千米，北临黄河，是隶属于省会郑州的一个县级市。荥阳历史悠久，文化灿烂。自公元前202年秦朝置县至1994年撤县设市，已有2200多年历史。

故城北，……又东径粟邑县故城北，……其水又东北流，注于洛水也。

在缺乏勘察设计和仪器的古代，郑国凭借经验和勇气大胆设计，敢于引水北上。经过多年的努力和广大民工的辛勤劳动，于公元前235年竣工。

这条渠道的渠首设在瓠口，也就是后来的王桥镇上然村附近，从渠首到注入洛河处，全长300千米，灌溉田地7.3万公顷。渠成后，每667平方米（1亩）收100多千克粮食，关中之地成为沃野，大大增强了秦国实力，为秦统一六国奠定了基础。

后来，人们为了纪念这位水利大师，将此渠叫作"郑国渠"。在中国历史上"郑国渠"是一项开凿工程大、施工技术高超的水利工程，它改变了关中农业区的面貌，使八百里秦川成为富饶之乡。

阅读链接

本来，郑国去秦国修建水渠是为了给韩国当间谍，使秦国把主要精力都用于修建水渠上，浪费秦国的财力和人力，而无暇攻打韩国，结果郑国渠修建完，秦国国力反而更加强大了。

不过，郑国当间谍的事情在水渠修建完成之前就已经被秦国发现了，但是，秦国人并没有因此抹杀他的功绩，依然将他修建的渠道命名为"郑国渠"，以示纪念。后来，郑国在秦国善终。

中医学开山鼻祖扁鹊

扁鹊（前407—前310），姬姓，秦氏，名越人，又号卢医。生于渤海郡郑，即今河北省任丘市；一说为齐国卢邑，即今山东省长清县。战国时期著名医家。由于他的医术十分高超，被认为是神医，所以当时的人们借用了上古神话的黄帝时神医"扁鹊"的名号来称呼他。著名的中医典籍《难经》为扁鹊所著。

扁鹊被誉为中医学开山鼻祖，创造了望、闻、问、切四诊法，奠定了中医学的切脉诊断方法，开启了中医学的先河。相传中医典籍《难经》就是他所著。

■ 中医学的开山鼻祖扁鹊画像

轩辕 又名黄帝，轩辕有土德之瑞，尊称为"黄帝"。少典与附宝之子，取名为轩辕，即轩辕氏。他播百谷草木，大力发展生产，并始制衣冠，建造舟车，发明指南车，定算数，制音律，创办医学等，为中华民族的始祖，人文初祖，中国远古时期部落联盟的首领。

扁鹊医术精湛，所以人们就用传说中的上古轩辕时代的名医"扁鹊"的名字来称呼他。

其实，"扁鹊"是古代医术高超者的一个通用名词。"扁"字的读音，在那时的发音是"篇"，清代学者梁玉绳在《史记志疑》中说，扁鹊之扁是"取鹊飞翩之意"，即指一只喜鹊在自由自在地飞翔。

按照古人的传说，医生治病救人，走到哪里，就将安康和快乐带到哪里，好比是带来喜讯的喜鹊。所以，古人把那些医术高超、医德高尚的医生称作"扁鹊"。扁鹊医术高明、学识渊博、走南闯北、治病救人，顺理成章地被人们尊敬地称作"扁鹊"。

扁鹊遍游各地行医，擅长各科，在赵国为"带下医"，即妇科；至周国为"耳目痹医"，即五官科；入秦国则为"小儿医"，即儿科。

相传因为邯郸西南妇女多病，扁鹊在那里的时候就花费大部分的时间为妇女治病。洛阳风俗尊重老人。扁鹊在那里就当耳目科医生，替很多老人治好耳聋眼花的疾病。

他到咸阳时，因为那里的孩子多病，就几乎变成小儿科的专门医生。这些都说明扁鹊之所以能够精

■ **赵简子**（？—前475），即赵鞅，嬴姓，赵氏，原名鞅，后名志父，谥号"简"。政治家、军事家、外交家和改革家。春秋时代赵国基业的开创者，郡县制社会改革的积极推动者，先秦法家思想的实践者，与其子赵无恤，即赵襄子并称"简襄之烈"。

通各科和各种医疗技术，是与他这种处处从人们需要出发的热情分不开的。

扁鹊不仅在诊断学上有很大的贡献，而且是医学上的多面手。为了能够迅速有效地给人们解除在疾病上的痛苦，满足医疗上的需要，扁鹊还研习和应用砭刺、针灸、按摩、汤液、热熨等方法，效果显著，所以很有医名。

■ 神医扁鹊画像

有一次，晋国的赵简子病重，其家人十分惶恐，请扁鹊去给他诊治。扁鹊按过赵简子的脉搏以后，断定赵简子不会死。他给赵简子配了药，又扎了针，果然，不出三天，赵简子就苏醒过来了。

扁鹊曾经给虢太子治病，当时他就用了针灸、热敷和汤药三种方法进行综合治疗。有一次，扁鹊路过虢国，听说虢君的太子突然昏死过去。他认为这事很可怀疑，要去看个究竟。当扁鹊跑到宫里的时候，大臣们已在替太子准备后事。

扁鹊问明了太子怎样昏死的情况以后，就仔细地察看。他发现太子还有微弱的呼吸，两腿的内侧还没有全冷，因而断定太子不是真死，而是得了"尸厥病"，即类似现代的假死，认为还有治好的希望。

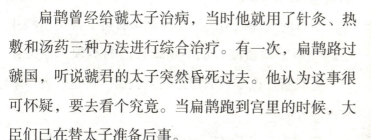

虢国　虢国是西周初期的重要诸侯封国。周武王灭商后，周文王的两个弟弟分别被封为虢国国君，虢仲封东虢，即今河南省荥阳县西汜水镇；虢叔封西虢，即今陕西省宝鸡市东。东虢国于公元前767年被郑国所灭。西虢国于公元前655年被晋国所灭。

■ 扁鹊行医雕像

他就给太子扎针，太子果然醒了过来。扁鹊接着又在太子两腋下施行热敷，不一会儿，太子就能够坐起来了。虢君万分惊喜，热泪盈眶，向扁鹊作揖道谢。扁鹊临走时还留下了药方，虢太子按方服了20多天的汤药，便完全恢复了健康。这就是世代传说的扁鹊起死回生的故事。

当时的人都把扁鹊当作神仙来看待。但是扁鹊并不因此而感动骄傲，也不炫耀自己的本领，他说："不是我有什么本领能够把病人救活，而是病人本来就没有死。"

扁鹊看病行医有"六不治"原则：一是倚仗权势，骄横跋扈的人不治；二是贪图钱财，不顾性命的人不治；三是暴饮暴食，饮食无常的人不治；四是病重不早求医的不治；五是身体虚弱不能服药的不治；六是相信巫术的不治。

有一次，扁鹊到了齐国，蔡桓公知道他有很高明的医术，就热诚地招待他。扁鹊见了蔡桓公，根据蔡桓公的气色，断定他有病。

他对蔡桓公说："你已经有病了，现在病还在浅表部位，如果不赶快医治，就会加重起来。"

蔡桓公因为自己当时并没有不舒服的感觉，所以不相信扁鹊的话，反以为扁鹊是想借此显示自己的本领，博取名利。

过了5天，扁鹊又看见了蔡桓公，观察到蔡桓公的病已经进入血脉之间，再次劝他赶快医治。蔡桓公还是不听。

又过5天，扁鹊又告诉蔡桓公说："你的病已转到了胃肠，如果再拖延不治，恐怕就无法挽救了。"

蔡桓公这一次不仅不听，反而对扁鹊说："我起居同平时一样，没病，请你不要再啰啰唆唆了。"

蔡桓公 即田齐桓公，田氏代齐以后的第三位齐国国君，谥号为"齐桓公"，因与"春秋五霸"之一的姜姓齐国的齐桓公小白相同，故史称"田齐桓公"或"齐桓公午"。在位时曾创建稷下学宫，招揽天下贤士，聚徒讲学，著书立说。

■ 扁鹊医治病人浮雕

上工治未病

名医扁鹊治好魏王重病，魏王等其一医术天下无双，扁鹊说："我们元弟三人，大哥医术最高明，因其治病于病情发之前，只能治次于大于病情严重之时，因我医术最差，只能治病于病情发之时，皆发之时发之后，人皆以我医术最高明，因其未能合'上工治未病'之理。"

■ 神医扁鹊墓

群星闪烁的杰出人才

秦国 中国春秋战国时期的一个诸侯国。秦在战国初期也比较落后，从商鞅变法才开始改变。公元前325年秦惠王称王。公元前316年秦灭蜀，从此秦正式成为一个大国。公元前246年秦王赵政登基，前238年掌权，开始了他对六国的征服。

又是5天过去了，扁鹊细看蔡桓公的气色，知道他的病情已经到了无法医治的地步了，于是一句话也不说就走开了。

蔡桓公派人去问他为什么走了，他说："病在浅表，可以用汤药医治；病到血脉，可以扎针医治；病到内脏也还不是没有办法；可是现在蔡桓公的病已深入到骨髓，再没有方法可以医治，所以只好退出。"

不久，蔡桓公果然病倒了。他忙派人去请扁鹊，这时扁鹊已经到秦国去了。蔡桓公终于因为没有听扁鹊的话而病死了。

这就是著名的扁鹊见蔡桓公的故事。

扁鹊治病不是只用望诊和切诊的方法，他同时也很注意从多方面来诊断疾病。他既看舌苔，又听病人说话、呼吸和咳嗽的声音，还问病源和得病前后的种种情况。除了病人以外，他还向病人的家属和亲友细细查询，以求得准确的结论，便于对症下药。这就是上面提到的望、闻、问、切四诊法。这一套诊断方法的建立，是扁鹊在中国医学史上的巨大贡献。

扁鹊为了人们的健康，还提出了一套破除迷信和预防疾病的思想。他认为身体应该好好保养和锻炼，有了病以后要赶紧请医生医治，拖延久了病就会加重起来，以至于不能医治。

扁鹊说，人不怕有病，就怕有了病以后不好好医治，应该懂得轻病好治的道理。他又说，相信鬼神和巫师而不相信医生的人，他们的病是不会治好的。扁鹊在迷信思想还很浓厚的古代，能够毫不踌躇地提出反对相信巫师的看法，是很不容易的。

关于如何预防疾病，扁鹊告诉大家，健康时就要注意寒暖，节制饮食，胸襟要舒畅，不能动怒生气等。在今天看来，这些也都是合乎科学道理的。

扁鹊为了使自己的医术能够保存下去，很注意培养徒弟。子阳、子豹、子问、子明、子游、子仪、子越、子术、子容等人，都是他的著名徒弟，其中子仪

诸侯国 一般指中国历史上秦朝以前分封制下，由中原王朝的最高统治者天子对封地的称呼，也被称为"诸侯列国""列国"；封地最高统治者被赐予"诸侯"的封号。现代多数情况，"诸侯"和"诸侯国"混淆使用。

■扁鹊庙

还著有《本草》一书。

扁鹊所处的年代，正是生产力迅速发展和社会发生着激烈变革、动荡的年代，也是人才流动，人才辈出的时代，各诸侯国都在竞争人才。秦国为了广招贤能，采取了兼收并取之法，除重视治理国家的人才外，对医生也很尊重，给予医生以极好的待遇，各国名医纷纷到秦，扁鹊就是在这种情况下成为秦人的。

扁鹊在秦国时，有一次秦王有病，就召请扁鹊来治。就在扁鹊给秦王施治时，太医令李醯和一班文武大臣赶忙出来劝阻，说什么大王的病处于耳朵之前，眼睛之下，扁鹊未必能除，万一出了差错，将使耳不聪，目不明。

扁鹊听了气得把治病用的砭石一摔，对秦王说："大王同我商量好了除病，却又允许一班蠢人从中捣乱；假使你也这样来治理国政，那你就会亡国！"

秦王听了只好让扁鹊治病。李醯看到自己治不好的病，到了扁鹊手里却化险为夷，自知不如扁鹊，就产生嫉恨之心，使人暗下毒手，

扁鹊殿寺庙石碑

最后杀害了扁鹊。就因为这件事，有一天李醯驾车出门，愤怒的人们把他包围起来，要不是他的卫兵保护，这个卑鄙无耻、阴险毒辣的杀人犯，准会被大家打死的。

药王庙内的扁鹊塑像

扁鹊虽然被暗害了，但他在医学上的贡献，随着历史的发展，一天比一天得到发扬光大。到汉朝的时候，扁鹊的医疗理论和经验，被总结成一部医学的经典著作，书名叫作《难经》，一共有80篇，其中有《脉经》《经络》《脏腑》《病理》《穴道》《针法》等篇。一个真心对于人民真正有所贡献的人，不管时间隔得多久，他不但不会被忘掉，而且能够得到人民的尊敬和怀念。扁鹊就是这样的一个人。所以即使到了现在，人民群众永远怀念着他。

阅读链接

据说扁鹊的老师是一个医术超高的人。

扁鹊少年时期在故里做过舍长，即旅店的主人。当时，在扁鹊的旅舍里有一位长住的旅客，名叫长桑君，两个人过往甚密，感情融洽。

长期交往以后，长桑君终于对扁鹊说："我掌握着一些秘方验方，现在我已年老，想把这些医术及秘方传授于你，你要保守秘密，不可外传。"

扁鹊当即拜长桑君为师，并继承其医术，终于成一代名医。扁鹊成名后，周游各国，为人治病，医名甚著，成为先秦时期医家的杰出代表。

伟大的发明制造家鲁班

鲁班（前507—前444年），姓公输名般，又称公输子、公输盘、班输、鲁般。故里在山东滕州。春秋末期到战国初期鲁国土木工匠。

鲁班是中国古代的一位出色的发明家，2000多年以来，他的名字和有关他的故事，一直在广大人民群众中流传。

鲁班的名字实际上已经成为了中国古代劳动人民智慧的象征。中国的土木工匠们都尊称他为"祖师"。

■发明家鲁班画像

鲁班出生在鲁国一个世代以工匠为生的家庭。家庭的影响和熏陶，使他从小就喜欢上了机械制造、手工工艺、土木建筑等古代工匠所从事的活动。

长期的生产实践和他本人不断的努力，使鲁班逐渐掌握了古代工匠所需要的多方面技能，积累了非常丰富的实践经验，成为当时有名的能工巧匠。在机械、土木、手工工艺等方面有所发明。

鲁班很注意对客观事物的观察、研究，他受自然现象的启发，致力于创造发明。

相传有一年，鲁班接受了建筑一座巨大宫殿的任务。这座宫殿需要很多木料，鲁班就让徒弟们上山砍伐树木。由于当时还没有锯子，他的徒弟们只好用斧头砍伐，但这样做效率非常低，工匠们每天起早贪黑拼命去干，累得筋疲力尽，也砍伐不了多少树木，远远不能满足工程的需要，使工程进度一拖再拖。

眼看着工程期限越来越近了，这可急坏了鲁班。为此，他决定亲自上山察看砍伐树木的情况。

鲁班在上山时，无意中抓了一把山上长的一种野草，却一下子将手划破了。鲁班很奇怪，一根小草为什么这样锋利？于是他摘下了一片叶子来细心观察，发现叶子两边长着许多小细齿，用手轻轻一摸，这些

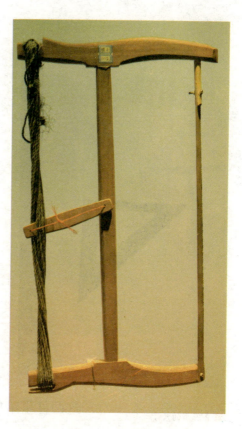

■ 鲁班发明的拉锯

工匠 有工艺专长的匠人。距今七八千年前的中国原始社会末期，人类出现了第一次社会大分工，手工业从农业分离出来，出现了专门从事手工业生产的工匠。如木匠、石匠和铁匠等。

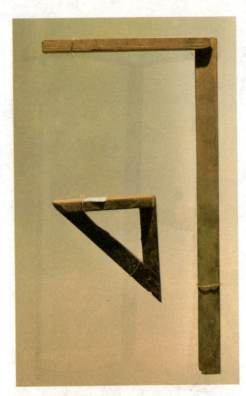

■ 鲁班用的尺子

群星闪烁的杰出人才

小细齿非常锋利。他明白了，他的手就是被这些小细齿划破的。

在山上察看时，鲁班又看到一只大蝗虫在一株草上啃吃叶子，大蝗虫的两颗大牙非常锋利，一开一合，很快就吃下一大片。这同样引起了鲁班的好奇心。

他抓住一只蝗虫，仔细观察蝗虫牙齿的结构，发现蝗虫的两颗大牙上同样排列着许多小细齿，蝗虫正是靠这些小细齿来咬断草叶的。

这两件事给鲁班留下了极其深刻的印象，也使他受到很大启发，陷入了深深的思考。他想，如果把砍伐木头的工具做成锯齿状，不是同样会很锋利吗？砍伐树木也就容易多了。于是，他就用大毛竹做成一个带有许多小锯齿的竹片，然后到小树上去做实验。

锯齿 锯条上的尖齿或形状排列如动物牙齿或机器的齿。鲁班发现某些植物的叶子边缘呈一定波浪状且非常锋利，于是发明了锯子。现在有好多木匠仍然在使用锯子，在锯条的边缘就是模仿植物叶子边缘的齿，故有锯齿之说。

果然，几锯下来就把树皮锯破了，再用力锯几下，小树干就被锯出一道深沟。鲁班非常高兴。但由于竹片比较软，强度比较差，不能长久使用，拉了一会儿，小锯齿就有的断了，有的变钝了，需要更换竹片。这样就影响了砍伐树木的速度，使用竹片太多也是一个很大的浪费。

看来竹片不宜作为制作锯齿的材料，应该寻找一种强度、硬度都比较高的材料来代替它，这时鲁班想到了铁片。鲁班立即下山，兴奋地请铁匠们帮助制作带有小锯齿的铁片，然后到山上找一棵树做实验。

鲁班和徒弟各拉铁锯片一端，两个人一来一往，不一会儿就把树锯断了，又快又省力。鲁班给这种新发明的工具起了一个名字，叫作"锯"。就这样，善于观察、研究的鲁班发明了铁锯，而且流传到现在。

鲁班的发明创造有很多种。据《事物绀珠》《物原》《古史考》等不少古籍中记载，木工使用的不少工具器械都是由他创造的，比如墨斗、刨子、钻、凿子、铲子等工具传说也都是鲁班发明的。其中最著名的是鲁班尺。

这些木工工具的发明，使当时工匠们从原始、繁重的劳动中解放出来，劳动效率成倍提高，土木工艺出现了崭新的面貌。后来，人们为了纪念这位名师巨匠，把他尊为土木工匠的始祖。

另据《世本》上记载，石磨也是鲁班发明的。在鲁班发明石磨之前，人们加工粮食是把谷物放在石臼里用杵来舂捣，而磨的发明把杵臼的上下运动改变为旋转运动，使杵臼的间歇工作变成连续工作，大大减轻了劳动强度，提高了生产效率，这是古代粮食加工工

鲁班尺 又称"角尺"。建造房屋时所用的测量工具，是度量、矫正的重要工具。长约43厘米，相传为春秋鲁国鲁班制作，后经风水界加入8个字，以丈量房屋吉凶，并呼之为"门公尺"。由于其特殊的功能，在风水文化、建筑文化中应用最为广泛。

351

■ 鲁班塑像

具的一大进步。

在鲁班生活的时代，人们要吃米粉、麦粉，都是要把米麦放在石臼里，用粗石棍来捣。用这种方法很费力，捣出来的粉有粗有细，而且一次捣得很少。

鲁班想找一种用力少收效大的方法。就用两块有一定厚度的扁圆柱形的石头制成磨扇。下扇中间装有一个短的立轴，用铁制成，上扇中间有一个相应的空套，两扇相合以后，下扇固定，上扇可以绕轴转动。两扇相对的一面，留有一个空腔，叫磨膛，膛的外周制成一起一伏的磨齿。

■鲁班发明的石磨

上扇有磨眼，磨面的时候，谷物通过磨眼流入磨膛，均匀地分布在四周，被磨成粉末，从夹缝中流到磨盘上，过罗筛去麸皮等就得到面粉。许多农村现在还在用石磨磨面。

鲁班发明磨的真实情况已经无从查考，但是据考古发掘的情况来看，在距今4000年左右的龙山文化时期，就已经有了杵臼，因此到鲁班时代发明了磨，是有可能的。

在兵器方面，据《墨子·公输篇》记述，鲁班曾经为楚国制造攻城用的"云梯"。它系由三部分构

墨斗 是中国传统木工行业中极为常见的工具，由墨仓、线轮、墨线、墨签四部分构成。其用途有三个方面：一是做长直线方法，是将濡墨后的墨线一端固定，拉出墨线牵直拉紧在需要的位置，再提起中段弹下即可。二是墨仓蓄墨，配合墨签和拐尺用以画短直线或者做记号；三是画竖直线（当铅锤使用）。

成：底部装有车轮，可以移动；梯身可上下仰俯，靠人力扛抬，倚架于城墙壁上；梯顶端装有钩状物，用以钩牢城缘，并可保护梯首免遭守军的推拒和破坏。

鲁班曾对古代的锁进行了重大改进。锁在周穆王时已有简单的锁钥，形状如鱼，构造比较简单，安全性比较差。经过鲁班改进后，其形状、结构均有较大变化，锁的机关设在里面，外表不露痕迹，只有借助配好的钥匙才能打开，具有很强的安全性和实用性，能够代替人的看守。

鲁班曾用竹子做成一只木鸟，能够借助风力飞上高空，长久不落地，在当时引起很大震动。

还有一种传说，鲁班曾制成机动的木马车，这辆木马车由木人驾驶，装有各种机关，能够在路上自动行走，直至汉代还在流传。

鲁班还制作一种称之为"机封"的装置，可以用机械的方法进行下葬，具有很高的技巧，人们对此很佩服。由于当时盛行厚葬，这种方法未能得到实施。

《述异记》上说，鲁班曾在石头上刻制出"九州图"，这可能是中国最早的石刻地图。

传说，鲁班雕刻一只凤凰，当他还没有雕成时，就有人看了讥笑他，说他刻的凤凰一点都不像，脑袋不像脑袋，身体不像身体。

鲁班听了非常生气，但并没有灰心丧气和停止工作，他决心用自

龙山文化 泛指中国黄河中下游地区新石器时代晚期的一类文化遗存。大体以西起陇山、东至泰山的黄河中、下游为活动地区；主要分布在这一地区的仰韶文化和龙山文化这两个类型的新石器文化，一般认为即汉族远古先民的文化遗存。

353

■ 周穆王

己的实际行动回答他人的讽刺。因此他更加努力学习、刻苦钻研。经过他的不懈努力，最后终于将凤凰刻成。

鲁班刻出的凤凰栩栩如生，非常逼真，赢得了众人的赞誉，那些曾经讥笑他的人也不得不佩服鲁班的高超技艺和刻苦精神。他也曾制作了安装门轴的底座，深受人们的欢迎。

鲁班的妻子也是一位出色的工匠，伞就是由她发明的。她看到鲁班和很多工匠成年累月在外给人盖房子，经常是风吹、雨淋、日晒，没有什么东西遮挡，很是辛苦。于是她决心帮助他们解决这一问题。

经过反复试验，鲁班的妻子终于做成一把伞，让鲁班出门做工的时候带上，这样不论走到哪里，也不论是刮风下雨，都不会受到风吹雨淋了。直至今天，伞仍然是人们日常生活中不可或缺的用具。

关于鲁班发明创造的故事和传说还有很多很多，千百年来一直在民间流传。这些传说和故事虽然不一定全部真实，却表达了人们对鲁班的敬仰和怀念，歌颂了中国古代工匠的聪明才智。

鲁班是中华民族优秀传统文化的载体，是属于全中国人民的一张独特的历史文化名片。他永远留驻在我们的心田，永远是人民的"鲁班爷"！

阅读链接

鲁班对徒弟知冷知热，家长都愿意把孩子托付给他。他怕徒弟们想家，就想了个人性化的教育方法：课余时间让徒弟们满山遍野各自寻找长得跟自己老娘形象差不多的婆婆石，像照片一样，摆放在各自的床头上。

时间一长，徒弟们就觉得老娘在自己的身旁，也就都安下心来了。学徒期满临下山的时候，问题来了，谁也舍不得把"老娘"留在山上，于是都背到山下，安放在门前或村头，拜称婆婆石为"干娘"。

华夏民族"认干娘"的习俗，就是这样流传下来的。

创造大师

秦汉至隋唐是中国历史上的中古时期。在这一时期，各个学科涌现出许多精英：

有总结农耕技术的氾胜之和贾思勰，有展示传统医学成就的张仲景和贾思勰，有取得天文历法成果的刘洪、刘焯和一行，有对数学做出巨大贡献的刘徽和祖冲之，有奠定地理、水文学科基础的郦道元。

这些身处前沿的治学奇才支撑起中国中古时期的学科大厦，使华夏文明放射出灿烂的光华。

影响世界的造纸祖师蔡伦

蔡伦（？—121），字敬仲。生于东汉桂阳郡，即湖南省郴州。中国古代"四大发明"中造纸术的发明者。他作为一名古代宦官，曾在昂贵的丝绸和竹板上书写过，但是，他改造了造纸术，用树皮、渔网和竹子压制成纸。

造纸术的发明彻底改写了后世中国乃至世界的历史，也使蔡伦屹立于古今中外的杰出人物之列。

蔡伦被誉为"影响人类历史进程的100名人""人类有史以来最佳发明家"之一。

■ 造纸术的发明者蔡伦画像

■ 汉安帝 （94—125），名刘祜。东汉第六位皇帝。在位19年。谥号"孝安皇帝"，庙号恭宗。死后葬于恭陵。在位期间，没有赶上好时候，内忧外患，太后秉政，宦官当道，后宫争位，可谓百事多艰。

蔡伦出身于普通农民家庭，从小随父辈种田，但他聪明伶俐，很讨人喜欢。

公元75年，蔡伦被选入洛阳宫内当太监，在当时，他只有15岁。他读书识字，成绩优异。

蔡伦为人敦厚谨慎，关心国家利益，勤奋好学，办事专心尽力。汉安帝封其为龙亭侯，封地在今陕西省洋县龙亭铺镇，食邑300户。102年，蔡伦任尚方令，主管宫内御用器物和宫廷御用手工作坊。

蔡伦对工艺技术最突出的贡献是在造纸方面。由于当时工艺的限制，原有的造纸工艺产量不多，成本过高，不宜推广。蔡伦在担任尚方令时，主管尚方的各种事宜。这样，蔡伦就有机会经常和手工业工人接触，他们的精湛技术和创造精神对蔡伦后来造纸起到深刻的影响。

在当时，汉武帝批阅奏章，每次必须由两名大力士将奏章抬到龙案上去。这需要抬的奏章，就是由竹简编成的"册"。成语"学富五车"说的是战国时宋国的"名家"代表人物惠施出门讲学访友，必带五牛车的书，后称某人有学问为"学富五车"。

尚方 古代制办和掌管宫廷饮食器物的官署。秦置，属少府。汉末分为中、左、右三尚方。其象征皇帝最高权力的"尚方宝剑"，就是"尚方"这个部门铸的宝剑。

群星闪烁的杰出人才

缫丝 将蚕茧抽出蚕丝的工艺概称为缫丝。原始的缫丝方法，是将蚕茧浸泡在热汤盆中，用手抽丝，卷绕于丝筐上。盆、筐就是原始的缫丝器具。缫丝是制丝过程的一个主要工序。中国在原始社会已有缫丝，对野蚕茧和家蚕茧进行人工缫丝制作。

实际上，5辆牛车拉的全部都是竹简，它们合起来充其量不过几本长篇小说的容量。现在一个兜就背走了。

蔡伦善于赋诗作书，需用大量的纸张。他深知缺纸的苦处和书写上的困难。他决心克服困难，攻克难关，改进造纸术，提高纸张质量。

蔡伦首先想到，缣帛很轻便，但价值昂贵，必须利用一些价值低廉的原料来造纸。于是，他利用管理尚方的工作之便，常到乡间作坊察看，见蚕妇缫丝漂絮后，竹箅上尚留下一层短毛丝絮，揭下似缣帛，可以用来书写，从而得到启发。

蔡伦在认真总结劳动人民用各种植物造纸的经验以后，改用了树皮、麻头、破布和旧渔网等，代替原用麻布、丝帛、苎麻、线头等原料，这些原料货源丰富，到处可以找到，价钱便宜，首先解决了以前原料价格高、原料少的问题。

蔡伦的做法，不仅大大降低了产品的成本价格，而且为大量进行生产创造了条件。特别是用树皮做原料，开创了近代木浆纸的先河，

■ **惠施** （前390—前317），即惠子，战国中期宋国人，战国时期著名的政治家、辩客和哲学家，是名家思想的开山鼻祖和主要代表人物。惠施是合纵抗秦的最主要的组织人和支持者，他主张魏国、齐国和楚国联合起来对抗秦国，并建议尊齐为王。

为造纸业的发展开辟了广阔的途径。

蔡伦在造纸工艺上也有重大突破。据考古情况推测，当时造纸时，先是把原料洗涤切断，浸渍沤制，并加入适量的石灰浆升温促烂和蒸煮等工序，以后反复大力舂捣，分离出纤维纸浆，再把这些纸浆用细帘子捞取，漏去水分，晾干，揭下来，压平研光。改进工艺后生产出来的纸张，具有体轻质薄、价格低廉、经久耐用等特点。

105年，蔡伦将造纸过程、方法写成奏章，连同造出来的植物纤维纸，呈报汉和帝，汉和帝大加赞赏，蔡伦造纸术很快传开。人们把这种纸称为"蔡侯纸"，全国都使用这种纸。

■ 汉和帝（79—105），名刘肇。东汉第四位皇帝。在位17年。谥号"汉孝和皇帝"，庙号汉穆宗，年号永元、元兴。在位期间，击破北匈奴，诛灭窦氏集团。死后葬于汉慎陵。

蔡伦对新原料的开辟和对新技术的采用，使造纸从纺织业中独立出来，这是造纸发展史上意义重大的转折点。但是，东汉时期政治腐败，统治阶级内部矛盾重重，互相倾轧。

121年，有人向汉安帝告发，蔡伦曾参与谋杀汉安帝祖母的事件。蔡伦获悉后，不愿意受此侮辱，于是沐浴后穿戴整齐衣服、帽子，喝毒药而死。

晋人傅成在《纸赋》中赞美蔡伦造的纸，说蔡伦的纸实在

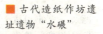

■ 古代造纸作坊遗址遗物"水碓"

群星闪烁的杰出人才

■ 蔡伦用来煮纸浆的工具

麻纸 是中国古代图书典籍的用纸之一，是一种大部分以黄麻、布头、破履为主原料生产的强韧纸张。这种纸的特点是纤维长、纸浆粗，纸质坚韧，虽历经千余年亦不易变脆、变色。外观有粗细厚薄之分，又有"白麻纸""黄麻纸"之别。

很美，令人珍爱，又廉价、方便、洁净，深得人们喜爱。可见蔡伦从根本上改变了纸在社会上的地位。

蔡伦的造纸工艺对现代造纸术仍有直接的影响。现代的造纸业虽均已改用机器打浆和抄纸，但它的基本原理，还是与中国的旧造纸方法相同。

蔡伦在草木灰水中蒸煮，这是现代碱法化学制浆过程的滥觞。同时，蔡伦纸模的设计，要能使它的孔与纸浆中的纤维尺寸相适合，既能很快地使水漏下，又能使纸浆纤维留在上面，形成均匀的薄层。

当时虽然用的是细密帘子，却是现代纸模即抄纸器的雏形，而抄纸器是长网造纸机或圆网造纸机的主要部件。可以说，蔡伦的造纸工艺不过是现代造纸工艺的原始形式。

蔡伦造的麻纸和皮纸是汉代以来中国纸的两大支柱，中国文化有赖这两大纸种的供应而得以迅速发展。纸张基本上取代了简、帛，成了中国唯一的书写材料，促进了中国科学文化的传播和发展。

造纸术作为中国的"四大发明"之一，也由中国传播到海外。

造纸术由中国首先传到了朝鲜和越南，大约在隋朝末年，由朝鲜又传到日本。往西又传到撒马尔罕，以至巴格达、大马士革、埃及与摩洛哥。

就这样，蔡伦发明的造纸术传遍了整个地球，为人类文明进步做出了不可磨灭的卓越贡献。蔡伦的名字也随着造纸术的传播而传遍了世界，被史学家称之为中国古代科学家。

为了纪念蔡伦的万世功德，人们为他造庙塑像。在蔡伦的故乡桂阳，元朝曾重修蔡伦庙。在他的墓地陕西洋县龙亭辅，也有祠庙，每年有地方政府代表致祭。在国内和日本的造纸工人曾都奉他为祖师。蔡伦的伟大功绩，将永远受到人类的尊敬和纪念。

四大发明 是指中国古代的四种发明，一般是指造纸术、指南针、火药、活字印刷术。这四种发明对中国古代的政治、经济、文化的发展产生了巨大的推动作用，而且这些发明经由各种途径传至西方，对世界文明发展史也产生了很大的影响。

阅读链接

传说蔡伦在走访民间时来到一条河，忽见溪水中积聚了一簇枯枝，上面挂浮着一层薄薄的白色絮状物，他蹲下身去，用树枝挑起细看。只见这东西扯扯挂挂，犹如丝绵。

他想到宫廷作坊里从蚕茧里缫丝漂洗完后，残絮遗留在簸箩底部的薄帛，不由得眼中一亮，就急忙找来石臼、竹帘、筛网等工具，就地取材，捣碎、过滤，再捣碎，制成稀浆，捞出后摊在筛网上，晾干揭下。

这便是蔡伦最初试验出来的纸。后经改进，终于成了著名的"蔡侯纸"。

杰出的科学家祖冲之

祖冲之（429—500），字文远。祖籍范阳郡道县，即今河北省涞水县。南北朝时期杰出的科学家。他是中国杰出的数学家、天文学家、文学家、地质学家、地理学家和科学家。

祖冲之在世界数学史上第一次将圆周率的值计算到小数点后的第7位，被命名为"祖冲之圆周率"。

祖冲之不仅是一位杰出的数学家和天文学家，而且还是一位杰出的机械专家。他造出了指南车、千里船、水碓磨等巧妙机械多种。他还经过多年测算，编制了一部新的历法《大明历》。这是当时世界上最先进的历法。

■ 杰出的数学家祖冲之画像

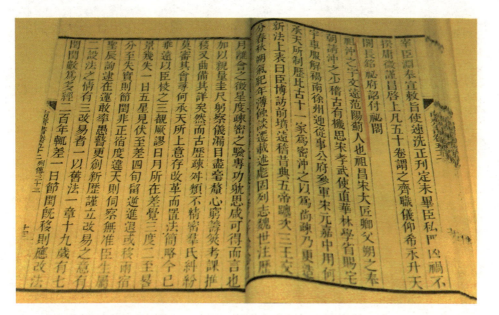

■ 祖冲之著作

　　祖冲之很小的时候，正处于西晋末年这一战乱时期，由于故乡遭到战争的破坏，他家迁到了江南。

　　祖冲之的祖父祖昌，曾在宋朝政府里担任过大匠卿，负责主持建筑工程，是掌握了一些科学技术知识的；同时，祖家历代对于天文历法都很有研究。因此祖冲之从小就有接触科学技术的机会。

　　祖冲之对于自然科学、文学和哲学都有广泛的兴趣，特别是对天文、数学和机械制造，更有强烈的爱好和深入的钻研。

　　祖冲之在青年时期，就博学多才，并且被政府派到当时的一个学术研究机构去做研究工作。后来他又担任过一些地方上的官职。

　　祖冲之晚年的时候，南齐统治集团发生了内乱，政治腐败黑暗，人民生活非常痛苦。北魏乘机发兵向南齐进攻。对于这种内忧外患重重逼迫的政治局面，祖冲之非常关心。

西晋　中国历史上的一个朝代。晋武帝司马炎于265年取代曹魏政权后而建立，国号"晋"，定都洛阳，史称"西晋"。西晋为时仅51年，如果由灭吴始计，则仅37年。

南齐　也叫齐或萧齐。中国南北朝时期南朝的第二个朝代，也是南朝四个朝代中存在时间最短的一个，仅有23年，为萧道成所建。

刘歆（前50—前23），字子骏，汉高祖刘邦的四弟。他在公元前6年改名为刘秀，是西汉后期的著名学者，古文经学的真正开创者。他不仅在儒学上很有造诣，而且在校勘学、天文历法学、史学、诗等方面都堪称大家。

大约在494年至498年，祖冲之在担任长水校尉的官职时写了一篇《安边论》，建议政府开垦荒地，发展农业，增强国力，安定民生，巩固国防。但是由于连年战争，他的建议始终没有能够实现。过不多久，这位卓越的大科学家在公元500年的时候去世了。

祖冲之在生活中虽然饱受战乱之苦，但他仍然继续坚持学术研究，并且取得了很大的成就。他研究学术的态度非常严谨。他十分重视古人研究的成果，但又决不迷信，完全听从于古人。

一方面，他对于古代科学家刘歆、张衡、刘徽、刘洪等人的著述都做了深入的研究，充分吸取其中一切有用的东西；另一方面，他又敢于大胆怀疑前人在科学研究方面的结论，并通过实际观察和研究，加以修正补充，从而取得许多极有价值的科学成果。

■ 祖冲之塑像

祖冲之是历史上少有的博学多才的人物。他曾经重新造出了指南车、千里船、水碓磨等多种巧妙机械。此外，他精通音律，擅长下棋，还写有小说《述异记》。

祖冲之最大的贡献在天文和数学方面，是一位杰出的数学家和天文学家。

数学成就：在数学方面，祖冲之写的《缀术》一书，被收入著名的《算经十书》中，作为唐代国子监算学课本，可惜后来失传了。《隋书·律历志》留下一小段关于圆周率（π）的记载，祖冲之算出π的真值在3.141 592 6和3.141 592 7之间，相当于精确到小数第七位，简化成3.141 592 6。"祖率"

■ 祖冲之发明的指南车

是当时世界上最先进的成就。祖冲之还给出π的两个分数形式，即约率22/7和密率355/113，其中密率值比欧洲要早1000多年。祖冲之还和儿子祖暅一起圆满地利用"牟合方盖"，解决了球体积的计算问题，得到正确的球体积公式。

天文历法成就：祖冲之在天文历法方面的成就，大都包含在他所编制的《大明历》及为《大明历》所写的驳议中。在祖冲之之前，人们使用的历法是天文学家何承天编制的《元嘉历》。

祖冲之经过多年的观测和推算，发现《元嘉历》存在很大的误差。于是祖冲之着手编制新的历法，在462年，他编制成了《大明历》。《大明历》在祖冲之生前没能采用，直至510年才正式颁布施行。

《大明历》的主要成就在于：区分了回归年和恒星年，首次把岁差引进历法，测得岁差为45年11月差一度；定一个回归年为365.242 814 81日，直至1199年南宋杨忠辅制统天历以前，它一直是最精确的数据。

何承天（370—447），东海郯人。南朝宋大臣、著名天文学家、无神论思想家。他自幼聪明好学，从学于当时的学者徐广。他通览儒史百家、经史子集，知识渊博。精天文律历和计算，对天文律历造诣颇深。

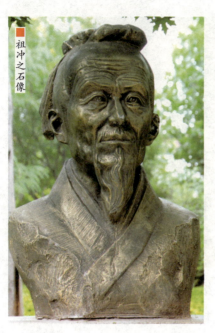
祖冲之石像

采用391年置144闰的新闰周，比以往历法采用的19年置7闰的闰周更加精密；定交点月日数为27.212 23日；得出木星每84年超辰一次的结论，即定木星公转周期为11.858年。

给出了更精确的五星会合周期，其中水星和木星的会合周期也接近现代的数值；提出了用圭表测量正午太阳影长以定冬至时刻的方法。

祖冲之在天文历法以及数学等方面的辉煌成就，充分表现了中国古代科学的高度发展水平。他编制的《大明历》标志着中国古代历法科学的一大进步，开辟了历法史的新纪元。

他求得圆周率7位精确小数值，打破以前的历史纪录，是世界范围内数学领域的里程碑。祖冲之不仅是中国历史上杰出的科学家，而且在世界科学发展史上也有崇高的地位。

群星闪烁的杰出人才

阅读链接

祖冲之小时候酷爱数学和天文，学习非常刻苦，后来达到了如醉如痴的地步。

相传，有一天，夜已经很深了，他翻来覆去睡不着，《周髀算经》上说，圆周的长是直径的3倍，这个说法对吗？

天还没亮，他就把妈妈叫醒，要了一根绳子，跑到大路上等候着马车。突然来了一辆马车，祖冲之喜出望外，要求量马车轮子，经过再三测量，他总觉得圆周长大于直径的3倍，究竟大多少？这个问题一直盘旋在他的脑子里，直至40多岁时才解开了这个谜。

济世救人的药王孙思邈

孙思邈（581—682），生于唐代时京兆华原，即今陕西省耀县。孙思邈是中国乃至世界史上最伟大的医学家和药物学家，千余年来，他一直受到人们的高度评价和崇拜。被后人誉为"药王"，许多华人奉之为"医神"。

孙思邈一生勤于著书，一生著书80多种，其中以《千金药方》《千金翼方》影响最大，两部巨著合称为《千金方》，它是唐代以前医药学成就的系统总结，被誉为中国最早的一部临床医学百科全书，对后世医学的发展影响深远。

■药王孙思邈画像

独孤信（503—557），本名独孤如愿。鲜卑族。北周云中人，西魏八大柱国之一。谥号"景"。官拜大司马，进封卫国公。史称其"美容仪，善骑射"。他的女儿分别是北周、隋、唐的皇后。

孙思邈7岁时读书，就能"日诵千言"，每天能背诵上千字的文章。西魏大将独孤信赞其为"圣童"。但是，孙思邈幼年体弱多病，汤药之资而罄尽家产。由于幼年多病，他18岁立志学医，20岁即为乡邻治病。

孙思邈对古代医学有深刻的研究，对民间验方十分重视，一生致力于医学临床研究，对内、外、妇、儿、五官、针灸各科都很精通，有多项成果开创了中国医药学史上的先河。特别是在论述医德思想，倡导妇科、儿科、针灸穴位等方面，都是前无古人。

孙思邈是继张仲景之后中国第一个全面系统研究中医药的先驱者，为祖国的中医学发展建树了不可磨灭的功德。

孙思邈治疗过很多病人，并把各个病人的病状和在医疗过程中的情况，详细记录下来。他在总结自己

■ 孙思邈治病救人壁画

行医经验，参考大量古今资料的前提下，创作了《千金要方》和《千金翼方》等重要著作。从孙思邈的医学著作里我们可以看出，他既有实事求是的科学精神，又有卓越的创造才能。

在治疗疑难杂症方面，孙思邈有独到的见解和方法。他善于总结经验，并且根据自己长期的临床实践，创造性地提出了很多治疗疾病的有效方法。

在当时，山区的人很容易患粗脖子病，这就是现代医学所说的因缺碘导致的单纯性甲状腺肿大。孙思邈当时虽然不知道什么叫作碘质，但他已经知道这种病是由于久居山区而引起的，并且用昆布、海藻等含碘丰富的动、植物，完全可以治疗这种病。

对于医治夜盲症和脚气病的方法，孙思邈说，牛肝明目，肝补肝，明目。他用动物肝脏给患夜盲症的人当药服用，而动物的肝脏正是含有大量维生素A。

昆布 海带科植物。昆布可用来纠正由缺碘而引起的甲状腺功能不足，同时也可以暂时抑制甲状腺功能亢进的新陈代谢率而减轻症状，但不能持久，可做手术前的准备。

维生素B 即维生素乙，是B族维生素的总称。维生素B都是水溶性维生素，它们是协同作用，调节新陈代谢，维持皮肤和肌肉的健康，增进免疫系统和神经系统的功能，促进细胞生长和分裂，预防贫血发生。

牛痘 牛痘是由天花病毒引起的一种烈性传染病，也是至目前为止，在世界范围被人类消灭的第一种传染病。天花是感染痘病毒引起的，无药可治，患者在痊愈后脸上会留有麻子，"天花"由此得名。

对于医治脚气病，孙思邈则用杏仁、防风、吴茱萸、蜀椒等富含B族维生素的药品来治疗。他还说，用谷皮煮汤和粥吃，可以防治脚气病，而谷皮也是含有一定的B族维生素。

在药物研究方面，孙思邈除了研究治疗营养缺乏病的药物以外，对一般药物也很有研究。例如他用白头翁、苦参子、黄连治疗痢疾，用常山、蜀漆治疗疟疾，用槟榔治绦虫，用朱砂、雄黄来消毒等，都收到了很好的效果。

他在著作中列举了600多种药材，其中有200多种都详细地说明了什么时候可以采集花、茎、叶，什么时候适宜于采集根和果。

孙思邈还曾经用疯犬的脑浆来治疯犬病。这就是所谓"以毒攻毒"，用毒物和病菌来增强人的抗病力量。这与后来用种牛痘来预防天花，接种卡介苗防止肺结核，以及用其他种种疫苗来预防疫病，是同一个道理。

孙思邈还提出妇儿分科的主张，特别注意妇女和小孩疾病的医治。他在自己的著作中阐释了相关的治疗指导思想：没有小孩就没有大人，如何把小孩抚育好，是很重要的问题。他的著作首先讲妇女和小孩的疾病，然后再讲成年和老

■ 孙思邈雕像

年的疾病。

孙思邈特别指出，妇女的
病和男子的病不同，小孩的
病和成年人的病也不同，所
以在治疗时应该特别注意。

孙思邈主张小儿病和妇
女病都应该另立一科，后来
妇科、小儿科医学理论和医
疗技术的发展，证明孙思邈
这一主张的正确。

孙思邈在他的著作中，
对于如何处理难产，如何治
疗产前产后的并发症，有详
细的说明。

■ 药王孙思邈采药
画像

孙思邈说："孕妇不能受惊，临产的时候精神要
安静，不能紧张，接生的人和家里的人都不能惊慌，
或者流露出忧愁或不愉快的情绪。"他认为这些都容
易引起难产或产妇的其他病症。

另外，孙思邈对于胎儿和小儿的发育程序的记
载，也是很正确的。婴儿生下来以后，要立刻擦去小
嘴里的污物，以免窒息或者吃下去引起疾病。婴儿生
下来如果不哭，就要用葱白轻轻敲打，或者对小嘴吹
气，或者用温水给婴儿沐浴，直至婴儿能哭出声来为
止。这一切都是合乎科学的。

关于抚育小孩，孙思邈主张衣服要软，但不能太
厚、太暖。要把小孩时常抱到室外去晒晒太阳，呼吸

卡介苗 是一种
用来预防儿童结
核病的预防接种
疫苗。接种后可
使儿童产生对结
核病的特殊抵抗
力。卡介苗接种
的主要对象是新
生儿、婴幼儿，
接种后可预防发
生儿童结核病，
特别是能防止那
些严重类型的结
核病，如结核性
脑膜炎。

■ 孙思邈采药塑像

病菌 能使人或其他生物生病的致病微生物。病菌是机体致病的微小生物，其形体微小，它们通过多种途径进入人体，并在人体内繁殖，感染人体。病菌是无孔不入的。

新鲜空气，否则小儿会像长在阴暗地方的花草，身体一定软弱。小孩吃东西也不能过饱。他还对选择乳母的条件，哺乳的时间、次数和分量，以及其他种种护理方法，也都做了说明。

他的这些见解，到今天都还有一定的实践意义。

孙思邈还提供了预防疾病的方法。讲求卫生、预防疾病，在孙思邈的医学思想上占着重要的地位。

孙思邈在《千金方》里，曾经介绍用苍术、白芷、丹砂等来消毒的方法，防止病菌的传播。他告诫人们不要随地吐痰，注重公共卫生。

孙思邈特别提醒人们，要注意节制身心活动，不要过分疲劳。

他说："人一定要劳动，但不要过分疲劳。"他还强调合理饮食。他说："吃东西要嚼烂、缓咽，不要吃得过饱，饮酒不能过量，肉要煮烂再吃。"

此外，他还劝大家饭后漱口，睡眠时不要张着口，不要把头蒙在被子里睡，不要在炉边或露天睡眠等。上述这些建议都是值得被采纳的有效措施。孙思邈能够活到100多岁，这同他注意卫生、预防疾病有很大的关系。

孙思邈在针灸方面有突出的贡献。他绘制了《明堂针灸图》，对针灸的腧穴加以统一。他强调针、药应该并用，他说："针而不灸和灸而不针，不是好医生；针灸而不药，或药而不针灸，也不是好医生。针药并用，才是良医。"

这种用综合治疗方法来提高医疗效果的思想，扁鹊和华佗都很重视，孙思邈则特别加以提倡。这种思想，今天已得到了很大的发展。

孙思邈提出"大医精诚"的宏论，至今仍对临床医生具有广泛的教育意义。

阿是穴 又名不定穴、天应穴、压痛点。这类穴位一般都随病而定，在病变的附近部位或较远部位，没有固定的位置和名称。它的取穴方法即人们常说的"有痛便是穴"。临床上医生根据按压式的方法，察知病人有酸、麻、胀、痛、重等感觉和皮肤变化，从而予以临时认定。

■ 孙思邈炼丹

孙思邈塑像

他要求医生对技术要精，对病人要诚。他认为医生在临症时应安神定志，精力集中，认真负责。不得问其贵贱贫富，长幼美丑，怨亲善友，本族外族，聪明愚昧，应该要一样看待。在治疗中，医生要不避危险、昼夜、寒暑、饥渴与疲劳，全心赴救病人，不得自炫其能，贪图名利。

事实上，这也正是孙思邈身体力行，躬身实践的写照。

孙思邈在医药医疗上还创造了很多个"第一"：第一个完整论述医德；第一个治疗麻风病；第一个发明手指比量取穴法；第一个创立"阿是穴"；第一个提出用草药喂牛，而使用其牛奶治病的人；第一个提出并试验成功野生药物变家种；第一个发明导尿术等。

孙思邈一生以济世活人为己任，他的高尚医德和高超医术堪称百世师范！

群星闪烁的杰出人才

阅读链接

话说唐太宗李世民的长孙皇后怀孕已10多个月不能分娩，大臣徐茂功便推荐孙思邈。

由于有"男女授受不亲"的礼教束缚，孙思邈就在细问病情后，取出一条红线，叫宫女把线系在皇后右手腕上，一端从竹帘拉出来，孙思邈捏着线的一端，在房间外"引线诊脉"。

没多久，孙思邈吩咐宫女将皇后的手扶近竹帘，他看准穴位猛扎一针，皇后疼得浑身一颤。随即，只听婴儿呱呱啼哭之声，产下了皇子，人也苏醒了。最后皆大欢喜。

科技巨擘

从五代十国至元代是中国历史上的近古时期。五代十国时期战乱频仍，社会经济遭到破坏。但此间50年蓄积的能量，竟在北宋政权刚一建立就爆发，并迅速使科技发展达到高峰。

沈括以巨著《梦溪笔谈》记载和总结了当时的科技成就。元代制定了有利于经济建设的措施，在这一政治环境中，郭守敬完成了《授时历》的编制，王祯也完成了他的农书。

在中国近古时期，有了沈括、郭守敬和王祯这样的科技翘楚，中国科技史之光更加光彩夺目。

首创活字版印刷术的毕昇

毕昇（约970—1051），又作毕升。中国宋代发明家。首创活字版印刷术，使之成为中国古代"四大发明"之一。活字印刷术是印刷史上一次伟大革命，对世界文明的发展做出了杰出的贡献。对后世印刷术乃至世界的进步，有着巨大而深远的影响。

英国哲学家培根在《新工具》一书中说："印刷术、火药和指南针，曾改变了整个世界事物的面貌和状态。"

■ 中国古代科学家毕昇铜像

■ 传统的雕版

北宋时期社会经济的发展，带来了文化和科学技术的兴盛。文化的繁荣，就必然要求传播工具的先进。而当时的雕版印刷术虽然技术已经很纯熟，但也存在明显缺点。

比如刻版费时费工费料，刻一部书需要很长时间和很多木料，如果刻一部内容很多的巨著，就得花费几年甚至更长时间。此外，有错别字也不容易修改。由于存在这些原因，无法满足社会的需要。改进印刷技术，已经成为时代的要求，而完成这一历史使命的人物就是当时的发明家毕昇。

毕昇生活在雕版印刷的全盛时期，他是北宋中期的一个普通平民知识分子，当时人称"布衣"。他从十几岁开始，就进入一家私人书坊当学徒。毕昇到了书坊后，勤学好问，很快学会了雕版。

雕版印刷 是最早在中国出现的印刷形式。现存最早的雕版印刷品是868年印刷的《金刚经》（现藏大英博物馆），不过雕版印刷可能在大约2000年以前就已经出现。其在印刷史上有"活化石"之称。

■ 泥制的印刷模具

毕昇在学徒过程中，对雕版印刷的每个环节都不放过，努力地学习，几年以后，终于成为一名熟练的书坊印刷工匠，并很快在书坊里成为一名得力骨干。他工作十分认真。渐渐地，他发现雕版印刷的弊病，于是，他开始着手制造单个活字，这项工作整整花费了八九年的时间。

毕昇首先使用木材作为制造活字的材料。但由于木纹不整齐，吸墨膨胀，字面模糊，不能下次再用等原因失败了。

这次失败，并没有使毕昇灰心，他又试验了好几种材料，可都不适合用来做活字。毕昇受陶罐上边的工艺花纹的启发，开始了制造泥活字的尝试。

毕昇先把胶泥和拌均匀，制成一个个大小一致的小方块形的泥坯，小泥坯的边角都抹得非常的平整。然后在每个小泥坯上工工整整地刻好文字。毕昇把文字的笔画刻得凸出来，凸出来的部分，厚薄就像古时候铜钱的边缘一样。泥坯细软，雕刻起来比木头容易多了。

泥活字 胶泥制成的用于排版印刷的反文单字。北宋科学家沈括在其所著《梦溪笔谈》卷十八"技艺"中，记载了泥活字为庆历年间平民毕昇所发明。毕昇发明的泥活字印书成功，标志着活字印刷术的诞生。

刻好后的泥坯稍稍阴干一下，再放到火中去烧硬。这次终于成功制出了字画清楚、不吸水、坚如牛角、乌黑发亮的胶泥活字。毕昇费了多年心血，制造了上万个泥活字字印。

在制造泥活字的过程中，毕昇非常善于开动脑筋。他考虑到书中常常一页之中有好些重复的字，为了方便印书，每个字他一般都刻制几个泥活字。特别是古书中的"之""乎""者""也"之类的字，用得非常频繁，毕昇就把这些字分别制作成20多个泥活字，这样用起来就非常方便了。

有了一套活字印，还不能马上印刷，要印书，首先得把活字制成版。制造活字版是毕昇活字印刷术发

活字版 北宋毕昇发明泥活字后，为了便于印刷，他先制成单字的阳文反文字模，然后按照稿件把单字挑选出来，排列在字盘内，涂墨印刷，印完后再将字模拆出，留待下次排印时再次使用。这就是活字版。活字版是印刷史上又一伟大的里程碑。

活字印刷模版

明的一个重要部分。

每次印刷前，毕昇都先拿出一块铁板摆好，在上面均匀地撒上一层松脂、蜡和纸灰等具有黏性的物质。再在铁板上面放一个铁框，然后照着要印的书稿，拣出需要的泥活字，按顺序一个一个地排在铁框里面。排满整整一框，就成一版。

把排好的版拿到火上加热，铁框里面的松脂、蜡等物质遇热熔化，这时用一块平整的木板把子印按平，当铁框内的物质冷却凝固后，框里的泥活字都牢牢地粘成一片，而且版面十分平整，最后上墨印刷，就可以得到印刷效果十分好的书籍了。

就这样，用泥活字版印出来的书，"墨若漆光"，非常漂亮。为了提高印刷效率，毕昇设置了两块铁板，交替着使用。当第一块版在印刷时，就开始用第二块版排字。

380

群星闪烁的杰出人才

■ 活字印刷模具

■ 沈括（1031—1095），字存中，号梦溪丈人。

　　毕昇在印书时，有时也遇上一些生僻、不常用的字，他就马上找来一些胶泥，制成小方块泥干坯，再刻好所需的字，拿到草火中一烧，一会儿就做成一个泥活字印。这个方法非常简单，也非常迅速。

　　毕昇还做了很多木架，分成一个一个的格子，专门用来存放不用的泥活字。为了使用时查找起来方便、快速，他把制成的泥活字都按字的韵母分成若干类，并按类排列得整整齐齐。每一韵部的泥活字都贴上纸，并做上记号。拣字时先看记号，再根据记号查出所需泥活字。

　　毕昇的活字印刷术与雕版印刷相比，有很多优点：速度快，印书经济合算，书籍质量好，可减轻劳动强度。毕昇去世后，他精心制作的泥活字传到了大学者沈括手中，沈括将其视为珍品，仔细地收藏起来，并在他的著作《梦溪笔谈》中，详细地记录了毕昇发明印刷术的经过。

　　泥活字印书技术由于后人的不断仿效和改进，由泥活字、木活字一类的非金属活字，逐渐过渡到铜活字、铅活字、锡活字一类的金属活字。

　　金属活字　在北宋时发明了木活字、泥活字等非金属活字后的数百年间，以木、泥、锡、铜所造的活字，一直被前后交替地使用。由于中国地域辽阔，人口众多，对书籍的需求量大，因此，金属活字在社会生活中的作用是不可忽视的。

毕昇发明的活字印刷术

毕昇是世界上第一位发明活字印刷术的人，他创制的泥活字也是世界上第一副活字。毕昇发明的活字印刷术很快传到了亚洲的朝鲜、日本、越南等国。

后来，印刷术传到了欧洲，并得到了进一步完善。德国人古登堡就是在毕昇活字印刷术的基础上，创造了金属活字印刷。活字印刷术很快由德国传到世界各国。活字（铅字）印刷在中国一直沿用到20世纪末，随着科学的发展和技术的改进，才退出印刷行业。

毕昇发明的活字印刷术是我们中华民族的一大骄傲，也是对人类文化的又一重大贡献。毕昇的功绩是不可磨灭的！

阅读链接

传说毕昇发明活字印刷术后，许多人纷纷向他取经。毕昇认真地说："是我的两个儿子教我的。"

这句话很出乎人的意料，毕昇继续解释道："去年清明节前，我带着妻儿回乡祭祖。有一天，两个儿子玩过家家，用泥做成各种物品，随心所欲地排来排去。我的眼前忽然一亮，当时我就想，我何不也来玩过家家：用泥刻成单字印章，不就可以随意排列，排成文章了吗？"

众人听后无不赞叹毕昇的细心。

中国科学史上之翘楚沈括

沈括（1031—1095），字存中，号梦溪丈人。生于北宋时钱塘，即今浙江省杭州市。是北宋时一位博学多才、成就卓著的学者，也是11世纪世界一流的科学家。精通天文、数学、物理学、化学、地质学、气象学、地理学、农学和医学。他还是卓越的工程师、出色的外交家。

晚年以平生见闻撰写的笔记体巨著《梦溪笔谈》，不仅是中国古代的学术宝库，而且在世界文化史上也有重要的地位。沈括也因而被称为"中国科学史上最卓越的人物"。

■北宋科学家沈括画像

王安石画像

沈括生于一个官僚家庭。他的祖父、父亲、外公、舅舅都做过官，母亲许氏，又是一个有文化教养的妇女。在良好的家庭环境中，沈括14岁就读完了家中的藏书。

后来他跟随父亲到过福建、江苏、四川和京城开封等地，有机会接触社会，对当时人民的生活和生产情况有所了解，增长了不少见闻，也显示出了超人的才智。

1063年，沈括考中进士，此后，他参与王安石变法运动，赴两浙考察水利，出使辽国，任翰林学士，整顿陕西盐政等。他文武双全，不仅在科学上取得了辉煌的成绩，而且为保卫北宋的疆土也做出过重要贡献。

北宋时期，阶级矛盾和民族矛盾都十分尖锐。辽和西夏贵族统治者经常侵扰中原地区，掳掠人口牲畜，给社会经济带来很大破坏。

沈括坚定地站在主战派一边，在1074年担任河北西路察访使和军器监长官期间，他攻读兵书，精心研究城防、阵法、兵车、兵器、战略战术等军事问题，编成《修城法式条约》和《边州阵法》等军事著作，把一些先进的科学技术成功地应用在军事科学上。

沈括还对弓弩甲胄和刀枪等武器的制造进行过深入研究，为提高兵器和装备的质量做出了一定贡献。

沈括辛勤努力，刻苦钻研，终于获得了辉煌的科学成就。这些成就集中体现在他晚年于镇江梦溪园写成的《梦溪笔谈》一书中。

群星闪烁的杰出人才

《梦溪笔谈》不仅为我们介绍了中国古代劳动人民在科学技术方面的成就，保存了丰富的极有价值的资料；同时也使我们了解到这位杰出的学者在科学上的贡献和认真不苟的研究态度。

　　《梦溪笔谈》共26卷，另有《补笔谈》3卷，《续笔谈》1卷，共609条。涉及的方面非常广泛，内容极其丰富。下面分别就天文、历法、数学、物理、化学、地学、医药和生物、历史与考古、艺术等主要内容略加介绍。

　　在天文方面，据《梦溪笔谈》记载，沈括曾连续用了3个月的时间，每天夜间用天文测量用的"窥管"观测北极星的位置。他把初夜、中夜和后夜所看到的北极星的方位分别画在图上，一共画了200多幅图。经过精心研究，最后他得出了当时北极星同北极的距离为3度多的科学结论。

　　在历法方面，沈括主张实行阳历，就是不以月亮的朔望定月，而是根据节气定月，取消闰月，也就是把一年分为12个月，大月31天，小月30天。实行这种历法，就可以避免计算和安排闰月的麻烦，同时节气也会更准确。

　　这是一种科学、进步的历法，当时如能采用，对农业生产是有很

■ 沈括遗存下来的《梦溪笔谈》书稿

阳历 又称太阳历，是以地球绕太阳公转的运动周期为基础而制定的历法。世界通行的公历，是人们最熟悉的一种历法。这部历法浸透了人类几千年间所创造的文明，是古罗马人向埃及人学得，并随着罗马帝国的扩张和基督教的兴起而传播于世界各地。

■《梦溪笔谈》

大便利的。但是由于保守派的反对，他的新历法没有被采用。

沈括的新历法当时虽然没有实行，但是在他的援引和帮助之下，当时一位平民出身的历算家卫朴得以进入司天监，担任改革旧历法的工作。经过5年的努力，卫朴完成了一部比前代历法更为精密准确的《奉元历》。这部《奉元历》曾在宋朝颁行了18年。

沈括在数学方面也有精湛的研究。他从实际计算需要出发，创立了"隙积术"和"会圆术"。沈括通过对酒店里堆起来的酒坛和垒起来的棋子等有空隙的堆体积的研究，提出了求它们的总数的正确方法，这就是"隙积术"，也就是二阶等差级数的求和方法。

沈括的研究，发展了自《九章算术》以来的等差级数问题，在中国古代数学史上开辟了高阶等差级数研究的方向。

此外，沈括还从计算田亩出发，考察了圆弓形中

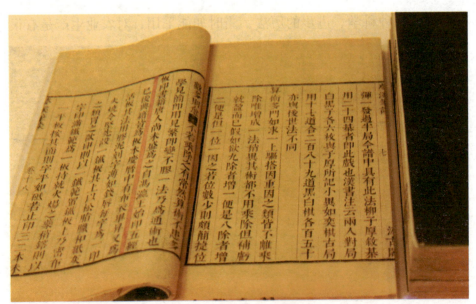

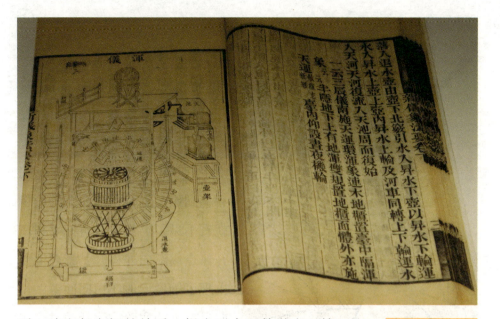

弧、弦和矢之间的关系，提出了中国数学史上第一个由弦和矢的长度求弧长的比较简单实用的近似公式，这就是"会圆术"。

■ 沈括著作《梦溪笔谈》

"会圆术"的创立，不仅促进了平面几何学的发展，而且在天文计算中也起到了重要的作用，并为中国球面三角学的发展做出了重要贡献。

在物理方面，沈括发现了地磁偏角。《梦溪笔谈》记载了一些有关磁学的知识。

沈括除了用磁石磨制钢针，制成了人造磁性指南针之外，还在《梦溪笔谈》中介绍了自己所发明的支挂指南针的四种不同的方法：第一种是浮在水面上；第二种是搁在指甲上；第三种搁置在碗边上；第四种用丝悬挂着。

四种方法以悬丝法最为完善，最适宜于在动荡不定的海船上使用。沈括发现指南针所指的方向不是正南而稍微偏东的现象，这就是现代物理学所称的"磁

磁学 又称为"铁磁学"，是现代物理学的一个重要分支。它是研究与磁场有关现象的学科。磁学和电学有着直接的联系。经典磁学认为如同电荷一样，在自然界中存在着独立的磁荷。同样相同的磁荷互相排斥，不同的磁荷互相吸引。

偏角"。

在光学方面，沈括也有重要发现。当他看见凹面镜映入的物体呈现倒影现象后，便进行反复试验：用手指对准镜面，镜面上映出的是正像；但当他把手指向后移到焦点上时，镜面上的影像就看不见了。然后他再把手指离开焦点逐渐向外移开，镜面上便出现了倒像。他还用凹面镜做过向日取火的实验。沈括通过这些实验最后得出光线通过小孔同焦点形成"光束"的光学原理。

■ 沈括画像

在化学方面，沈括也取得了一定的成就。他在出任延州时曾经考察研究延州境内的石油矿藏和用途。他利用石油不容易完全燃烧而生成炭黑的特点，首先创造了用石油炭黑代替松木炭黑制造烟墨的工艺。

他已经注意到石油资源丰富，还预测到"此物后必大行于世"，这一远见已为今天所验证。另外，"石油"这个名称也是沈括首先使用的，比以前的石漆、石脂水、猛火油、火油、石脑油、石烛等名称都贴切得多。

在《梦溪笔谈》中有关"太阴玄精"的记载里，沈括根据物质形状、潮解、解理和加热失水等性能的不同，区分出几种晶体，指出它们虽然同名，却并不是一种东西。他还讲到了金属转化的实例，如用硫酸

凹面镜 凹面的抛物面镜，平行光照于其上时，通过其反射而聚在镜面前的焦点上，反射面为凹面，焦点在镜前，当光源在焦点上，所发出的光反射后形成平行光束，也叫凹镜、会聚镜。

铜溶液把铁变成铜的物理现象。

他记述的这些鉴定物质的手段，说明当时人们对物质的研究已经突破单纯表面现象的观察，而开始向物质的内部结构探索进军了。

沈括在地学方面也有许多卓越的论断，反映了中国当时地学已经达到了先进水平。他正确论述了华北平原的形成原因：根据河北太行山山崖间有螺蚌壳和卵形砾石的带状分布，推断出这一带是远古时代的海滨；而华北平原是由黄河、漳水、滹沱河、桑乾河等河流所携带的泥沙沉积而形成的。

当他察访浙东的时候，观察了雁荡山诸峰的地貌特点，分析了它们的成因，明确地指出这是由于水流侵蚀作用的结果。他还联系西北黄土地区的地貌特征，作了类似的解释。

他还观察研究了从地下发掘出来的类似竹笋以及

389

近古时期

科技巨擘

■ 北宋汴梁城模型

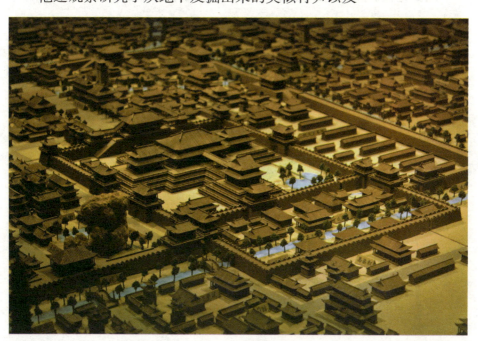

桃核、芦根、松树、鱼蟹等各样化石，明确指出它们是古代动物和植物遗迹，并根据化石推论了古代自然环境。这些都表现了沈括可贵的唯物主义思想。

沈括视察河北边防的时候，曾经把所考察的山川、道路和地形，在木板上制成立体地理模型。这个做法很快便被推广到边疆各州。

1076年，沈括奉旨编绘"天下州县图"。他查阅了大量档案文件和图书，经过近20年坚持不懈的努力，终于完成了中国制图史上《守令图》这部巨作。

这是一套大型地图集，共计20幅，其中有大图1幅，长1.2丈，宽1丈；小图1幅；按当时行政区划，全国分作18路，据此制作各路图18幅。图幅之大，内容之详，都是以前少见的。

在制图方法上，沈括提出分率、准望、互融、傍验、高下、方斜、迂直等9种方法。他还把四面八方细分成24个方位，使图的精度有了进一步提高，为中国古代地图学做出了重要贡献。

沈括还应用比例尺的办法来表明地图上的实际距离。他在地图上

群星闪烁的杰出人才

《梦溪笔谈》记载民情蜡像

毕昇发明活字印刷术

把50千米缩成2寸，绘成一部"天下郡县图"，同时又把全国郡县的位置用文字详细准确地记录下来。这样，即使地图遗失了，还可以根据记录重新绘制。

沈括所用的这种绘图方法是很科学的。我们现在用的一般地图，除了测量地形用的仪器比以前更精确和利用经纬线以外，基本原理和沈括所用的并没有什么不同。

沈括对医药学和生物学也很精通。他在青年时期就对医学有浓厚兴趣，并且致力于医药研究，收集了很多验方，治愈过不少危重病人。同时他的药用植物学知识也十分广博，并且能够从实际出发，辨别真伪，纠正古书上的错误。曾经提出"五难"新理论。

沈括的医学著作有《沈存中良方》等。现存的《苏沈良方》是后人把苏轼的医药杂说附入《良方》之内合编而成的，现有多种版本行世。《梦溪笔谈》及《补笔谈》中，都有涉猎医学，如提及秋石之制备，论及44种药物之形态、配伍、药理、制剂、采集、生长环境等。

群星闪烁的杰出人才

在历史与考古方面，《梦溪笔谈》中保存了许多有价值的科学史资料。最主要的是关于活字版印刷术、水利和建筑方面的记述。

《梦溪笔谈》中关于活字版印刷术的记载，是我们今天对于毕昇的活字版印刷术的设备和使用情况所能得到的唯一详尽的资料。我们今天还能够这样清楚地了解到1000多年前这一伟大发明的情形和具体操作方法，这不能不归功于沈括。

《梦溪笔谈》中记录了一些重要历史事件的真实情况，特别是对于993年四川王小波、李顺所领导的农民起义有一段比较详细的记述。

他在这一段记载中以生动、凝练的文字记下了起义军的进步政策和严明的纪律。从中我们可以看出，沈括本身虽然是封建统治阶级中的人物，但是他对于农民起义的记载还是比较真实的，敢于揭露历史的真相。

■ 北宋时乐器演奏壁画

沈括故居

　　此外，沈括在《梦溪笔谈》中对于许多出土文物的时代、形状、文字、花纹及古代的服装、度量衡制度等，都加以详细的考证。他在这方面所做出的劳绩，对于宋朝新兴起来的考古学的发展，起了很大的推动作用。

　　在艺术方面，《梦溪笔谈》这部书不但叙事明确，逻辑性很强，而且文字生动、简练、优美，富有文学色彩，让我们可以从中看出他在文学方面造诣之深。

　　沈括对于音乐和美术都有很深的爱好。《梦溪笔谈》卷5专论音乐，卷17专论书画。他对古代音乐理论、乐器的制作和使用方法以及少数民族的音乐都有精心的研究，而且还会作曲。他曾写过《乐论》《乐器论》《三乐谱》《乐律》四部著作，可惜这些著作也都失传了。

　　关于美术，沈括曾指出，当时有一派画家所画的山上亭馆、楼塔、屋檐等，看起来好像都是以从下向上仰视的角度所画出来的形象，从整个画面来说，这种角度是不对的。

　　因为观画的人并不是置身在画境之中而是站在画面之外，不是仰视而是平视，有如观看盆景中的假山一样。沈括认为如果从下而上仰视的角度来看，只会看见一重山或一幢房屋。因此，前面说的那种画法显然是不对的。

以上所举的一些例子，只不过是《梦溪笔谈》一书的简单轮廓。《梦溪笔谈》广泛地包罗了各方面的知识，但最主要的是关于自然科学方面的研究成果的记录。

《梦溪笔谈》不仅是沈括个人一生辛勤研究的结晶，也是中国劳动人民千百年来积累下来的科学经验的总结。它无疑是祖国文化宝库中的一颗明珠，至今还闪烁着灿烂的光辉。有人把《梦溪笔谈》这部书称作中国科学史上的"坐标"，把沈括称为"中国科学史上最卓越的人物"，确是实至名归。

当然，由于时代的限制，这部书也同古代其他许多笔记一类的书籍一样，用了相当的篇幅记载了许多迷信荒诞的故事。不过与《梦溪笔谈》的巨大成就相比较，它的缺点还是瑕不掩瑜的。

群星闪烁的杰出人才

阅读链接

沈括很有环保观念，很早就指出我们不得随便砍伐树木。

有一次，沈括在书中读到"高奴县有洧水，可燃"这句话。后来他特地进行实地考察。

考察中，沈括发现了一种褐色液体，当地人叫它"石漆""石脂"，可用它烧火做饭、点灯和取暖。沈括给这种液体取了一个新名字，叫石油。这个名字一直被沿用到今天。

他当时就想用石油代替松木作为燃料。他说不到必要的时候决不能随意砍伐树木，尤其是古林，更不能破坏！在今天看来其观点是绝对正确的，可当时并未得到重视。

明清两代是中国历史上的近世时期，这一时期造就了像宋应星《天工开物》这类百科全书式的巨著。其他如《本草纲目》和《徐霞客游记》，也都是流传至今的科学名著。

文艺复兴后，中国的徐光启与传教士利玛窦共同翻译的《几何原本》，是西学东渐具有代表性的成果。中国近世时期学科精英们这些本土与外来的科研成果，仍然令人欣慰。

近世时期

学科精英

踏遍山川尝百草的李时珍

李时珍（1518—1593），字东璧，时人谓之李东璧，号濒湖，晚年自号濒湖山人。生于湖北蕲州，即今湖北省黄冈市。他是中国古代伟大的医学家、药物学家。

李时珍曾参考历代有关医药书籍及其他学术书籍800余种，结合自身实践经验和调查研究，历时27年编成《本草纲目》一书，是中国明朝时代药物学的总结性巨著，在国内外均有很高的评价，现已有几种文字的译本或节译本。另著有《奇经八脉考》《濒湖脉学》等10种著作。

■ 药物学家李时珍画像

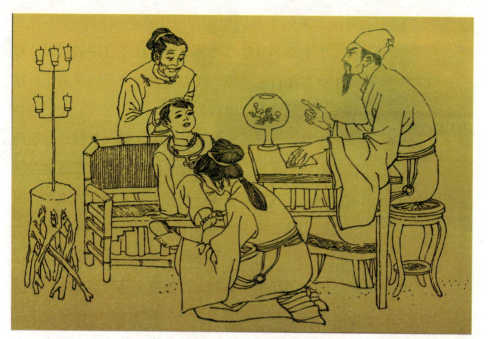

■ 李时珍看病画像

　　李家世代业医，祖父是"铃医"，父亲李言闻著有《痘疹证治》等医书，在家乡一带颇有医名。那时，民间医生地位很低，李家常受官绅的欺侮。因此，父亲决定让李时珍读书应考，以便出人头地。

　　李时珍14岁中了秀才后的9年中，3次到武昌考举人均名落孙山。于是，他放弃了科举做官的打算，专心学医。

　　李时珍38岁时，被武昌的楚王朱英召去任王府"奉祠正"，兼管良医所事务。3年后，他被推荐上京任太医院判。在太医院工作期间，他积极地从事药物研究工作，收集了大量的资料，丰富了知识领域。然而，在太医院的工作环境是不可能满足他的想法、实现愿望的，因为他淡于功名利禄，所以在太医院任职没有多长时间，就托病辞职归家了。

　　李时珍曾阅读过很多医药及其学术方面的书籍，

　　铃医 也称"走乡医""串医"或"走乡药郎"，指游走江湖的民间医生。铃医以摇铃招徕病家，因而得名。铃医自古就有，相传始于宋代的铃医李次口，世代相沿，至宋元时开始盛行。铃医实为古代的基层医务工作者。

验方 不是古代医书上的流传方，而是没有经过论证，但是临床却有疗效的一种方法，一般是指民间的方子。验方类似于偏方。偏方，即单方验方。指药味不多，对某些病症具有独特疗效的方剂。数千年来，在中国民间流传着非常丰富、简单而又有疗效的治疗疑难杂症的偏方、秘方、验方，方书著作浩如烟海。

■ 李时珍行医蜡像

发现古来的本草同明朝当时用药的实际情况不甚相符，旧本草不只是品种不全，而且还有许多错误。再加上他多年行医经验，决心重编一部药物学著作，这就是后来的《本草纲目》。

于是，李时珍在编写过程中，穿上草鞋，背起药筐，在徒弟庞宪、儿子李建元的伴随下，足迹遍及河南、河北、江苏、安徽、江西、湖北等广大地区，遍访名医宿儒，搜求民间验方，观察和收集药物标本。

又倾听万人意见，参阅各种书籍800多种。就这样，经过27年的实地调查，搞清了药物的许多疑难问题，终于在1578年完成了《本草纲目》的编写工作。

《本草纲目》在动植物分类学等许多方面有突出成就，并对其他有关的学科如生物学、化学、矿物学、地质学、天文学等也做出了贡献。

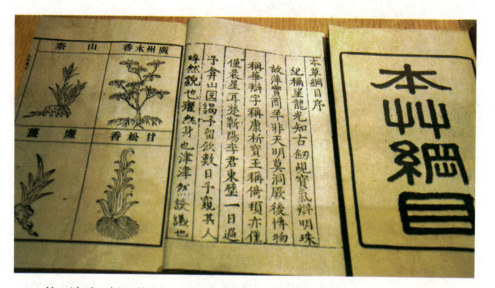

他不仅解决了药物的方式、检索等问题，更重要的是体现了他对植物分类学方面的新见解，以及可贵的生物进化发展思想。

■ 李时珍的代表作《本草纲目》

李时珍打破了自《神农本草经》以来，沿袭了1000多年的上、中、下三品分类法，把药物分为水、火、土、金石、草、谷、菜、果、木、器服、虫、鳞、介、禽、兽、人共16部，包括60类。每药标正名为纲，纲之下列目，纲目清晰。

书中还系统地记述了各种药物的知识。包括校正、释名、集解、正误、修治、气味、主治、发明、附录、附方等项，从药物的历史、形态至功能、方剂等，叙述甚详。

尤其是"发明"这项，主要是李时珍对药物观察、研究以及实际应用的新发现、新经验，这就更加丰富了本草学的知识。

李时珍在植物学方面所创造的人为分类方法，是一种按照实用与形态等相似的植物，将其归之于各

亲缘关系 植物物种由于同科同属而产生的关系称为亲缘关系。利用植物亲缘关系在同属植物中，可以寻找到相似的活性成分。人们根据埋藏在地层中的生物化石遗骸，就可以把地球上出现生命以来动物和植物发展变化的历程基本查证清楚。

方 即药方，药方是为治疗某种疾病而组合起来的若干种药物的名称、剂量和用法。在世界文化科技史上，中医是唯一历经2000余年仍能焕发勃勃生机的文化与科技奇迹。中医药方是传统中医文化的智慧结晶和组成部分。

类，并按层次逐级分类的科学方法。

李时珍将1000多种植物，据其经济用途与体态、习性和内含物的不同，先把大同类物质向上归为5部，即草、木、菜、果、谷为纲，部下又分成30类，如草部9类、木部6类、菜、果部各7类、谷5类是为目，再向下分成若干种。不仅提示了植物之间的亲缘关系，而且还统一了许多植物的命名方法。

虽然《本草纲目》是一部药物学专著，但它同时还记载了与临床关系十分密切的许多内容。原书第三、第四卷为"百病主治药"，记有113种病症的主治药物。

第三卷外感和内伤杂病中，就包括有专门治疗伤寒热病、咳嗽、喘逆类的药物；第四卷则主要为五官、外、妇、儿科诸病。原书中明确提出能治疗瘟疫的药物有升麻、艾叶、腊雪、大麻、大豆豉、石燕等20余种。

《本草纲目》中收载各类附方11096首，涉及临床各科，包括内科、外科、妇科、儿科、五官科等。其中2900多首为旧方，其余皆为新方。

治疗范围以常见病、多发病为主，所用剂型亦是丸散膏丹俱全，而且许多方剂

■ 李时珍采摘草药石刻

既具科学，又有简便廉验之特点，极具实用性。如治疗咳嗽病的方剂，即在多种药物附方中出现。

《本草纲目》不仅为中国药物学的发展做出了重大的贡献，而且对世界医药学、植物学、动物学、矿物学、化学的发展也产生了深远的影响。该书出版后，很快就被传到了日本，然后又流传到欧美各国，先后被翻译成日、法、德、英、拉丁、俄、朝鲜等国的10余种文字在国外出版，传遍五大洲。

李时珍画像

早在1951年，在维也纳举行的世界和平理事会上，李时珍即被列为古代世界名人；他的大理石雕像屹立在莫斯科大学的长廊上。《本草纲目》不仅对祖国医药学做出极大贡献，而且对世界自然科学的发展也起到了巨大的推动作用，被誉为"东方医药巨典"，英国著名生物学家达尔文也曾受益于《本草纲目》，称它为"中国古代百科全书"。

阅读链接

有家药店老板的儿子正在柜台上大吃大喝，听说李时珍医术很高，心里很不服气，就去找到李时珍问自己有什么病。

李时珍见此人气色不好，赶忙给他诊脉，过后，十分惋惜地说道："小兄弟，可惜呀，年纪轻轻，活不了3个时辰了，请赶快回家去吧，免得家里人到处找你。"

那个药店老板的儿子以为是在咒他，就气咻咻地走了。果然，不到3个时辰，这个人便死了。原来他吃饭过饱，纵身一跳，肠子断了。由此，人们更是惊叹李时珍的神奇医术了。

系统研究火器的专家赵士祯

赵士祯（1554—1611），字常吉，号后湖。今浙江省乐清人。明代火器专家。第一个系统研究和传播外国先进火器的人。他博采了中外火铳之长，制成掣电铳、迅雷铳，还创制了鹰扬铳和火箭溜，并对子弹运动的基本要点有一定的研究。此外，他的《神器谱》等著作，在兵工技术史上占有重要地位，促进了军事技术的发展。

赵士祯著作有《神器谱》《续神器谱》《神器谱或问》《备边屯田车铳议》等著作，其中有火器图式24种。其中的《神器谱》《备边屯田车铳议》等著作，功在国家，彪炳千秋。

■火器专家赵士祯画像

赵士祯生长于海滨，曾历经倭寇之患，深知增强国防力量，改善武器装备的重要，决心研制出精良的火器装备官军，卫国保民。他深入调查火器使用情况，广泛走访火器专家和御倭将领。

　　1596年，赵士祯在温州籍游击将军陈寅那里见到西洋番铳，深受启发。当时，有一个寓居北京的土耳其人，名叫朵思麻，赵士祯获知他原是土耳其一位专门管理火器的官员，便特意登门求教。

　　朵思麻将自己收藏的鸟铳拿给赵士祯看，并且详细讲解了鸟铳的制造和使用方法。就这样，赵士祯搜集和积累了火器研制方面的大量资料和经验。

　　1597年，赵士祯给皇帝呈上了《用兵八害》的条陈，建议制造番鸟铳。经兵部商议后交给京营试制，京营官员便向赵士祯请教试制诸法。

　　赵士祯唯恐京营"制造打放两不如法"，就自己出资，并请朵思麻协助，召集工匠进行试制，终于在1598年研制出四种火器。其中"掣电铳""迅雷铳"为当时最新式的火器，前者兼具西洋铳和佛郎机的优

403

近世时期

学科精英

■ 鸟铳

点，后者结合了鸟铳和三眼铳的长处。

赵士祯他们首批共制造了10余支，他将其中7支绘了图样，并撰文对其构造、制法、打放架势等作了详尽说明，上呈皇帝。这一图样和文字就是《神器谱》。

掣电铳是单兵燧发枪，是赵士祯吸取鲁密铳及佛郎机的优点自行创造。掣电铳长约2米，重2.5千克，采用后装子铳的形式，子铳6个。发火装置与鲁密铳不同，是撞击式燧发枪，构造和性能无大差异，主要是改进了发火装置，将火绳点火法，改进为燧石发火。击锤上夹燧石，扣扳机龙头下压，因弹簧的作用与燧石摩擦发火。

这样不但克服了风雨对射击造成的困难，而且不需要用手按龙头，射击精度更为准确，并在各种情况下，随时都可发射。且下面加有护圈。子铳预先装填好，轮流装入枪管发射，可以加快射击速度。

迅雷铳是一种装有5根铳管的火绳枪，铳管环绕在一木制铳杆四周，铳杆中部有机匣，前面套有盾牌，中间有一小斧作为支架，整体造型十分独特。

据《神器谱》记载，迅雷铳"五支铳管共重十斤，单管长二尺多"。铳管固定在前后两个圆盘上，呈正五菱形分布，夹角为72度。

各铳管均装有准星、照门及供装火药线用的火门。5根火药线彼此间用薄铜片隔开，以保证发射时的安全。铳杆的前部中空，内装有火球一个，另一端安装一铁制枪头。中部的机匣，上有点火龙头，下有扳机，供5根铳管点火、发射之用。

前面的盾牌外包生牛皮，里面垫有丝绵、头发和纸等物质，中间开有一圆孔及5个方孔，铳杆从圆孔中通过，铳管从方孔中通过，方孔同时用来观察瞄准，盾牌用来保护射手的安全。

发射前，需将迅雷铳的5根铳管装填好弹药，套好盾牌，将小斧插在地上，架好铳身，射手左腿前踞，右腿后跪，左手把住机匣，右臂夹住铳杆，用右手控制扳机点火发射。射完一管后，把铳管盘转动72度，使第二根铳管对准机匣，继续瞄准发射。如此这般依次轮流发射完5根铳管。

如果此时仍有敌兵逼近，还可点燃铳杆中的火球，使其"喷焰灼敌"；当来不及重新装填弹药时，还可将铳杆倒转，当作拼杀武器使用；小斧及盾牌也都可以分别当作武器使用。真是一铳多用，攻防兼备。赵士祯真可谓用心良苦！

这类装有瞄准具的多管枪，加长了枪管，缩小了射击口径，其射速和射程都有明显提高。更为主要的是提高了命中率，射击机构更趋于科学和精密。有的枪采用多管式轮转发射，有近似机关枪的作用，射击时可连续发火，不给敌人以喘息之机。从这些特点可以看出，这

十九眼铳

■ 明初铜火铳

瞄准具 一种能赋
予射击武器或投
掷武器准确的瞄
准角，使平均弹
道通过目标的装
置。明代火器专
家赵士祯曾在他
发明的迅雷铳上
安装瞄准具。现
代瞄准具已经有
很多分类，如枪
械瞄准具、机械
瞄准具、自动电
子瞄准具和激光
瞄准具等。

类火枪已较接近于近代的步枪了。

尽管这是杰出的发明，但也有作为火绳枪所克服不了的缺点。迅雷铳结构复杂，操作费时，在作战时难以短时间内排成战阵。而5个铳管射毕后重新装填又相当麻烦。

由于有多种配件可用于作战，如火铳、铳身内的火球、做支架用的斧子、铳管尾部的尖刺亦可用作长矛等，士兵往往处在"选择超载"状态。因此，迅雷铳还难以投入战场，更难以成军。目前也未见迅雷铳是否用于战场的记载。

正是由于存在这些缺点，赵士祯又不断地精益求精。至1602年，经过改进的迅雷铳"战酣连发"，可以一气发射18弹，比以前上呈皇帝的只能连发5弹的迅雷铳要先进得多。

在此之后，赵士祯又借鉴日本人使用的大鸟铳发明了"鹰扬炮"，这种新式火器具有威力大、命中率高的优越性能，胜过了日本的大鸟铳。

鹰扬铳的铳管较长，管壁较厚，有准星、照门，铳后设有安放子铳的部位，并不使其敞口泄气。此铳既有小型佛郎机之轻便，又有大鸟铳命中精度之高，是兼有两者之长的新式火绳枪。

　　在作战时，敌人若用火绳枪发射1弹，鹰扬铳则可发射3～4弹，可见其射速之快。若将此铳安置于轻车之上，则多车齐进，连续射击，万弹齐发，其势之猛烈，不亚于后来的小型大将军炮，而其纵横进退，俯仰旋转，则较大将军轻便，是一种机动性好，杀伤力大的轻型火铳。

　　赵士祯还发明了"火箭溜"，这是一种火箭发射装置，可赋予火箭一定的射向和射角，是现代火箭发射装置的雏形，可谓中国火箭发展史上的一座里程碑。当时不推荐的理由，可能是明政府对已经拥有的指南针、火药、造纸术、印刷术，以及持有大炮感到十分自豪，加上对整个国家"大密封"，从而使得火箭溜没被装备在弓弩兵的军队上。

■ 大将军炮　大型火炮，身用生铁铸造，长1～1.6米，重250千克，有多道加强箍，分大、中、小三种，分别发射3.5千克、1.5千克和0.5千克的铅弹，用一辆车运载。车轮前高后低，可在车上直接发射，具有较大威力。1530年开始制造。

　　至于赵士桢撰写的《神器谱》，主要论述火器地制造和使用。书中介绍了数种铳枪、战车、火箭、火药等火器的构造图式、制造工艺、使用方法，论述了各种火器的特点、作用和在作战时的运用原则。《神器谱》图文并茂，有较强的科学性，在思想观念和军事技术等方面，对明末清初火器的发展，都有积极的影响。

　　赵士桢在火器研制方面的辉煌建树，可谓功在国家，彪炳千秋。而他的著作，则是对中国传统的科学作了总结。英国学者李约瑟的论著《中国科学技术史》，也高度评价了赵士桢《神器谱》一书在中国科学技术史上的地位。

阅读链接

　　赵士桢胸怀大志，才兼文武，善书能诗，喜谈兵事。他的祖父赵性鲁工诗词，尤精书法，以儒士授鸿胪寺右丞，官至大理寺寺副，曾参与编修《大明会典》。

　　赵士桢继承了家族血统，多才多艺。一次，他游寓京师，偶然题诗于扇上，扇为宦官所得，进献神宗皇帝，深受赞赏，遂"以善书徵，授鸿胪寺主簿"。

　　但赵士桢性格倜傥不群，耿介刚直，因而久居下位不得升迁。八品衔的鸿胪寺主簿竟做了18年之久，才得晋升为从七品衔的中书舍人。

群星闪烁的
杰出人才

艺术大家

艺术大师与杰出之作

乐坛鼻祖

春秋战国是中国历史上的上古时期。在这一时期的艺术中，音乐艺术有突出的表现。周公旦制礼作乐，使各种仪式更加规范，当时被称为"瞽蒙"的乐官开始出现，如师旷和师涓，他们精通乐器，服务于宫廷诸多仪式中。此外，民间俗乐开始兴起，出现了伯牙和他的老师连成这样的民间琴师。

上古时期的乐师及其音乐是中国音乐艺术的先声，对中国说唱音乐艺术的传播做出了不可磨灭的贡献。

音乐造诣极高的师旷

师旷，字子野，又称晋野，因双目不能视物，故自称盲臣、瞑臣，生于春秋时期晋国羊舌食邑，即今山西省洪洞县。春秋末年著名乐师。曾担任晋国大夫。师旷在晋悼公初年进入宫廷担任主乐大师，凭借其艺术造诣、满腹经纶和善辩口才赢得悼、平二公的信任，悼公末或平公时为太宰，是著名的政治家、教育家、音乐家。

师旷艺术造诣极高，精音律，善弹琴，会鼓瑟，尤精音乐。有极强的辨音能力，所创作《阳春白雪》在艺术上取得了极高造诣，为世人称颂。

■ 春秋时期著名乐师师旷雕像

■ 古代听琴图

师旷不是天生的盲人。师旷曾经说自己之所以不能专于音律，就是因为眼睛看到的东西太多，致使心有所想，于是就用艾草熏瞎双眼以专于音律。由于师旷专心研究音律，他在艺术上取得了极高造诣，为世人仰慕。

师旷还善于用琴声来表现自然界的音响，描绘飞鸟飞行的优美姿态和鸣叫。他听力超群，有很强的辨音能力，并且是个音感特别敏锐的人。在汉代以前的文献中，常以师旷代表音感特别敏锐的人。

先秦哲学家庄子在他的《齐物论》中说："师旷甚知音律。"

有一次师旷听到晋平公铸造的大钟音调不准，就直言相告，晋平公不以为然，后经卫国乐师师涓证实，果然如此。

春秋时期，乐律问题带有相当神秘的色彩，乐师往往被吸收来参与军国大事，卜吉凶，咨询，一时备受推崇。

晋平公 姬姓名彪，公元前557年至前532年在位。即位之初，与楚国发生湛阪之战，获得胜利。后来，令祁黄羊举贤，留下"内举不避亲，外举不避仇"的美谈。晚年听从师旷建议，从此开始了求学路。

晋悼公 春秋中期晋国的少主，也是政治天赋超群的英主。年仅26岁便称霸中原，匡复晋国霸权。他在位时重用贤臣，压制强族，整顿内政，联宋纳吴，纠合诸侯，将晋国霸业推至巅峰。

师旷不仅具有非凡的音乐才华，还曾凭借其满腹经纶和善辩的口才，赢得了晋悼公、晋平公的信任，被任命为掌乐太师，进而几乎参与了晋国内政、外交、军事等一系列事务。

　　中国二十四史之一的《周书》记载，师旷不仅擅琴，也会鼓瑟。另据春秋时史学家左丘明的《左传》记载，师旷通晓南北方的民歌和乐器调律。

　　在明、清的琴谱中，《阳春白雪》等曲解题为师旷所作。现存琴谱中的《阳春》和《白雪》是两首器乐曲，明太祖之子朱权编纂的《神奇秘谱》在解题中说："《阳春》取万物知春，和风淡荡之意；《白雪》取凛然清洁，雪竹琳琅之音。"

　　《阳春白雪》表现的是冬去春来，大地复苏，万物欣欣向荣的初春美景。旋律清新流畅，节奏轻松明快。《阳春白雪》在很多书籍里被解题时，都称它以清新流畅的旋律、活泼轻快的节奏，形象生动地表现了初春景象。

　　《阳春白雪》流传久远，对后世产生了深远影响。这首琴曲现在已经成为中国著名十大古曲之一，古琴十大名曲之一。

　　师旷注重正统音乐，认为可以通过音乐来传播德行。一次，晋平公新建的王宫落成了，要举行庆祝典礼。卫灵公为了修好两国关系，就率乐工前去祝贺。走到濮水河边，天色已黑，就在河边倚车歇息。

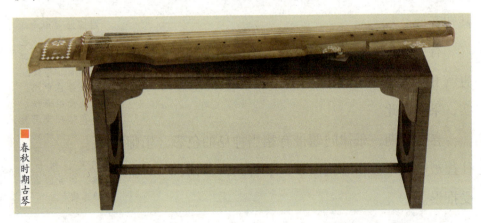

春秋时期古琴

卫灵公在欣赏夜景时，他突然听到一阵曲调新奇的琴声，不禁心中大悦，于是命乐师师涓寻找这个奇妙的音乐，并把它记录下来。师涓领命，最后成功采录了乐曲。

来到晋国后，在晋国举行的欢迎卫灵公的宴会上，师涓为了答谢晋国的盛情款待，使出浑身解数弹奏起来。随着他的手指起落，琴声像绵绵不断的细雨，又像是令人心碎的哀痛哭诉。

■ 古人听琴图

坐在陪席上的晋国掌乐大师师旷面带微笑，用心倾听着。不一会儿，只见他脸上的笑容渐渐消失了，神色越来越严肃。

师涓刚将曲子弹到一半，师旷再也忍不住了，他猛地站起身，伸手按住师涓的手，断然喝道："快停住！这是亡国之音啊，千万弹不得！"

卫国国君一行人下不了台，忙责问师旷为什么说它是亡国之音。

师旷于是说："这是商朝末年乐师师延为暴君商纣王所作的'靡靡之音'。后来商纣王无道，被周武王讨灭了，师延自知助纣为虐害怕处罚，就在走投无路时，抱着琴跳进濮河自尽了。所以，这音乐一定是在濮河边听来的。这音乐很不吉利，谁要是沉醉于其中，谁的国家定会衰落。所以不能让师涓演奏完这支

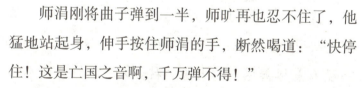

濮水 流经春秋卫地，即所谓"桑间濮上"之濮。也称濮渠水。上下游分支很多，《汉书·地理志》和《水经注》等书所载径流不尽相同。后因济水干涸，黄河改道，故道渐埋。明清之际余流犹残存于长垣东明一带，俗称普河。

春秋战国时古琴

曲子。"

但晋平公很不以为然，他命令师旷不要阻止，让师涓继续。师旷执拗不过，只能松手。师涓终于弹完了那支乐曲。

当最后一个音符消失，晋平公见师旷面带愠色，便问他这是什么曲调的乐曲。

师旷说这就是所谓的《清商》。

晋平公问《清商》是不是最悲凉的曲调？

师旷说还有比它更悲凉的《清徵》。

晋平公让师旷以《清徵》作为回礼来弹一曲，师旷坚决反对。他说："古代能够听《清徵》的，都是有德有意尽善尽美的大德之君。大王的修养还不够好，不能听！"

晋平公怒道："我不管什么德，什么义的，我只喜欢音乐。你快弹吧！"

师旷感到王命难违，只好坐下来，展开了自己的琴。当他用奇妙的指法拨出第一串音响时，便见有16只玄鹤从南方冉冉飞来，一边伸着脖子使劲鸣叫，一边排着整齐的队列展翅起舞。

当他继续弹奏时，玄鹤的鸣叫声和琴声融为一

师延 上古时期的神话人物。在轩辕黄帝之时，他为司乐之官，掌管着朝廷的音乐歌舞，为中华民族第一位乐神宗祖。夏末，投奔殷商，周武王兴师伐纣时，在涉濮水时沉水身亡。后世子孙以官名为氏，尊师延为得姓始祖。

体，在天际久久回荡。

曲终，晋平公和参加宴会的宾客无不是一片惊喜。晋平公亲自提着酒壶，离开席位边向师旷敬酒边问道："在人世间，大概没有比这《清徵》更悲怆的曲调了吧？"

师旷答道："不，它远远比不上《清角》。"

晋平公喜不自禁，就让师旷再奏一曲《清角》。

师旷急忙摇摇头说道："使不得！使不得！《清角》可是一支很不寻常的曲调啊！它是黄帝当年于西泰山上会集诸鬼神时而作的，怎能轻易弹奏？若是招来灾祸，就悔之莫及了！"

晋平公听后很是不快，他坚持让师旷演奏。

师旷见晋平公一定要听，无可奈何，只好勉强从命，拂袖弹琴。

当第一串玄妙的音乐从师旷手指流出，人们就见西北方向，晴朗的天空陡然滚起乌黑的浓云。

417

■ 古代抚琴图

当第二串音响飘离殿堂时，便有狂风暴雨应声而至。

当第三串音响骤起，但见尖厉的狂风呼啸着，掀翻了宫廷的房瓦，撕碎了室内的一幅幅帷幔，各种祭祀的重器纷纷震破，屋上的瓦坠落一地。

满堂的宾客吓得惊慌躲避，四处奔走。晋平公也吓得抱头鼠窜，趴在廊柱下，惊慌失色地喊道："不能再奏《清角》了！赶快停止……"

师旷停手，顿时风止雨退，云开雾散。

在场所有的人打心底里佩服师旷的琴艺。卫国乐师师涓也大开眼界，激动地上前握住师旷的手说："你的技艺真可谓是惊天地，泣鬼神啊！"

一曲《清角》奏罢，竟然如此令人惊心动魄！

就在师旷奏过《清角》之后，晋国连续大旱三年，赤地千里，晋平公也从此一病不起。

由于师旷高超的琴技，人们便附会出许多师旷奏乐的神异故事。上述这些记载杂有世人渲染师旷琴技的成分，难免穿凿之嫌。但它从

师旷弹琴遗址

师旷御书楼遗址

一个侧面反映了师旷深邃的艺术修养和精湛的技艺。

师旷的政治业绩并不亚于其艺术成就。现存先秦文献,有关师旷匡主裕民的记载颇多。《淮南子》记载:"师旷譬而为太宰。"

太宰一职总六官之事,无所不统,足见其地位之显赫。晋国当时"始无乱政",师旷"大治晋国"。师旷几乎参与了晋国内政、外交、军事等一系列事务,常向晋悼公、晋平公陈述以治国安邦之策。

师旷虽仅是一乐官,一生均在宫中生活,但他的地位不同于一般乐工,对政治有自己的见解,敢于在卫侯面前发表自己的意见,也向晋王提出了许多治国主张。

有一次,晋平公感叹师旷眼瞎,饱受昏暗之苦,师旷就以5种昏暗来规劝晋平公。他说:"其一是君王不知臣子行贿博名,百姓受冤无处申;其二是君王用人不当;其三是君王不辨贤愚;其四是君主穷兵黩武;其五是君王不知民计安生。"

晋平公听后沉默良久。

当卫献公因暴虐而被国人赶跑时,晋悼公认为民众太过分,师旷则反驳说："好的君主，民众当然会拥戴他，暴虐之君使人民绝望，为何不能赶他走呢？"

晋悼公听了觉得非常有道理，于是他又问起了治国之道，师旷简言之为"仁义"二字。

齐国当时很强盛，齐景公也曾向师旷问政，师旷提出"君必惠民"的主张，可见师旷具有强烈的民本主义思想，故他在当时深受诸侯及民众敬重。

史载师旷曾到过开封筑台演乐，至今遗址尚存。由此也可以看出，师旷是一位受到当时各国人民喜爱的艺术家。在后世的传说中，他被演绎成音乐之神、顺风耳的原型及瞎子算命的祖师等。

群星闪烁的杰出人才

阅读链接

晋平公有一次和臣子们喝酒，他得意地说："做国君最快乐了，国君的话没有谁敢违背！"

师旷正在旁边陪坐，听了这话，便拿起琴朝他撞去。

晋平公问："乐师，您撞谁呀？"

师旷故意答道："刚才有个小人在胡说八道，我很生气，于是就撞他了。"

晋平公说："说话的是我。"

师旷说："哟！这不是为人君主的人应说的话啊！"

晋平公表示要把师旷讲的话当作一个警告。师旷此举，表现出的是守正不阿的高尚品格和对晋国前途命运的忧虑之情。

模拟自然之声的伯牙

伯牙，姓伯，名牙，生于春秋战国时代楚国郢都，即今湖北省荆州。曾师从著名琴家成连，琴艺大进，所创《水仙操》琴曲，模拟自然之声，妙音清远，意蕴深长。伯牙是春秋战国时期晋国的上大夫，春秋时著名的琴师，擅弹古琴，技艺高超。他既是作曲家，又是抚琴高手，被人尊为"琴仙"。

伯牙在晋国任职期间，于出使楚国途中抚琴时巧遇知音钟子期，传为佳话。

伯牙后来的琴曲《高山》《流水》和《水仙操》都是传说中俞伯牙的作品。后人以伯牙摔琴谢知音的故事为题材还创作了琴歌《伯牙吊子期》。

■ 春秋时期著名琴师伯牙雕塑

■ 子期路遇伯牙抚
琴蜡像

冯梦龙（1574—1646），字犹龙，又字子犹，号龙子犹、顾曲散人等。南直隶苏州府长洲县，即今江苏省苏州市人。明代文学家、戏曲家。其作品《喻世明言》《警世通言》《醒世恒言》，合称"三言"，是中国白话短篇小说的经典代表。

经考证，伯牙原本就姓伯，明末小说家冯梦龙在小说中说他"姓俞名瑞，字伯牙"，当为"小说家言"，是杜撰来的。在此之前的《史书》与《荀子》《琴操》《列子》等书中均为"伯牙"。

东汉高诱注说："伯姓，牙名，或作雅。"现代的《辞源》也注说："伯姓牙名。"伯在古代是个很普通的姓，如周武王时不食周粟的伯夷，秦穆公时擅长相马的伯乐等。

伯牙是当时著名的琴师，善弹七弦琴，技艺高超。历代文献关于伯牙的记载颇多，最早见于荀况的《劝学》篇："伯牙鼓琴，而六马仰秣。"用夸张的手法极言其音乐演奏的生动美妙。

在《琴操》《乐府解题》书中记载有伯牙向著名琴家成连学琴的故事。成连是春秋时期琴艺超群的琴师，他感到伯牙虽学琴刻苦，技艺也不差，但情感不足，终究不能达到精妙境界。于是，他带伯牙去东海陶冶情感。

师徒两人坐船到了蓬莱，成连留伯牙一人在山上抚琴。初时仍无进展，后伯牙收琴起身，观赏蓬莱景色，见宁静的山林在薄雾中隐约迷离，显得那样幽丽、沉冥；海浪由远而近，拍打着岸边的礁石，发出"哗哗"的响声。顷刻，海浪退去，一切又恢复了迷人的平静。

伯牙看着看着，顿觉心胸开阔，感情起伏，情不自禁地拿起琴，合着这大自然的节拍，奏出了雄壮而优美的旋律。

其后，伯牙慨叹地对成连说："老师，我明白您为什么带我到这儿来了，您是让大自然这个老师帮我移情啊！"

后来，伯牙在成连先生的指导下，琴艺大进。伯

伯夷 尧舜时期的人。炎帝第十四代孙，大约生活在公元前2300年前后。他与商末孤竹君长子伯夷并非一人。四岳是尧舜时期官职，掌管诸侯事务。此处所说伯夷，是历任四岳官中的一位，也是被人们纪念的一位。

■ 子期与伯牙蜡像

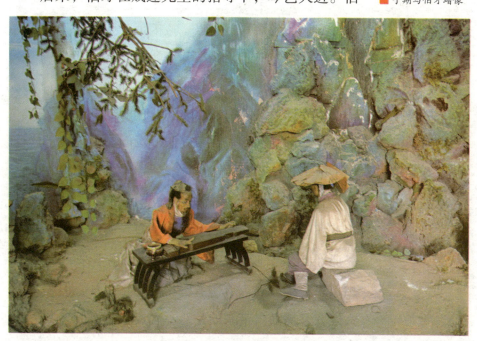

牙于是产生了创作欲望，要把自己的感受谱成音乐，于是援琴作歌：

■ 祭奠子期

緊洞涓兮流澌漠，
舟楫逝兮仙不还，
移情愫兮蓬莱山，
呜钦伤宫兮仙不还。

又题名《水仙操》。这是一首妙音逸韵、模拟自然的佳品。从此他领悟到艺术家要培养高尚的情操，艺术要以感情动人。后来唐代诗人李咸用曾作诗说：

成连入海移人情，岂是本来无嗜欲！
琴兮琴兮在自然，不在徽金将轸玉。

列御寇 或称列圄寇、列圉寇，今河南省郑州人。战国前期道家思想的代表人物。他终生致力于道德学问，先后著书20篇，现仅存《汤问》《周穆王》等8篇，共成《列子》一书。后被道教尊奉为"冲虚真人"。

伯牙抚琴"高山流水遇知音"的故事流传千古。战国时郑国的列御寇在《列子·汤问》中记载了这样一个故事：

有一年，伯牙奉晋王之命出使楚国。农历八月十五那天，他乘船来到了汉阳江口。遇风浪，停泊在一座小山下。晚上，风浪渐渐平息了下来，云开月出，景色十分迷人。望着空中的一轮明月，伯牙琴兴大发，拿出随身带来的琴，专心致志地弹了起来。

他弹了一曲又一曲，正当他完全沉醉在优美的琴声之中的时候，猛然看到一个人在岸边一动不动地站着。伯牙吃了一惊，手下用力，"啪"的一声，琴弦被拨断了一根。

伯牙正在猜测岸边的人为何而来，就听到那个人大声地对他说："先生，您不要疑心，我是个打柴的，回家晚了，走到这里听到您在弹琴，觉得琴声绝妙，不由得站在这里听了起来。"

伯牙借着月光仔细一看，那个人身旁放着一担干柴，果然是个打柴的人。伯牙心想：一个打柴的樵夫，怎么会听懂我的琴曲呢？

于是他就问："你既然懂得琴声，那就请你说说看，我弹的是一首什么曲子？"

听了伯牙的问话，那打柴的人便笑着回答："先生，您刚才弹的是孔子赞叹弟子颜回的曲谱，只可惜的是，您弹到第四句的时候，琴弦断了。"

打柴人的回答一点不错，伯牙不禁大喜，忙邀请他上船来细谈。那打柴人看到伯牙弹的琴，便说："这是瑶琴！相传是伏羲氏造的。"接着他又把这瑶琴的来历说了出来。

听了打柴人的一番讲述，伯牙心中不由得暗暗佩服，接着又为打柴人弹了几曲，请他辨识其中之意。

当伯牙弹奏的琴声雄壮高亢的时候，打柴人说："这琴声，表达了高山的雄伟气势。"

伯牙摔琴蜡像

群星闪烁的杰出人才

瑶琴 史载为伏羲氏制作。有一次伏羲看到凤凰来仪，飞落在一棵梧桐树上。那梧桐高3.3丈，按33天之数。按天、地、人三才，截为3段；取中间一段送长流水中，浸72日，按72候之数；取起阴干，选良时吉日制成乐器。

■ 元代伯牙鼓琴图

当琴声变得清新流畅时，打柴人说："这后弹的琴声，表达的是无尽的流水。"

伯牙听了不禁惊喜万分，自己用琴声表达的心意，过去没人能听得懂，而眼前的这个樵夫，竟然听得明明白白。没想到，在这野岭之下，竟遇到自己久久寻觅不到的知音。于是，他问明打柴人名叫钟子期，并和他喝起酒来。

伯牙感慨地说："你真是我知音啊！"

钟子期也深有感触。两人便结为兄弟，一起约定来年的中秋再到这里相会。和钟子期洒泪而别后第二年中秋，伯牙如约来到了汉阳江口，可是他等啊等啊，怎么也不见钟子期来赴约，于是他便弹起琴来召唤这位知音。可还是不见人来。

第二天，伯牙向一位老人打听钟子期的下落。老人告诉他，钟子期已不幸染病去世了。临终前，他留下遗言，要把坟墓修在江边，到农历八月十五相会时，好听伯牙的琴声。

听了老人的话，伯牙万分悲痛，他来到钟子期的坟前，凄楚地弹起了古曲《高山流水》。

弹罢，他挑断了琴弦，长叹了一声，悲伤地说："我唯一的知音已不在人世了，这琴还弹给谁听呢？"说完，把心爱的瑶琴在青石上摔了个粉碎。

《列子·汤问》中记载的这个"高山流水遇知音"的故事，为后世历代传诵。伯牙和钟子期的友谊感动了后人，人们在他们相遇的地方，筑起了一座古琴台。现在，这座古琴台位于汉阳龟山西麓，也就是

月湖的东畔。古琴台始建于北宋，后屡毁屡建。

1890年，清末民初的大学者杨守敬主持并亲自书丹，将《琴台之铭并序》《伯牙事考》和《重修汉阳琴台记》重镌立于琴台碑廊之中，并书"古琴台"三个字刻于大门门楣。

进古琴台大门，过小院，出茶院右门，迎门是置于黄瓦红柱内的清道光皇帝御书"印心石屋"照壁。照壁东侧有一小门，门额"琴台"两字，据传出自北宋著名书法家米芾之手。

进门后为曲廊、廊壁立有历代石刻和重修琴台碑记。再往前便是琴堂，又名友谊堂，堂前庭院中汉白玉筑成的方形石台，便是象征伯牙弹琴的琴台。

古琴台建筑群占地1公顷，布局精巧，主要建筑协以庭院、林园、花坛、茶室，层次分明。院内回廊依势而折，虚实开闭，移步换景，互相映衬。

修建者充分利用地势地形，还充分运用了中国园林设计中巧于"借景"的手法，把龟山月湖山水巧妙借了过来，构成一个广阔深远的艺术境界。

群星闪烁的杰出人才

阅读链接

传说，伯牙摔琴停奏后，整天精神恍惚。

一天，他妻子从床下拿出自己的琴并开始弹奏，正是《高山流水》！伯牙不知妻子的琴艺竟如此之高，琴声时而玉拨金鸣，如大江东去，万马奔腾；时而灵动婉约，如小桥流水，燕过柳梢。一曲奏罢，万籁俱寂。

良久，夫人开口："天下不止一个钟子期，也不止一个伯牙。所谓知音难觅，是自己的心难觅。"

伯牙颓然坐下：常慨叹别人不理解自己，自己又何曾去理解别人？所谓知音，存乎一心之间也！

秦汉至隋唐是中国历史上的中古时期。这一时期的中华艺术成就辉煌。

在书法方面，王羲之、颜真卿等在汉字结体上各领风骚；秦汉及以前的绘画艺术，包括壁画和帛画等门类，具体画家已无可考，也都体现了当时的强大与文明。

整个中古时期，这些艺术大师的鸿篇巨制，体现了中国古代艺术的全面繁荣，为我们留下了宝贵的精神财富。

中古时期 艺术先驱

影响深远的一代书圣王羲之

王羲之（303—361，一说321—379），字逸少，号澹斋。人称"王右军""王会稽"。他生于晋代山东琅琊，即今山东省临沂市。东晋著名的书法家，有"书圣"之称。其子王献之书法也佳，世人合称为"二王"。代表作品有《兰亭集序》等。书法的章法、结构、笔法为后世效法，影响深远。

王羲之的楷、行、草、隶、八分、飞白、章草皆入神妙之境，成为后世崇拜的名家和学习的楷模。

他志存高远，富于创造。把所得不同笔法妙用，推陈出新，为后代开辟了新的天地。

■ 东晋书法家王羲之画像

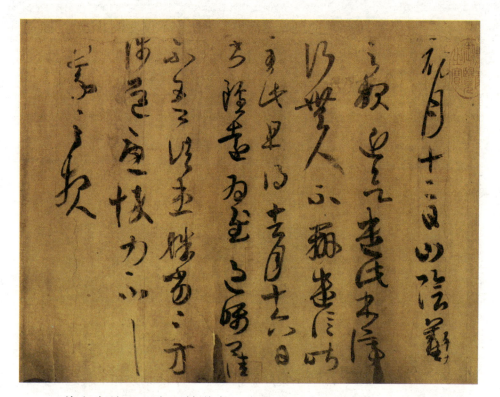

　　王羲之大约六七岁开始学书，在表姑卫夫人的指导下学习钟繇的楷书。后来于楷书之外，博涉群家，广泛临习，达到了很高的水平。

■ 王羲之草书《初月帖》

　　王羲之书法意境和魏晋时玄理的盛行简直是分不开的。玄学讲顺应自然，自由任情，"不滞于物"。所以魏晋的名士，大多好山乐水，"放浪形骸"，徜徉自得。

　　王羲之也不例外。并且他把这种玄远的风度，自觉或不自觉地融入到书法中。

　　王羲之运笔富于变化，却没有雕饰；笔画秾纤折中，超逸优游，有一种晋人特有的风韵。他独创圆转流利之风格，隶、草各体皆精，被奉为"书圣"。

　　王羲之把汉字书写从实用引入一种注重技法，讲

玄理 指魏晋玄学阐释的哲理。玄学产生于魏晋，是魏晋时期的主要哲学思潮。这一思潮使人们思想得到了解放和开阔，由于其飘逸自然的特殊作用，使得魏晋时期的文学、书法、绘画等艺术都具有了超凡脱俗、超然尘世、自乐逍遥的风格以及对自然的爱好与崇尚。

会稽 即今浙江省绍兴市。是夏宋的皇城，华夏第一圣都和历史上的大都会。会稽因绍兴会稽山而得名，约公元前2070年，夏禹大会诸侯于此地，成立中国第一个朝代"夏"，会稽从此名震华夏，成为中华文明象征。

究情趣的境界，标志着书法家不仅发现书法美，而且能表现书法美。主要特点是平和自然，笔势委婉含蓄，遒美健秀。

其书法精致，美妙绝伦，极富观赏价值，后人评说："飘若游浮云，矫如惊龙"。

王羲之作品真迹无存，传世者均为临摹本。其行书《兰亭集序》最著名，被誉为"天下第一行书"。

《兰亭集序》又名《兰亭宴集序》《兰亭序》《临河序》《禊序》和《禊贴》。353年3月3日，王羲之与谢安、孙绰等军政高官，在大都市会稽举行了兰亭盛会，商议国家大事，王羲之为他们的诗写的序文手稿。

《兰亭集序》描绘了兰亭的景致和王羲之等人集会的乐趣，抒发了作者盛事不常、"修短随化，终期

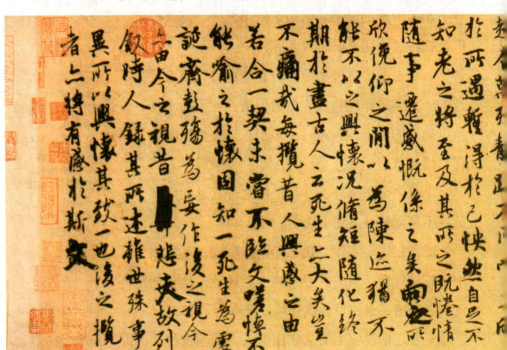

于尽"的感叹。

作者时喜时悲，喜极而悲，文章也随其感情的变化由平静而激荡，由激荡而平静，极尽波澜起伏、抑扬顿挫之美。再加上作者高超的书法水平，使《兰亭集序》成为千古盛传的名篇佳作。

《兰亭集序》是中华书法史上一部彪炳千秋的杰作，全文共28行，324个字，苍劲飘逸，其后千余年再也没有出现过如此美妙的作品。

其字体结体欹侧多姿，错落有致，千变万化，曲尽其态，帖中20个"之"字皆别具姿态，无一雷同。用笔以中锋立骨，侧笔取妍，有时藏蕴含蓄，有时锋芒毕露。

尤其是章法，从头至尾，笔意顾盼，朝向偃仰，疏朗通透，形断意连，气韵生动，风神潇洒。

章法 书法章法是指安排布置整幅作品中，字与字、行与行之间呼应、照顾等关系的方法。即整幅作品的"布白"。也称"大章法"。习惯上又称一字之中的点画布置，和一字与数字之间布置的关系为"小章法"。

■ 王羲之天下第一行书《兰亭序》

■ 王羲之行书《二谢帖》局部

最难能可贵的是，从《兰亭序》的风格中，蕴藏着作者圆熟的笔墨技巧、深厚的传统功力、广博的文化素养和高尚的艺术情操。王羲之将人、笔、纸、墨融为了一体，驾轻就熟、出神入化，登峰造极，臻于完美，影响深远。

明末董其昌在《画禅室随笔》中说："右军《兰亭序》章法古今第一，其字皆映带而生，或大或小，随手所出，皆入法则，所以为神品也！"

《兰亭序》揭开了中国书法发展史新的一页，树立了新的审美典范，历代学书以为必修之业。后世大家莫不宗法，从中吸取了无尽的灵乳。

唐太宗李世民倡导王羲之的书风，亲自为《晋书》撰《王羲之传》，并且收集、临摹、欣赏王羲之的真迹，《兰亭集序》摹制多本，赐给群臣。

宋代姜夔酷爱《兰亭集序》，日日研习，常将所悟所得跋其上。有一跋说："廿余年习《兰亭

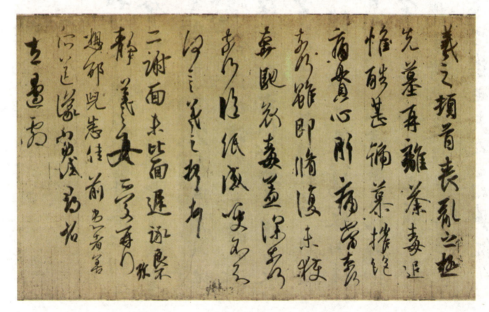

皆无入处，今夕灯下观之，颇有所悟。"历时20多年才稍知入门，可见释读之难。

1600多年来，无数书法家都孜孜不倦地释读过，都想深入王羲之的堂奥。因此可以说，《兰亭集序》是由杰出的书法智慧所营造成的千年迷宫。

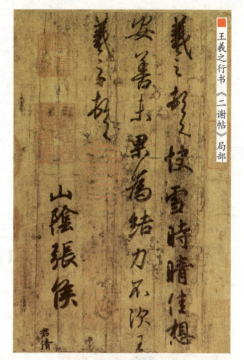
王羲之行书《二谢帖》局部

除《兰亭集序》外，王羲之著名的尚有《官奴帖》《十七帖》《二谢帖》《奉橘帖》《姨母帖》《快雪时晴帖》《乐毅论》《黄庭经》等。

王羲之的行书名品《快雪时晴帖》唐钩填本，现为中国台湾收藏。其中，《快雪时晴帖》与王珣《伯远帖》、王献之《中秋帖》并为稀世之宝，合称"三希"，即稀有之意。乾隆时藏于养心殿西暖阁"三希堂"。

阅读链接

"书圣"王羲之很喜欢鹅，他认为养鹅不仅能陶冶情操，还能从观察鹅的动作形态中悟到一些书法理论。

有一次王羲之出外游玩，看到一群很漂亮的白鹅，便想买下。一问之下知道这些鹅是附近一个道士养的，便找到那个道士想与他商量买下那群鹅。

那个道士听说大名鼎鼎的王羲之要买，便说："只要王右军能为我抄一部《黄庭经》，便将拿些鹅送给你。"

王羲之欣然答应，这便成就了"书换白鹅"的佳话。

奠基传统绘画的顾恺之

绘画理论家顾恺之蜡像

顾恺之（348—409），字长康，小字虎头。生于晋陵无锡，即今江苏省无锡。博学有才气，工诗赋、书法，尤善绘画。与曹不兴、陆探微、张僧繇合称"六朝四大家"。他曾被当时人称为"才绝、画绝、痴绝"。

顾恺之作画，意在传神，其"迁想妙得""以形写神"等论点，为中国传统绘画的发展奠定了坚实的基础。可惜其作品无真迹传世。

顾恺之流传至今的画作为唐宋摹本《女史箴图》《洛神赋图》和《列女仁智图》等。

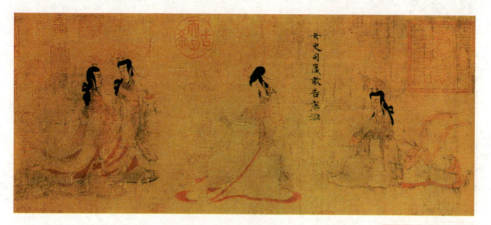

顾恺之的人物画，强调传神，注重点睛。其笔迹紧劲连绵，如春蚕吐丝，又如春云浮空，流水行地，皆出自然，通称为高古游丝描。着色则以浓色微加点缀，不求藻饰。

顾恺之善于用睿智的眼光来审察题材和人物性格，加以提炼，因而他的画具有一定的思想深度，耐人寻味。

《女史箴图》原属圆明园收藏，现收藏于大英博物馆，为唐代摹本。"女史"是女官名，后来成为对知识妇女的尊称；"箴"是规劝、劝诫的意思。

西晋惠帝司马衷不务正业，荒淫放恣。朝中大臣张华便收集了历史上各代先贤圣女的事迹写成了九段《女史箴》，以为劝诫和警示，被当时奉为"苦口陈箴、庄言警世"的名篇，

■ 顾恺之作品《女史箴图》的局部

高古游丝描 中国古代人物衣服褶纹画法之一。因线条描法形似游丝，故名。画法是用中锋笔尖圆匀细描，要有秀劲古逸之气为合。此描法适合表现丝绢衣纹圆润流畅之感，古人多用于描绘文人、学士、贵族、仕女等。工艺绘画的刺绣、壁画等常用。

■ 司马衷（259—307），字正度，河内温县人。晋武帝司马炎第二子，西晋的第二代皇帝。为人痴呆不任事，大权旁落。在八王之乱中，他的叔祖赵王司马伦篡夺了他的帝位，并以他为太上皇，囚禁于金墉城。相传被东海王司马越毒死。

■ 顾恺之作品《洛神赋图》局部

流传甚广。

后来顾恺之就根据文章的内容分段为画，各段画面形象地揭示了箴文的含义，故称《女史箴图》。中国历史上的旷世名作《女史箴图》由此问世。唐代摹本自"冯媛挡熊"至"女史司箴敢告庶姬"共九段。

《女史箴图》以日常生活为题材，笔法如春蚕吐丝，形神兼备。画家所采用的游丝描手法，使得画面典雅、宁静又不失明丽、活泼。画面中的线条循环婉转，均匀优美，人物衣带飘洒，形象生动。

女史们下摆宽大的衣裙修长飘逸，每款都配以形态各异、颜色艳丽的飘带，显现出飘飘欲仙、雍容华贵的气派。

《洛神赋图》是"中国十大传

■ 曹植（192—232），字子建。因封陈王，故世称陈思王。

世名画"之一。原属圆明园珍品，现在有四个摹本，分别藏于辽宁省博物馆、故宫博物院、美国弗利尔艺术博物馆等处。《洛神赋图》是根据曹植著名的《洛神赋》而作，为顾恺之传世精品。

宋摹本在一定程度上保留了顾恺之艺术的若干特点，千载之下，也可遥窥其笔墨神情。全卷分为三个部分，曲折细致而又层次分明地描绘着曹植与"洛神"真挚纯洁的爱情故事。人物安排疏密适宜，在不同的时空中自然地交替、重叠、交换，而在山川景物描绘上，无不展现一种空间美。

展开画卷，只见站在岸边的曹植表情凝滞，一双秋水望着远方水波上的洛神，痴情向往。梳着高高的云髻，被风而起的衣带，给了水波上的洛神一股飘飘欲仙的来自天界之感。她欲去还留，顾盼之间，流露出倾慕之情。

初见之后，整个画卷中画家安排洛神一再与曹植碰面，日久情深，最终不奈缠绵悱恻的洛神，驾着六龙云车，在云端中渐去，留下此情难尽的曹植在岸边，终日思之，最后依依不忍地离去。这其中啼笑不能，欲前还止的深情，最是动人。

全画用笔细劲古朴，恰如"春蚕吐丝"。山川树石画法幼稚古朴，所谓"人大于山，水不容泛"，体现了早期山水画的特点。此图卷无论从内容、艺术结构、人物造型、环境描绘和笔墨表现的形式来

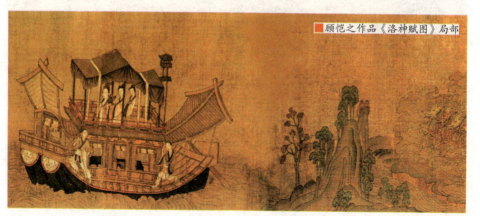
顾恺之作品《洛神赋图》局部

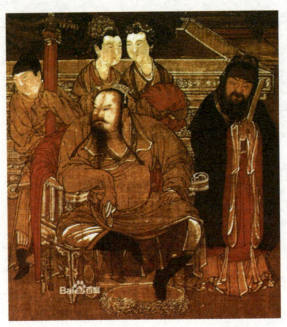

看，都不愧为中国古典绘画中的瑰宝之一。因此它在历史上有着非常广泛和深远的影响。

《列女仁智图》为宋摹本，现藏北京故宫博物院。汉成帝沉湎于酒色，光禄大夫刘向针对这一情况，采摘自古以来诗书上所记载的贤妃、贞妇、宠姬等资料，编辑成《列女传》一书呈送汉成帝。希望他从中吸取经验教训，以维护刘氏政权。

全书按照妇女的封建行为道德准则和给国家带来的治、乱后果，分为母仪、贤明、仁智、贞顺、节义、辩通、孽嬖7卷，《列女仁智图》即其中"仁智卷"部分。

《列女仁智图》的人物线条粗犷流畅，造型准

群星闪烁的杰出人才

■汉成帝（前51—前7），名刘骜。汉元帝长子，母王政君。西汉第十二位皇帝，前33年至前7年在位，死后谥号"孝成皇帝"，庙号统宗，葬于延陵。

■《列女仁智图》局部

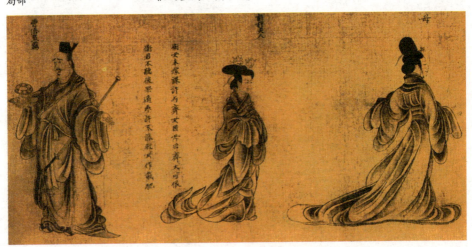

故曰翼翼矜矜，福所以兴。静恭自思，荣显所期

■ 顾恺之《女史箴图》局部

确。特别是对妇女的描绘，体态轻盈，婀娜多姿，尤为绝妙。

顾恺之的画迹还有《司马宣王像》《谢安像》《刘牢之像》《王安期像》《阮脩像》《阮咸像》《晋帝相列像》《司马宣王并魏二太子像》《桂阳王美人图》《荡舟图》《虎豹杂鸷鸟图》《凫雁水鸟图》《庐山会图》《水府图》《夏禹治水图》等，可惜的是作品真迹没有保存下来。

顾恺之在绘画理论上也有突出成就，今存有《魏晋胜流画赞》《论画》《画云台山记》。

提出了传神论、以形守神、迁想妙得等观点，主张绘画要表现人物的精神状态和性格特征，重视对所绘对象的体验、观察，通过形象思维即迁想妙得，来把握对象的内在本质，在形似的基础上进而表现人物

司马宣王　即司马懿，字仲达，河南温县招贤镇人。三国时期魏国杰出的政治家、军事家。他是辅佐了魏国三代的托孤辅政重臣，后期成为全权掌控魏国朝政的权臣。他平生最显著的功绩是多次亲率大军成功对抗诸葛亮的北伐。司马炎称帝后，追尊司马懿为宣皇帝。

的情态神思，即以形写神。

■ 顾恺之作品《烈女图》局部

唐代张怀瓘有评论说："像人之美，张得其肉，陆得其骨，顾得其神，以顾为最。"这段评论对后世颇有影响，差不多已成为定论。顾恺之的绘画及其理论上的成就，在中国美术史上占有极其重要的地位。

阅读链接

相传，有一年春天，顾恺之要出远门，于是就把自己满意的画作集中起来，放在一个柜子里，又用纸封好，题上字，交给一位叫桓玄的人代为保管。

桓玄收到柜子后，竟偷偷地把柜子打开，一看里边都是精彩的画作，就把画全部取出，又把空柜子封好。

两个月后，顾恺之回来了，桓玄把柜子还给顾恺，并说，柜子还给你，我可未动。等把柜子拿回家，打开一看，画却没有了。

顾恺之惊叹道："妙画有灵，变化而去，犹如人之羽化登仙，太妙了！

从五代十国至元代是中国历史上的近古时期。这一时期几乎凝聚了中国历史发展中最为复杂而特殊的内容，特殊的历史背景，必然对艺术产生重大影响。

黄庭坚以一代书风继往开来；米芾精研书体，著书立说，成为追随者甚众的大师；赵孟頫各种书体无不冠绝古今，名扬天下。

滴水可见阳光，这几位名家从不同侧面展现了近古时期多民族国家的艺术成就，在中华艺术史上贡献卓著，影响深远。

整个近古时期，山水画、人物画和花鸟画名家涌现，风格成熟，标志着中国传统绘画的三大画科的确立。

近古时期

艺苑大师

一代书风开拓者黄庭坚

　　黄庭坚（1045—1105），字鲁直，自号山谷道人，晚号涪翁，又称豫章黄先生。生于唐代洪州分宁，即今江西省修水县。北宋诗人、词人、书法家。为江西诗派开山之祖，并跟杜甫、陈师道和陈与义素有"一祖三宗"之称。

　　黄庭坚擅长行书、草书，楷书也自成一家。他在书法方面，与苏轼、米芾、蔡襄并称为"宋代四大家"。他在词作方面，曾与秦观并称"秦黄"。是北宋书坛行草书风格的开拓者，对当时乃至后世影响深远。

■ 江西诗派开山鼻祖黄庭坚画像

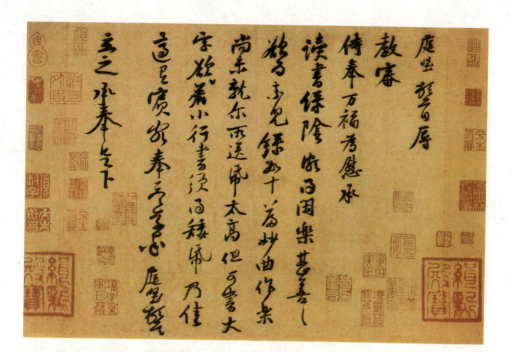

■ 黄庭坚行书《致立之承命帖》

黄庭坚的书法初以宋代周越为师，后来受到颜真卿、怀素、杨凝式等人的影响，又受到焦山《瘗鹤铭》书体的启发，行草书形成自己的风格。

黄庭坚大字行书凝练有力，结构奇特，几乎每一字都有一些夸张的长画，并尽力送出，形成中宫紧收、四缘发散的崭新结字方法。在结构上明显受到怀素影响，但行笔曲折顿挫，则与怀素节奏完全不同。

在黄庭坚以前，圆转、流畅是草书的基调，而黄庭坚的草书单字结构奇险，章法富有创造性，经常运用移位的方法打破单字之间的界限，使线条形成新的组合，节奏变化强烈，因此具有特殊的魅力，成为北宋书坛杰出的代表、一代书风的开拓者。

后人所谓宋代的书法尚意，也就是针对他们在运笔、结构等艺术方面更变古法，追求书法的意境、情趣而言的。

《瘗鹤铭》 即江苏省镇江焦山江心岛《瘗鹤铭》摩崖石刻。凡是历史上有名的书法家都在这里留下了书法摩崖石刻，并拓了此铭而去。后来遭雷击滑坡，碑文下半截落入江中，再后来，上半段也消失了，传世的拓片多为伪作。

黄庭坚对书法艺术发表了一些重要的见解，大都散见于《山谷集》中。他反对食古不化，强调从精神上对优秀传统的继承，强调个性创造；注重心灵、气质对书法创作的影响。

在风格上，反对工巧，强调生拙。这些思想，都可以与他的创作相印证。

黄庭坚的传世书法还有很多，我们欣赏几幅他的行草书代表作。

《苏轼黄州寒食诗卷跋》是黄庭坚在苏轼《黄州寒食诗帖》后写的一段跋语，此跋历来为人们所珍视，与原帖合称"双璧"。

跋文用笔锋利爽截而富有弹性，其字写得藏锋护尾，纵横奇崛，其长笔画波势比较明显。由于黄庭坚善于把握字的松紧，因此形成了中宫收缩而四周放射的特殊形式感，人们也称其为辐射式书体。

在布局上，跋文常从欹侧中求平衡，于倾斜中见

藏锋 一般用在笔画起笔时，并且有一定的讲究：欲右先左，欲下先上，不露笔尖，笔画较浑圆，而撇的起笔要藏锋，出笔不必藏锋。但要注意不要一划而过，也要空收笔锋；出锋后也要空收笔锋，方力道含蓄沉稳，长竖起笔要藏锋，收笔要回锋。

■ 黄庭坚的自作诗《松风阁》局部

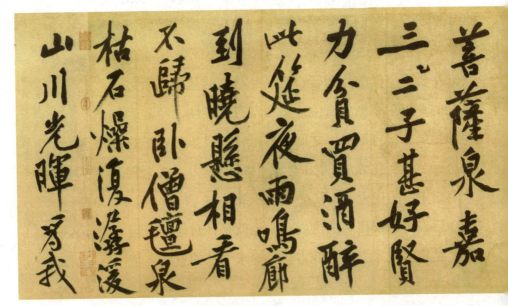

稳定，因此变化无穷，曲尽其妙。

从局部看，一行字忽左忽右，但从整体看，呼应对比，浑然一体。

此跋给人以神情饱满，气势贯通的感受，绝无荒率之病，从而达到了艺术的最高境界，所以他在最后不无得意地说："他日东坡或见此书，应笑我于无佛处称尊也。"

《诸上座帖》学怀素的狂草体，在继承怀素一派草书中，表现出黄庭坚行草书的独特面貌。

此帖笔意纵横，气势苍浑雄伟，字法奇宕，如马脱缰，无所拘束，尤其能显示出书者悬腕撮锋运笔的高超书艺。

黄庭坚《山谷自论》说："余学草书三十余年，初以周越为师，故二十年抖擞俗气不脱，晚得苏才翁、子美书观之，乃得古人笔意。其后又得张长史、僧怀素、高闲墨迹，乃窥笔法之妙。"

在此语后，他又作大字行楷书自识一则。结字内紧外松，出笔长而遒劲有力，一波三折，气势开张。一卷书法兼备两体，相互映衬，尤为罕见，是黄庭坚晚年杰作。

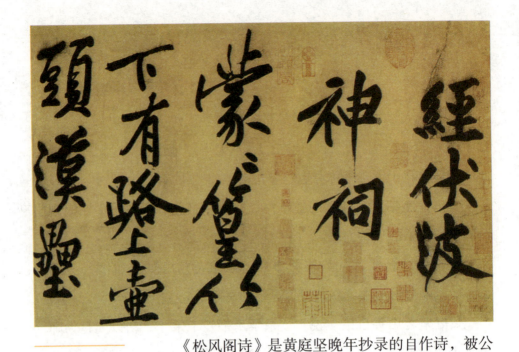

■ 黄庭坚行书《经伏波神祠》局部

墨迹 以毛笔书写，字体雄浑遒劲，常附有题跋或偈语，以示大师教诲子弟或颂扬来访要人。许多墨迹后来成为收藏珍品，极有艺术价值。这些作品既有美学方面的引人入胜之点，也具有历史上足资佐证的功能。也指字画的真迹。

《松风阁诗》是黄庭坚晚年抄录的自作诗，被公认为是他行书的代表作。黄庭坚对《瘗鹤铭》大字楷书非常推崇。他从此帖的结构中受到启发，经过长期的探索实践，创造出了一种真正属于他自己的风格特点的行书。此作在结构布局上，都是中宫紧密，而笔画从中间向四外放射，无论笔画长短都接于字中间的圆心。这种辐射式的结构，字心紧密稳重，向外拓展的笔画又显得潇洒不拘。

汉字结构本身具有多样性，用这种处理方法，将其排列在一起，造成一种顾盼生姿，浑融潇洒的效果。并且运笔从容，略带生涩，结构成"欹侧"之势，满篇文字都像在翩翩起舞，给人一种别开生面的愉悦之感。

《李白忆旧游诗草书卷》是黄庭坚晚年的草书代表作。此时黄庭坚的草书艺术已达到炉火纯青的地步。祝允明评论此帖说："此卷驰骤藏真，殆有夺胎之妙。"此诗书法，深得张旭、怀素草书飞动洒脱的神韵，又具有自己的风格。用笔紧峭，瘦劲奇崛，气势雄健，结体变化多端，为黄庭坚草书之代表作。

黄庭坚的书法自成一格，特别是其行书雄健圆劲、奇崛沉着，草书大开大合，随心所欲，诚可谓享誉宋代，泽被后世。相比较而言，张旭、怀素作草皆以醉酒进入非理性忘我迷狂状态，纵横挥洒，往往变幻莫测，出神入化。

黄庭坚不饮酒，其作草全在心悟，以意使笔。虽多理性使笔，也能大开大合，聚散收放，进入挥洒之境。其用笔，相形之下更显从容娴雅，虽纵横跌宕，也能行处皆留，留处皆行。也正由此，黄庭坚开创出了中国草书的又一新境。

总之，黄庭坚的书法表现出来的极具个性的个人风格，对后世书家个性创新突破启发意义很大；他在行书上的鲜明笔法特点，在草书上个性突破都对后世书法影响深远。

阅读链接

黄庭坚与苏东坡、钱穆父时常一起吃饭，有一次饭罢，黄庭坚写了几张草书，苏东坡对此大加赞赏，钱穆父却说很俗。

黄庭坚问为什么？

钱穆父说你见过怀素的真迹就知道了。

黄庭坚心里很是不服，从此不肯给人写草书。后来黄庭坚在涪陵见到怀素的真迹，苦心临摹，才明白了草书之法度，下笔如飞，和当初大不一样。

从这时起，黄庭坚才相信钱穆父的话是对的，然而钱穆父已经去世了。黄庭坚后来经常说在涪陵学会草书，可惜钱穆父看不见了。

元代山水画之最黄公望

黄公望（1269—1354），号一峰、大痴道人。本名陆坚，族人将其过继给黄氏为养子，因改名叫黄公望，字子久。生于江苏常熟。他中年当过中台察院椽吏，后皈依"全真教"，在江浙一带卖卜。元代著名画家。黄公望所作水墨画笔力老道，简淡深厚。又于水墨之上略施淡赭，世称"浅绛山水"。其尤以卓越的成就屹立顶峰，为"元四大家"之首，在历史上很有影响力。

黄公望存世作品有《富春山居图》《九峰雪霁图》《丹崖玉树图》《天池石壁图》等。其中《富春山居图》是他的代表作，后被列为"中国十大传世名画"。

■ 元代画家黄公望画像

黄公望与同时代的王蒙、倪瓒、吴镇交往十分密切，诗画互赠，切磋探讨，常以合作山水画为乐。他们不仅都创造了自己的独特绘画风格，并致力于意境章法及诗文与绘画的有机结合，共同把中国文人画推进到一个崭新的天地，因此获得"元四大家"的殊荣。而黄公望被推为"元四大家"之首。

黄公望曾经在一个官僚手下做过椽吏，后来因这个官僚犯了官司，黄公望遭诬陷，蒙冤入狱。出狱后，他不再问政事，遂放浪形骸，游走于江湖。

后参加了主张儒、释、道三教合一的全真教，更加看破红尘，开始对江河山川发生了兴趣。为了领略山川的情韵，他经常观察大自然朝暮变幻的奇丽景色，得之于心，运之于笔。他的一些山水画素材，就来自于自然景观。

黄公望遍游名山大川，却独钟情于富春山水，晚年结庐定居富春江畔的筲箕泉，在这里度过了他人生最辉煌的时期，留下了一大批杰作。

黄公望曾经用了三四年的时间，在79岁时画成《富春山居图》。这是黄公望水墨山水画中的杰作，也是"中国十大传世名画"之一。

《富春山居图》的前半卷《富春山居图·剩山图》藏于浙江省博物馆；后半卷《富春山居图·无用师卷》藏于中国台湾；仿本《富春山居图·子明卷》

■ 倪瓒（1301—1374），初名珽，字泰宇，后字元镇，号云林子、荆蛮民、幻霞子等。元代画家、诗人。其画以侧锋干笔作皴，名为"折带皴"；书法有晋人风度；擅诗文。"元四大家"之一。存世作品有《六君子图》等。著有《清閟阁集》。

王蒙（1308—1385），字叔明，号黄鹤山樵。湖州，即今浙江省吴兴人。元代画家。作品以繁密见胜，喜用解索、牛毛皴，干湿互用，苔点多焦墨渴笔，顺势而下。"元四大家"之一。存世作品有《青卞隐居图》《夏日高隐图》《丹山瀛海图》等。

藏于中国台湾，《富春山居图·沈周临摹本》藏于北京故宫博物院。总体来看，《富春山居图》的艺术成就极高，堪称中国山水画长卷的"第一神品"。

《富春山居图》的不凡之处，首先体现在构图布局的章法和技巧之上。前山后水的关系改变了传统屏风式的排列，而是由近而远的自然消失。

画卷起首是一座高岗，犹如文章的开门见山一样，继而平坡沙渚、水波不兴。再接层峦叠嶂，江水似乎不见，但是有山涧溪流暗通消息，这一段山景是画卷高潮。

之后一路平缓，寂寥空阔，看去虽平淡，但是却有着"无声胜有声"的笔法，使简略的景物蕴含连绵不绝之意。结尾处有一座山岭陡

■ 黄公望存世作品《富春山居图》

立，与卷首呼应。

　　整幅作品中，起伏的山形成自然的段落，水势贯穿始终，景物疏密有致，起承转合，环环相扣，引人入胜。

　　在此画中可看到，画中峰峦叠翠，松石挺秀，云山烟树，沙汀村舍，渔舟小桥，或雄浑苍茫，或高洁飘逸，布局疏密有致，变幻无穷，都生动地展示了江南的优美风光，可谓景随人迁，人随景移，达到了步步可观的艺术效果。

　　在笔法和墨色上，《富春山居图》用笔利落，更简约，更少概念化，因而也就更详尽地表现了山水树石的灵气和神韵。

　　画中皴笔线条略长，平行交错，乱而有序，条理清晰，线条疏松。笔法既有湿笔披麻皴，另施长短干笔皴擦。用墨或擦或染，浓淡相间，干湿有别。

山水多以干枯的线条描绘，树叶用浓墨、湿墨，显得山淡树浓，在披峰之间还用了近似米点的笔法。浓淡迷蒙的横点，逞足笔力，唯情是求，具有独特的魅力。

更为难得的是，画家在为山水传神的同时，并未脱离山川形质，将客观物象的自然状态表现得恰如其分。整卷作品几经简约，空灵疏秀，墨色清润，挥洒自如，堪称展示山水画笔墨意蕴的佳作。

在氛围和意境上，画家以意使法，用水墨渲染，若明若暗的墨色，超越了随类赋彩的传统观念，自然地笼罩在景物之上，化为一种明媚的氛围。

以清润的笔墨，把浩渺连绵的江南山水表现得淋漓尽致，达到了"山川浑厚，草木华滋"的境界，令人产生亲切之感，反映了黄公望对客观外界和主观感受的高度尊重。

《富春山居图》凡数十峰，一峰一状，数百树，一树一态，雄秀苍茫，无论布局、笔墨，还是以意使法的运用上，都达到了山川浑厚，草木华滋的境界，被后人誉为"画中之兰亭"。黄公望也不愧为"元四大家"之首的殊荣。

群星闪烁的杰出人才

阅读链接

为了画好《富春山居图》，黄公望终日不辞辛劳，奔波于富春江两岸，观察烟云变幻之奇，领略江山钓滩之胜，并身带纸笔，遇到好景，随时写生，富春江边的许多山村都留下他的足迹。

深入的观察，真切的体验，丰富的素材，纯熟的技法，使《富春山居图》的创作落笔从容。

千丘万壑，越出越奇，层峦叠嶂，越深越妙，既形象地再现了富春山水的秀丽外貌，又把其本质美的特征挥洒得淋漓尽致。这是画家与富春山水情景交融的结晶。

明清两代是中国历史上的近世时期。源远流长的中华艺术史，发展至明清时期，加快了对西方艺术的理解和吸收，建筑、音乐、雕塑等门类成绩斐然。

鼐祥的皇室工程取得了建筑艺术上的光辉业绩；朱载堉在乐器发音和理论标准方面展现了令世界赞叹的才智。

中国近世时期所取得的艺术成就，在世界特别是亚洲发展史上，有着特殊辉煌的地位，是值得我们自豪的。

艺坛师范

画坛浙派开山鼻祖戴进

戴进（1388—1462），字文进，号静庵、玉泉山人。生于明代钱塘，即今浙江省杭州。明代画家。他的画雄俊高爽，苍郁浑厚，用笔劲挺方硬，在当时影响极大，追随者甚众，人称浙派，成为明代前期画坛主流。戴进为"浙派"开山鼻祖，对后世具有很大影响。

戴进的传世作品有《风雨归舟图》《春山积翠图》《三顾茅庐图》《葵石峡蝶图》《金台送别图》《春游积翠图》《关山行旅图》《达摩至惠能六代像》《南屏雅集图》《归田祝寿图》《三鹭图》等。其中比较著名的作品是《风雨归舟图》和《春山积翠图》。

■ 明代画家戴进画像

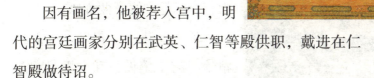

■ 明宣宗（1398—1435），名朱瞻基，明仁宗朱高炽长子，明朝第五位皇帝。谥号"宪天崇道英明神圣钦文昭武宽仁纯孝章皇帝"，庙号宣宗。葬于明十三陵之景陵。他比较能倾听臣下的意见，与明仁宗时期并称"仁宣之治"。

戴进出身画工家庭，少年时当过金银首饰学徒，他原想以此手艺传于世，后见销售饰物的熔金者所熔金器都是自己精心制作的手工艺品，遂愤然改习绘画，刻苦用功，画艺大进。

因有画名，他被荐入宫中，明代的宫廷画家分别在武英、仁智等殿供职，戴进在仁智殿做待诏。

戴进画的第一幅画就是《秋江独钓图》，画一红袍人垂钓水边。红色原本是画家最难掌握的颜色，戴进独得古法，不想却为同道所嫉妒。

有一名待诏乘机在明宣宗面前挑拨，说穿红袍钓鱼，有失大体，宣宗点头称是，于是戴进被排挤。他回到杭州后以卖画为生。

戴进早年学画非常刻苦，由于临摹古人作品很多，所以他的传统笔墨功夫很好。他没有被传统所束缚，他的画用笔流畅，逐渐形成自己的风格。作为明代著名的画家，他对山水、人物、花鸟都很精通。

戴进的山水画，取法李唐、马远、夏圭等名家，兼用元代人水墨法的传统。大幅山水画尤妙，境界开阔，使人有"凌虚御风，历览八极之兴"。画风上以院体为主，画面有工整与粗放的变化，也有师法宋人

李唐（1066—1150），字晞古，河阳三城，即今河南省盂县人。南宋时期画家。擅长山水、人物。与刘松年、马远、夏圭并称"南宋四大家"。晚年用笔峭劲，创"大斧劈"皴。兼工人物，自成风格。并以画牛著称。存世作品有《万壑松风图》《采薇图》等。

夹叶法 中国画
技法名。夹叶以
双钩法为之。是
以各种树叶的生
长结构和形态加
以概括出来的表
现形式。先以墨
线勾出，干后，
设植物质色，青
绿山水，金碧山
水则加染矿物质
色，宜厚重。

的两种面貌，并兼有融合宋元水墨画法为一体而形成自己独特风格的一面。

戴进的人物画主要题材有神仙道释、历史故事、名人隐士、樵夫渔父等，所画神像的威仪，鬼怪的勇猛，衣纹的设色，均驾轻就熟。衣纹画法多用铁线兼水墨法，蚕头鼠尾，行笔顿挫有力，有工笔和写意两种风貌。

戴进的花卉、花果，也极具精绝，有工笔设色和水墨写意两种风貌。

早年多用方笔，画风劲秀，工整的较多；至中晚年时，多用圆劲婉转的笔法处理，笔墨趋于豪放，苍健挺拔。他尤其喜欢画葡萄，配以勾勒竹、蟹瓜草，标新立异。

戴进的绘画在当时影响极大，追随者甚众。据美术史记载，受到戴进画风影响的除了他儿子戴泉、女婿王世祥以外，还有夏芷、夏葵、方钺、仲昂，以后又有吴伟、张路、蒋嵩、汪肇等人。

戴进的画风盛行一时，在宫廷内外特别是江浙地区影响很大，形成独具特色的流派，画史称作"浙派"。而戴进作为"浙派"的创始人，很受人们的重视和赞誉。

戴进的传世作品《风雨归舟图》描绘的是风雨交加中的山川自然景色和行人冒雨归家的情景。

在布局上，画家采用中轴线构图，高山置于画面右边。近景处，树木、山崖、归舟相互依照；中景处，芦苇、枯树、溪桥、村舍、竹林、远山错综而不杂乱；远景处，高山重叠，远山迷蒙，在雾气中若隐若现。

画中虽然表现的是雨景，但景物自近而远，层次清楚明晰，将雨中急归之心表现得淋漓尽致。画面近处的岩石和归舟，一静一动，对比鲜明，使构图统一中有了变化，更加突出风雨归舟的主题。

横跨两岸的溪桥使得左轻右重的景物连成一个整体。溪桥上冒雨赶路的农夫，被刻画得惟妙惟肖，个个显示出匆忙急切的神态。

中景处的芦苇更是突出了风势的狂猛劲厉。该图章法新奇独特而巧妙，笔墨兼工笔带写意，显出豪放洒脱而湿润空灵的意境，成功表现了风雨交加的自然景色和特定环境中的人物情态。

图中树石用笔刚劲犀利，气势雄壮，以斧劈皴带水墨破刷出的山石，生动地表现出瘦硬多棱角的特征，强烈地显示了山石的立体感，并运用虚实相生的手法，刻画出雨中山川的神奇境界和耸拔气象。

近岸树木画家用夹叶法和点叶法，芦苇和竹林用了撇笔介字点，

戴进作品《风雨归舟图》

一笔一画，笔笔到位，刻画出狂风中摇曳的形象。狂风大雨用大笔挥扫，增添了画面的气势，从豪纵的笔势之中，可以看出画家奋笔疾挥的饱满激情。

画家成功运用浅设色，所画斜风骤雨、树枝弯曲、逆舟雨伞，充分地表现出狂风暴雨的运动感。

画家对墨的浓淡干湿变化应用自如，雨暴风狂的气象于指腕间飒然而起，充分显示了画家的深湛功力和注重观察自然的可贵精神。

《春山积翠图》是戴进62岁时的作品，很典型地代表了戴进中晚期画风的演变。此图构图、用笔与李唐、马远等南宋院体水墨画派风格一脉相承，以疏爽之笔出之。

整幅作品用两大块斜向切入，近景以浓郁的松冠为主体；中景山岩以重浓墨点出树林；远景用淡墨稍示山形，施以点苔。近、中、远景物层次自然推出，简洁明快，颇具气势。

此图视觉中心几株苍劲虬松屈曲盘桓，生机盎然。松下一高士曳杖缓行，一书童抱琴侍随，一前一后行进在高岭小径上。中景和远景的两座山峦相互交叉，左右相切，之间的茅舍隐隐约约，含蓄有致，与前景的人物相呼应。

此图云气采用浸化渲染留出空白，隐无笔痕又弥

渲染 中国画的一种画法，用水墨或淡的色彩涂抹画面，有不同寻常的艺术效果。渲，是在皴擦处略敷水墨或色彩；染，是用大面积湿笔在形象的外围着色，烘托画面形象。

漫流动。烟霭于画底油然而生，依山坡斜势施以皴笔，虽寥寥数笔，但将山坡质地表现毕至；小景山峦用笔轻快疏爽，虚实相映；山腰虚处薄雾环绕，宛如轻纱遮盖，穿过两山之间，消失在谷底尽头。

戴进作品《雪景山水图》

峡谷中的茅舍树林深幽隐藏，景致越远越迷蒙。这不仅加强了画面的空间层次感，而且充满了静谧空幽，使整幅画呈现出一种高古清远、悠闲舒适的士大夫的生活情趣。

《春山积翠图》很典型地代表了戴进中晚期画风的演变。作此画时，戴进这个"浙派"首领，生活已经窘迫不堪，在京城已难以立足。画这种春山积翠、隐士携琴的题材只能抒发不得其志的抑郁之气，表达对自然景色的依恋。

阅读链接

相传，有一次戴进由钱塘到金陵办事，带了很多行李，自己一个人拿不过来，于是，就临时找了个挑夫挑着。

但由于金陵的大街上车水马龙，走了不久，两人便失散了，戴进找不到挑夫，挑夫也找不到戴进。

于是，戴进凭着记忆，画了一幅挑夫的肖像画，到挑夫集中的地方去问。那些挑夫一看，很快就认出了这幅肖像画中的人是谁，终于帮助戴进找到了那位挑夫，取回了行李。

由于戴进画艺高超，后来他被招进皇宫画院，做一名宫廷画师。

紫砂壶艺开山鼻祖供春

供春（约1506—1566），又称供龚春、龚春。明正德嘉靖年间人，紫砂壶制作名家。他所制紫砂茶具，造型古朴，新颖精巧，温雅天然，质薄而坚，负有盛名。当时制成的树瘿壶，后世称"供春壶"，十分令人叹服，他被后世誉为紫砂壶艺的开山鼻祖。

供春制作的紫砂壶影响十分深远，民间流传有"供春之壶，胜于金玉"的说法。此后，人们便以制作紫砂壶为业。

供春紫砂壶主要作品有树瘿壶、六瓣圆囊壶等，都是十分具有代表性，成为后世收藏精品。

■ 紫砂供春学艺雕塑

■ 明代供春树瘿紫
砂壶

供春原为江苏宜兴进士吴颐山的家童，他在闲暇时，发觉金沙寺僧人将制作陶缸陶瓷的细土，加以澄练，捏筑为胎，刳使中空，制成壶样，最后做成栗色暗暗如古金铁的茶壶。

这就是后来名闻遐迩的紫砂茶壶。因壶为供春所制，所以通称"供春壶"。

在当时，金沙寺僧人学习和总结了当时陶工们的经验抟坯制壶，所用的原料是从做陶器原料中淘取的"细泥"加以澄炼而成，这大约就是紫砂泥了。

制壶的方式是捏作为胎，挖空中间的泥料，再装上嘴、把、盖等零件，附在烧陶器的窑炉中烧成。这就是早期的紫砂壶，并且紫砂是从日用陶器中分离出来的艺术品。

可惜金沙寺僧没留下姓名和作品，而他们的壶艺继承者供春倒被人们所熟知，并被视作紫砂壶艺的开山鼻祖。

吴颐山 名仕，字克学。他与苏州唐伯虎等友善。1514年进士，后以提学副使擢四川参政。据记载，吴颐山未中进士前，读书宜兴金沙寺，即今江苏省宜兴。当时伴在他身边家童供春，曾效仿金沙寺僧人捏做茶壶，日后成就了大名。

群星闪烁的杰出人才

■ 明代紫砂醉酒水盂

供春壶之所以特别轻巧，是因为供春当日捏制陶壶时，所用的不是一般的陶土，而是寺僧洗手缸中沉淀的泥沙，甚至是手指纹螺中嵌入的沙泥，特别的纯净细腻，杂质少到最低的限度。

供春制壶起初是制着自娱的，胎体特别薄，而且是用小焙炉试焙试烧，以文火烘成，而不是大窑内猛火烧的，所以火候十分到家，壶体因而特别轻巧。

供春作品目前存世只有两件：一件树瘿壶，今藏北京国家博物馆；另一件六瓣圆囊壶，今藏中国香港茶具文物馆。

北京国家博物馆收藏的供春树瘿壶，高102毫米，宽195毫米。明供春款。把稍旁有"供春"两字刻款。壶盖止口外缘有隶书铭文："做壶者供春，误为瓜者黄玉麟，500年后黄宾虹识为瘿，英人以2万金易之而未能，重为制壶者石民，题记者稚君。"

黄玉麟是制壶大家，黄宾虹是近代名画家，那个"题记"的稚君就是宜兴金石家潘志亮。

此壶外形似银杏树瘿状而得名。壶身做扁球形，泥质成素色，凹凸不平，古绉满身，纹理缭绕，寓象物于未识之中，大有返璞归真的意境。

■ 宜兴龙形紫砂壶

香港茶具文物馆收藏的六瓣圆囊壶，原是仿景德镇的永乐窑竹节把壶。

六瓣圆囊壶的壶底刻有欧阳修楷体"大明正德八年供春"款，即1513年制。该铭文笔法富晋唐帖意，而"欧体"书法是明代文人所喜爱的。

此壶高96毫米，宽118毫米。明供春款。壶身分六浅瓣，配以壶盖，壶嘴及壶把皆起筋文，以应壶身的瓣纹。壶身分上下两节塑造而在壶肩相接。壶以黝黑紫砂制作，更掺以金砂闪点。

此外，据说供春还创制"龙蛋""印方""六角宫灯"等多种壶式，可惜都已流失不传。

作为紫砂壶的鼻祖，供春的首要之功是紫砂壶的

楷体 又称正楷、楷书、正书或楷体，是汉字书法中常见的一种手写字体风格。其字形较为正方形，不像隶书写成扁形，是汉字手写体的参考标准。楷体是中国古代封建社会中最为流行的一种书体，同时在摩崖石刻中也较为常见。

江南 在历史上江南是一个文教发达、美丽富庶的地区，它反映了古代人民对美好生活的向往，是人们心目中的世外桃源。从古至今"江南"一直是个不断变化、富有伸缩性的地域概念。江南，意为长江之南面。在古代，江南往往代表着繁荣发达的文化教育和美丽富庶的水乡景象，区域大致为长江中下游南岸的地区。

■ 宜兴紫砂壶

制作艺术及对紫砂壶的推广。紫砂陶从其草创期起，文人就是直接或间接地参与创作的。这一传统一直延续，生生不息。

供春是跟僧人学做的壶，可能制造紫砂壶的年代要远远早于供春，宋代就有用紫砂制作的各种陶罐、陶壶。但是僧人只是自己做自己用，供春是第一位通过文人的宣传将紫砂壶推广出去的人。

当时江南饮茶之风正盛，文士雅集，品尝佳茗，作对吟诗，故必需雅器，如供春所制的紫砂茗壶更为合用，非一般家庭用器的粗大可比。同时，更展开了文人与陶工的合作，文人为陶工题名款或画梅竹，而陶工便依之刻铭或刻花。

因此，供春壶一直是作为艺术珍宝，被秘藏于名门大族之家，被文人吟咏记载于文赋之中，被辗转流传到海外，被作伪者精心仿造。

供春制作的紫砂壶产生了很大的影响。

　　首先，当时宜兴的紫砂壶从粗糙的手工艺品发展到工艺美术创作，应该归为供春。

　　其次，当时和后代的许多制壶大师都争相仿制供春壶。历来宜兴的紫砂名家高手，仿制供春壶的人是很多的。像明代的黄玉磷、江案清，近代的裴石民，当代的汪寅仙、徐汉棠等，都对供春壶进行研究，他们万变不离其宗，都按照供春壶仿制过。

　　由此可见，供春在中国紫砂文化史上是一个开创性的人物。

阅读链接

　　在明代正德年间，文人们对于奇石有种独特的审美，他们认为"丑极"就是"美极"，如果一块石头达到了"瘦、漏、透、绉"的程度，这就是一块美石。

　　当时供春仿照一棵大银杏树的树瘿，也就是树瘤的形状做了一把壶，并刻上树瘿上的花纹。烧成之后，这把壶非常古朴可爱，很合文人的意。这种仿照自然形态的紫砂壶一下子出了名，人们都叫它"树瘿壶"。

　　由于文人爱喝茶，大家在一起谈论文学时品茶聊天，于是，树瘿壶就这样传播开了。

文人画吴派开创者沈周

沈周（1427—1509）字启南，号石田、白石翁、玉田生、相城翁等。生于长洲，即今江苏省苏州。明代杰出书画家。他是明代中期文人画"吴派"的开创者，与文徵明、唐寅、仇英并称"明四家""吴门四家"，也称"天门四杰"，在历史上很有影响力。

沈周的代表作品现在多藏于大博物馆。北京故宫博物院收藏的有《仿董巨山水图》《沧州趣图》《辛夷图》《墨菜图》《卧游图》等。南京博物院收藏有《东庄图》《牡丹》等。辽宁博物馆藏有《盆菊幽赏图》和《烟江叠嶂图》两幅杰作。中国台湾收藏有《庐山高图》。

■ 明代杰出书画家沈周画像

沈周从小家居读书，他的父亲、伯父都以诗文书画闻名乡里，书画乃家学渊源。他吟诗作画，优游林泉，追求精神上自由，蔑视恶浊的政治，一生未应科举，始终从事书画创作。

他早年多作小幅，40岁以后始作大幅。中年画法严谨细秀，用笔沉着劲练，以骨力胜，晚岁笔墨粗简豪放，气势雄强。

沈周的绘画承受家学，兼师当时杜琼，后来博采众长，出入于宋元各家，融会贯通，刚柔并济，形成粗笔水墨的新风格，自成一家。

他的绘画，技艺全面，功力浑朴，在师法宋元的基础上有自己的

■《庐山高图》局部

创造。所作山水画，有的是描写高山大川，表现传统山水画的三远之景。而大多数作品，则是描写南方山水及园林景物，表现了当时文人生活的悠闲意趣。

《庐山高图》是沈周一幅极有名的作品。它是沈周41岁时为祝贺老师陈宽70岁寿辰的精心之作。画家描绘江西庐山之高，象征老师的道德高尚，同时表示对老师的崇高敬意。这种象征意义取自《诗经·小雅》："高山仰止，景行行止"。

在构图上，《庐山高图》的构图和布局颇具匠心，黑色浓淡逐渐变化。近景一角画山根坡石，劲松杂树。中景以著名的庐山瀑布为中心，水帘高悬，飞流直下，两崖间木桥斜跨，打破了流水飞白的呆板。两侧巉岩峭壁，呈内敛之势。

瀑布左侧崖壁的石块纹理具有内向的动势，与右侧位于中心的山冈岸壁，似乎产生一种力的碰撞，从而加强山冈向上的张力。下段两棵高大的劲松，其姿态明显与中段山冈向上的趋势相呼应，把观者的视觉自然引向画面上段。

瀑布上方远景是庐山主峰。山峰雄伟，两边奇峰兀立，云雾浮动，给人以崇高雄浑，厚重质朴之感，似乎寓意老师的宽厚博大的人格精神。

这种全景式构图法自下而上，由近及远，近、中、远景气脉相连，一气呵成，贯串结合而形成"S"形曲线，群峰直插，回环掩映，争奇竞胜，实在是大家手笔。

沈周的绘画为传统山水画做出了很大贡献。他融南入北，弘扬了文人画的传统。如他的粗笔山水，用笔融进了"浙派"的力感和硬度，丘壑增添了人之骨和势，将南宋的苍茫浑厚与北宗之壮丽清润融为一体，其抒发的情感也由清寂冷逸而变为宏阔平和。

另外，沈周将诗书画进一步结合起来，将书法的运腕、运笔之法运用于绘画之中。诗风与画格相结合，使得他所作之画，更具有诗情画意。

阅读链接

有一次，沈周为了画好一座山，每天雄鸡头遍报晓就起身，直至太阳落山才回去。

在山脚下，他一面看一面画，不知画了多长时间，终于摸到了这座山的变化。眼看大功将要告成，他忽然发现这座山的变化自己还是没有完全摸透，这座山简直是七十二变！他有点不耐烦，想把绘画工具全部抛掉，但又转念一想：若要功夫深，铁杵磨成针！人家铁杵要磨成绣花针，我用的功夫还不算深。

于是，他咬紧牙关坚持画下去，最后，终于画成了自己满意的画。